PETRA und PAUL KAHLFELDT

TRANSFOR MATIONEN

JOVIS

INHALT

„Der größte Feind der Vergangenheit ist die Nostalgie.
Das bloße Schwelgen in früheren Zeiten.
Stattdessen muss es darum gehen,
die Vergangenheit als Gegeninstanz ernst zu nehmen
und gerade daraus Kraft zu schöpfen. (...)

Keine Erfindung ohne Erinnerung, der alte Satz gilt,
und das Versprechen lautet:
Nichts, was wir sind, denken und träumen,
gehört uns allein.“

Simon Strauß
Römische Tage
Tropen Cotta'sche Buchhandlung 2019, Seite 125

GELEIT

In diesem Buch stellen wir ausschließlich unsere Umbauprojekte vor. Seit 35 Jahren beschäftigt uns diese Bauaufgabe. Das nehmen wir zum Anlass, Geleistetes zu sichten, Wichtiges von Unwichtigem zu trennen, Gedachtes und Ausgeführtes neu zu bewerten, Zeichnungen, Texte und Fotos aufzuarbeiten.

Das architektonische Entwerfen in bereits vorhandenen Häusern birgt, im Gegensatz zum Neubau, die Möglichkeit, sich in eine unmittelbar physische Beziehung mit der Bauaufgabe zu setzen. Das Bauwerk kann in seinem heutigen stadträumlichen Kontext beobachtet, seine Außen- wie Innenräume können sinnlich begriffen werden. Über diese stofflichen Gegebenheiten hinaus sind im vorgefundenen Bauwerk jedoch auch immaterielle Bezüge und kulturelle Räume festgeschrieben, die zu lesen und zu erkennen sind. Die Bauten legen Zeugnis ab von Baumeistern und Bauherren, die teilweise lange vor unserer Zeit tätig waren. Sie (die jeweiligen Bauherren) haben planen und bauen lassen für ihre Lebenswelt, so, wie sie sie sahen und wie sie sie nach ihrem Willen gestalten wollten.
Stellt der ursprüngliche Zweck allgemein den Anlass zum Errichten eines Gebäudes dar, so liefert dieser Anlass jedoch nicht den Antrieb, der die „Formkraft“ für dessen Gestaltung gibt. Die im Bauwerk geschaffene und manchmal vielfach überformte Gestalt sollte bei der Lektüre der Gebäudekomposition nicht mit einem bloßen „Zeigen“ verwechselt werden, sondern ist als „Erläutern“ und „Verweisen“ zu verstehen. Was erläutert das Gebäude? Worauf verweist seine äußere Form, worauf verweisen seine Räume? Die Bauglieder, durch die das Bauwerk selbst und seine Körperbildung konstituiert werden, verkörpern für uns Gesten, deren Sinn es gilt lesbar zu lassen oder wieder lesbar zu machen. In diesen vorhandenen Raum-, Körper- und Konstruktionsgesten wurde vorgebildet, was wir mit der Intervention „Umbau“ weiterbilden.
Zwischen dem Bestand und seiner Weiterschreibung sucht die Umbauplanung ihre Basis zum einen zu finden in der Suche nach Gemeinsamkeiten von Bestehendem und Neuem und zum anderen in eigenen Gestaltungsvorstellungen. Es ist unser Anspruch, zwischen dem Bestand und seiner Weiterschreibung eine innere Verbundenheit zu erreichen, deren Ausdruck im Verhalten des Neuen gegenüber dem vorgefundenen Gebäude wächst. Im Interesse eines gemeinsamen Ziels werden Werte geteilt und vertreten. Die Interventionen in den Bestandsbau, dem man auf vielfältige Weise verbunden sein wird, sind überzeugt von ihrer Dauerhaftigkeit, da sie in detaillierter Planung erarbeitet und in handwerklicher Qualität ausgeführt sind.
Gestaltungsanspruch und praktische Erfahrung ermöglichen es uns, die wechselseitigen Beziehungen zwischen Alt und Neu auszubalancieren, in ein immer wieder aufs Neue auszulotendes Verhältnis zu überführen. „Die Fähigkeit, entwerfen und gestalten zu können, lernen wir, indem wir es tun“, sagte Otl Aicher – wobei Theorie und Praxis dabei vollständig miteinander verwoben sind.
Ergänzt durch zwei Textbeiträge von Wolfgang Sonne und Jochen Hörisch werden in diesem Buch unsere Umbauprojekte chronologisch gemäß ihrer ursprünglichen Bauzeit dargestellt. Im ersten Teil dokumentieren zwanzig einzeln vorgestellte Bauten unsere Arbeitsweise. Im daran anschließenden Projektverzeichnis sind weitere, stellvertretend für unsere Entwurfsarbeit stehende Planungen und Realisierungen mit einer Kurzbeschreibung benannt.

Petra und Paul Kahlfeldt
Berlin, Juni 2020

PROJEKTE

HAUS BRANITZER PLATZ

Eine architektonische Delikatesse.
Der Branitzer Platz in Alt-Westend ist das Herz einer der ältesten Villenkolonien von Berlin–genauer der Stadtregion Berlin, denn die Groß-Berlins mit der Eingemeindung von Charlottenburg erfolgte erst 1920. Alt-Westend wurde 1866 angelegt, von Beginn an intendiert als Wohnort für die wohlhabende Bevölkerung des gehobenen Mittelstands der Wissenschaftler und Kaufleute, Rechtsanwälte und Unternehmer aus Berlin und Charlottenburg. Charlottenburg gehörte seinerzeit zu den wohlhabendsten Städten des Deutschen Reichs. Eine Pferdebahn führte schon früh vom Westrand Berlins zum (heutigen) S-Bahnhof West-end. Alt-Westend ist nicht so opulent angelegt wie die fast 20 Jahre später entstandene Villenkolonie Grunewald mit den großen, herrschaftlichen landhausähnlichen Gebäuden und Grundstücken. Der ursprüngliche Parzellenplan stammte vom Architekten Martin Gropius, der ihn für den Terraingesellschafter Johannes Quistorp anfertigte. Er sah im streng rechteckigen Straßenraster Grundstücksgrößen von durchschnittlich bloß 800 Quadratmetern vor. Die Straßen wurden nach den Bäumen Platanen-, Eschen-, Ulmen-, Erlenallee etc. benannt. Doch erst nach der Gründerzeitkrise 1873 erlebte die Villenkolonie den entscheidenden Aufschwung, infolge dessen sie sich bis zur Jahrhundertwende zu einer der beliebtesten Wohngegenden für das wohlhabende Bürgertum und die höheren Beamten entwickelte. Noch heute wohnt hier eine Vielzahl prominenter und bedeutender Persönlichkeiten.
Diskretion und Vornehmheit führen architektonisch Regie um den Branitzer Platz, kultivierte Zurückhaltung und Eleganz geben den Ton vor. Auch das Haus Branitzer Platz 5 drängelt sich nicht an die Baufluchtlinie vor. Der gehörige Abstand, den man mit dem Philosophen Arthur Schopenhauer Höflichkeit nennt, wird zur kreisrunden Platzanlage gewahrt. Gebaut wurde die Villa 1889–1891 von den Berliner Architekten Uterwedde, Zaal und Vahl. Die letzteren entwarfen und bauten zwischen 1901 und 1910 vor allem mit am Zoologischen Garten im aufstrebenden Neuen Westen um das Romanische Forum: Hauptportal, Verwaltung und Aquarium tragen ihre Handschrift. Am Branitzer Platz errichteten sie hingegen eine regelgerechte zweistöckige Villa im klassizistischen Stil, mit hohem Souterrain und Zahngesims unter der Attika, welche die schlanken, hoch rechteckigen Fenster oben beschließt. Der Lehrmeister der modernen Architektur des 20. Jahrhunderts, Heinrich Tessenow, fügte der Villa 1928 in der klaren geometrischen Sprache der Moderne einen delikat proportionierten Wintergarten aus Glas und Stahl an.
Kahlfeldt Architekten hatten die Aufgabe, dieser Komposition aus Moderne und Klassizismus wieder eine Loggia anzufügen, die es als Pergola bereits um 1880 gab – bloß eine Loggia, mag man denken. Doch gehört hierhin das kurze Poem des englischen Dichters Henry Wadsworth Longfellow, auf das sich wiederum der Philosoph Ludwig Wittgenstein mit Vorliebe berief: „In the elder days of art / Builders wrought with greatest care / Each minute and unseen part / For the Gods are everywhere.“ (In den früheren Zeiten der Kunst / kümmerten sich die Baumeister mit größter Sorgfalt auch um die unscheinbaren und kleinen Dinge / denn Lohn und Segen „wörtlich: die Götter!“ stecken im Detail.)
Die Loggia schließt sich an der Südostflanke der Villa an einen Erker an und liegt vor zwei Fenstern im unmittelbaren Blickfeld des Wintergartens an der Südwestfront. Die grundsätzliche Frage für die Architekten bestand darin, ob es die luftig-leichte Konstruktion einer Pergola werden sollte oder die architektonisch stabile einer Loggia, also eines räumlich gefassten Freisitzes unter einem Dach. Kahlfeldt Architekten griffen auf die Renaissance-Tradition der mit Säulen gestützten Loggia zurück. Drei ionische Säulen tragen hier den Architrav mit Fries. Doch in irregulärem Abstand fügt sich an der Erkerecke der Loggia eine Herme an, deren Kopf das Porträt des Architekten Friedrich David Gilly darstellt, des legendären Urahns der klassizistischen Architektur in Preußen und Berlin. Am Ausgang des 18. Jahrhunderts war er der befreundete und bewunderte Lehrer von Karl Friedrich Schinkel. Diese Herme trägt nichts, sie gibt lediglich eine wohl drapierte, notwendige Regenrinne der Dachentwässerung ab.

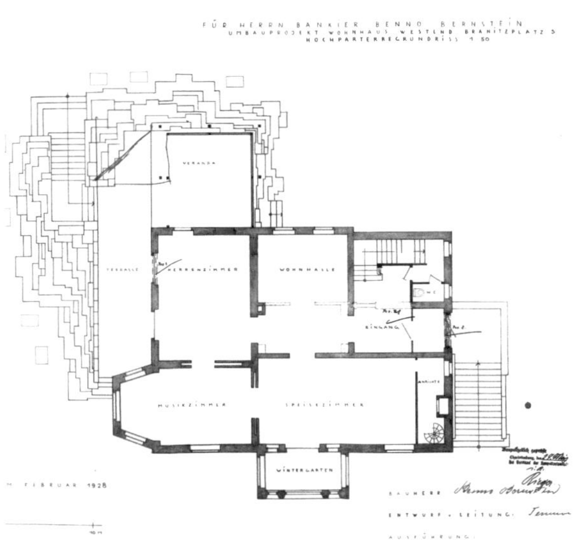

In einer brillanten Analyse hat der Dortmunder Architekturhistoriker Wolfgang Sonne diese scheinbar kleine Arbeit gedeutet[1]. „Nicht zufällig", heißt es da, „war und ist die Säule das vornehmste Element der Architektur. Als anthropomorphe tektonische Stütze verdeutlicht sie mit ihrer schlanken Aufgerichtetheit ganz unmittelbar die physische Kraft der Architektur, gegen die Wirkungen der Schwerkraft ein schützendes Dach zu halten." Allerdings birgt sie in diesem Fall Überraschungen. So ist die Wahl der ionischen Ordnung zwar durch ihre *gracilitas* – weibliche Schlankheit – als Verbeugung der Architekten vor der Auftraggeberin zu deuten, doch die Abstände zwischen den Säulen entsprechen nicht den klassischen Maßgaben. Sie lassen sich jedoch plausibel begründen. Die große Jochbreite ermöglicht einen ungehinderten Ausblick aus den Fenstern des Altbaus und ergibt im Verhältnis zur Höhe der Säulen ein Quadrat, das wiederum eine Reverenz an den modernen Wintergartenanbau Heinrich Tessenows darstellt. Durch die Übernahme der modernen Idealform in die klassizistische Architektursprache des Altbaus werden die beiden Anbauten zu einem Ganzen zusammengeführt. Zudem erklärt sich die Spannweite durch die Konstruktion. Denn es ist eine verkleidete Stahlkonstruktion, bei der die Stützen mit Beton und die Balken mit Holz ummantelt wurden. In dieser kleinen Arbeit aus dem Jahr 2005 liegt demnach ein „Bekenntnis der Architekten zu einer angemessenen und dauerhaften Architektur. Denn wenn es nun mal die Aufgabe ist, an einer klassizistischen Villa ein schützendes Dach zu errichten, dann ist die Säule dafür die architektonischste und humanste Lösung – ganz gleich, was auf den Laufstegen der Architekturmoden gerade propagiert wird." So kommt es zu einem „Stück Architektur, das nicht nur harmonisch in den Kontext passt, sondern ihn überhaupt erst harmonisch macht."

[1] Wolfgang Sonne: Das stolze Glück einer Säule. In: *Petra Kahlfeldt. Convergenze Urbane*, hrsg. v. Annalisa Trentin. *Architettura* 40. (2010), S. 55 ff

Ansicht von Südosten 1881
Ansicht von Süden 1881
Plan Heinrich Tessenow 1928

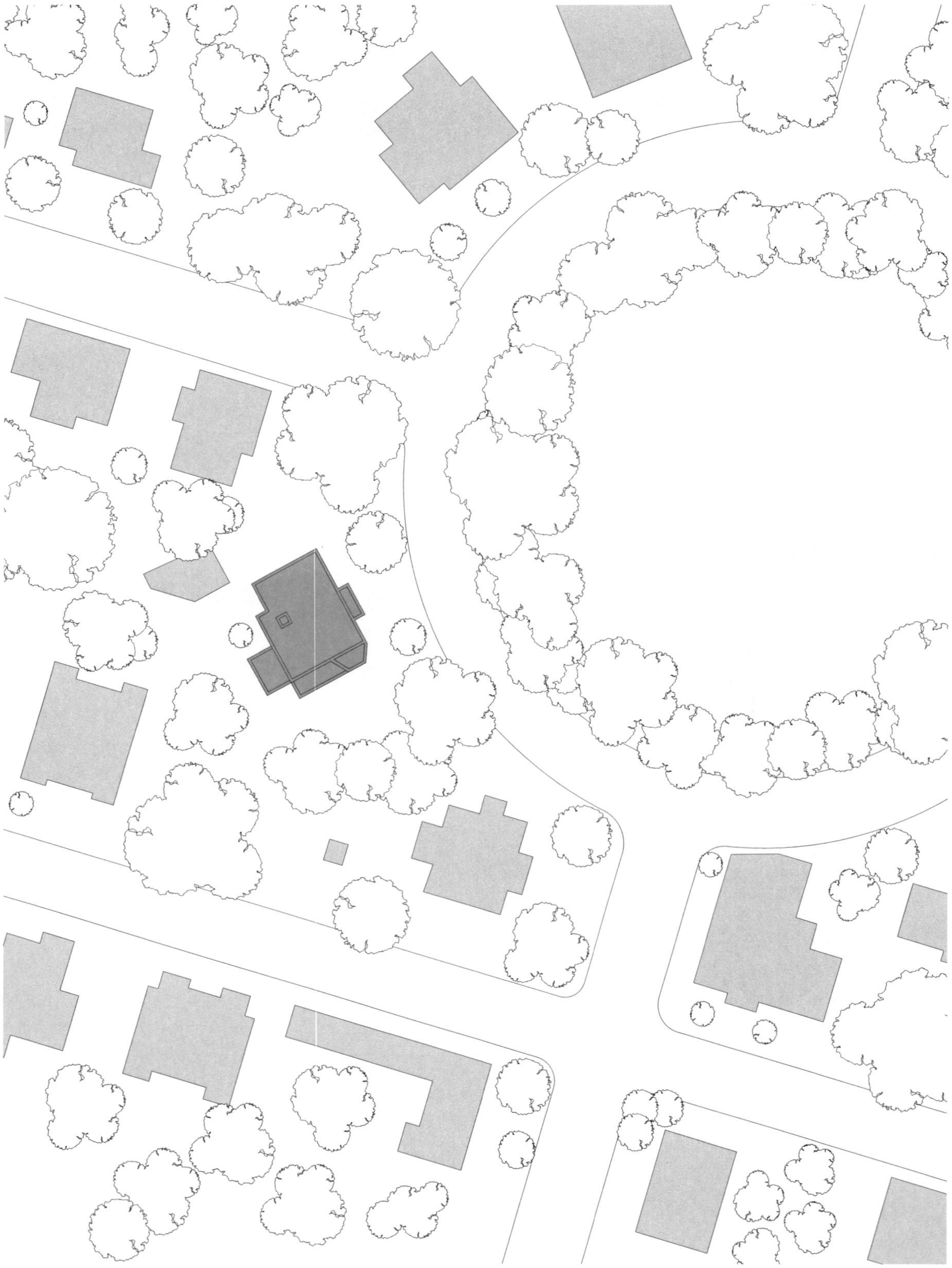

LAGEPLAN 2005

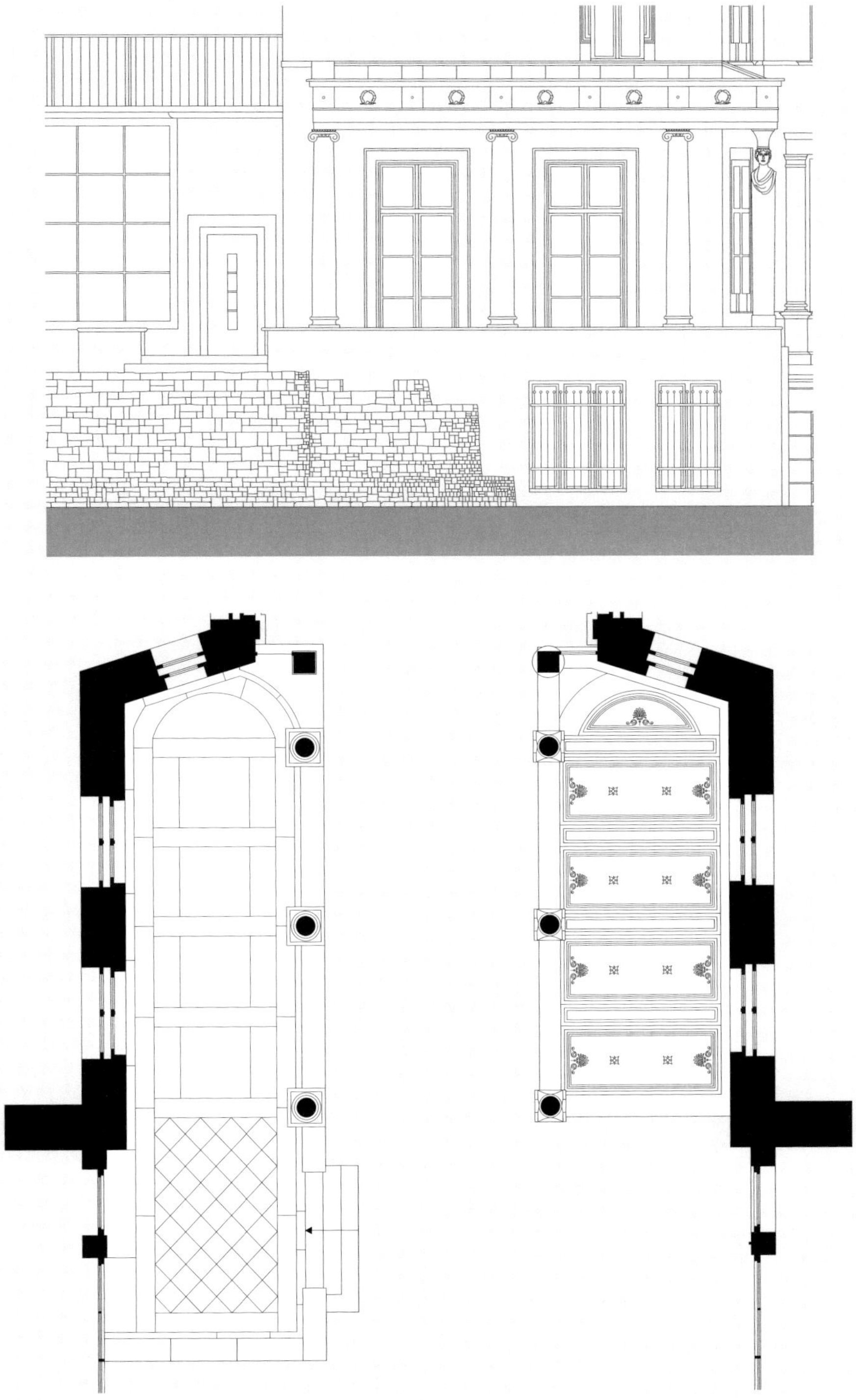

ANSICHT VON SÜDOST GRUNDRISS DECKENPLAN 2005

PROPORTIONSSTUDIE 2005

ANSICHT VON SÜDEN LOGGIA LOGGIA VON SÜDOSTEN 2006

DAS STOLZE GLÜCK EINER SÄULE

Wolfgang Sonne

Nicht zufällig war und ist die Säule das vornehmste Element der Architektur. Als Stütze verdeutlicht sie mit ihrer schlanken Aufgerichtetheit ganz unmittelbar die physische Kraft der Architektur, gegen die Wirkungen der Schwerkraft ein schützendes Dach über uns zu halten. Als tektonische Stütze stellt sie darüber hinaus in der Formulierung ihres Kapitells, ihres Schafts und ihrer Basis ihre Tätigkeit des Tragens und Lastens dar. Und als anthropomorphe tektonische Stütze versinnbildlicht sie in ihrer spezifischen Gestalt die Körperlichkeit dieser Tätigkeiten und setzt sie in eine analoge Beziehung zu ihrem Erzeuger, dem Menschen.

Kein Wunder also, dass ein so vorzügliches Element entgegen aller historischen Veränderungen und trotz allem stilistischen Wandel die Geschichte der Architektur wieder und wieder prägte und auch heute Architekten, die einen Sinn für das Wesen des Architektonischen entwickelt haben, fasziniert.

In dieser Hinsicht steckt in der kleinen Bauaufgabe des Anbaus einer Loggia an eine klassizistische Villa in Berlin, genauer gesagt: in der Art, wie die Architekten diese Aufgabe lösen, ein großes Bekenntnis. Es ist das Bekenntnis zu einer angemessenen und dauerhaften Architektur. Denn wenn es nun mal die Aufgabe ist, an einer klassizistischen Villa ein schützendes Dach zu errichten, dann ist die Säule dafür die architektonischste und humanste Lösung – ganz gleich, was auf den Laufstegen der Architekturmoden gerade propagiert wird.

Doch was auf den ersten Blick so passend und gewöhnlich aussieht, birgt bei genauerer Untersuchung einige Tücken und Überraschungen. Lässt sich die Wahl der ionischen Ordnung ganz traditionell mit dem Auftraggeber erklären – er ist weiblich, und Archäologin dazu –, so macht doch der weite Säulenabstand, der weit über Vitruvs Aräostylos hinausreicht, stutzig. Auch die an Triglyphen gemahnenden Blöcke des Frieses fügen sich nicht recht ins Bild der gewohnten ionischen Ordnung. Und dann werden gar innerhalb der Ordnung die Stützenart und der Stützenabstand gewechselt – ja, sind denn die Architekten der klassischen Regeln nicht mächtig?

Doch keine Sorge, alles hat seinen Grund – und zudem einen Grund in den aktuellen Anforderungen, sodass die kleine Loggia eben keine historistische Totgeburt, sondern Frucht einer lebendigen Arbeit am Bestehenden ist. Da ist zunächst der weite Säulenabstand, der einen ungehinderten Ausblick aus den beiden bestehenden Fenstern ermöglicht. Doch die exakte Proportionierung von Jochbreite und -höhe im Verhältnis 1:1 findet eine weitere Begründung im quadratischen Fenster des würfelförmigen Anbaus eines Wintergartens, den Heinrich Tessenow in den 1920er Jahren errichtet hatte. Durch die Übernahme der geometrischen Idealform des modernen Anbaus in den neuen, der seinerseits an die Architektursprache des Altbaus anknüpft, werden die beiden vorhandenen Teile erst eigentlich zusammengeführt.

Wie aber, fragt sich der konstruktiv bewanderte Betrachter, wird die für eine klassische Säulenordnung enorme Spannweite überbrückt? Tatsächlich ist die Loggia nicht in Stein errichtet. Petra und Paul Kahlfeldt haben die Säulenarchitektur einem weiteren Materialwechsel unterzogen, den sie angemessen verschleiert haben. Basis ist nämlich eine Stahlkonstruktion aus Stützen und Balken, die im tragenden Stützenbereich mit schwerem Beton umfasst, im lastenden Gebälk- und Dachbereich mit leichtem Holz umkleidet wurde. „Lüge" ruft der Purist, „Angemessenheit" antwortet der Architekt. Ökonomie und Haltbarkeit empfahlen die Stahllösung, Schönheit und Ausdrucksfähigkeit die Form der Bekleidung. Und wer wollte ernsthaft die farbverkleideten griechischen Säulen oder die verhüllend-darstellende Ecklösung von Mies' Seagram Building der Lüge zeihen?

Aus der versteckten realen Konstruktion erklären sich auch die weiteren Anomalien des Entwurfs. Die Blöcke des Frieses stellen die Balken der dahinterliegenden Deckenkonstruktion dar, die hier – wie von Vitruv für die Entstehung der Triglyphen der dorischen Ordnung aus der Holzkonstruktion behauptet – tatsächlich auf der Höhe des Frieses auf dem Architrav aufliegen – ein Phänomen, dass sich beim real existierenden griechischen Tempelbau nicht findet und somit die Architekten zu einer Neuformulierung der Ordnung an diesem Punkt geradezu aufforderte. Auch die Karyatidherme an der Ecke der Loggia findet ihre Erklärung in der Konstruktion: Tragend sind nämlich nur die drei mit ionischen Säulen umkleideten Stahlstützen. Die Ecke kragt aus und die eingestellte Figur braucht – ohne jedes Kopfschmerzrisiko – nichts zu tragen. Funktionslos ist sie jedoch auch im praktischen Sinne nicht: die Regenrinne führt durch sie hindurch.

Die Eigenart des Baus folgt ihren eigenen Regeln, das Gewöhnliche des Baus folgt den Regeln des Vorgefundenen. Heraus kommt ein Stück Architektur, das nicht nur harmonisch in den Kontext passt, sondern ihn überhaupt erst harmonisch macht. Ob neu oder alt, ob erfunden oder nachgeahmt, ob „ehrlich" oder verkleidet interessiert in diesem Zusammenhang nicht, denn entscheidend ist, was bleibt: die Stimmigkeit der Architektur.

Gerade aber für die architektonische Form der Stütze, die Säule, gibt es wenig Grund zur Veränderung. Sie gründet in den Erfahrungen mit der Schwerkraft, die sich seit der Antike nicht gewandelt haben und sich auch im Zeitalter der globalisierten Nachhaltigkeit nicht wandeln werden. Unnachahmlich formulierte das Heinrich Wölfflin in seinen Prolegomena zu einer Psychologie der Architektur: „Wir haben Lasten getragen und erfahren, was Druck und Gegendruck ist, wir sind am Boden zusammengesunken, wenn wir der niederziehenden Schwere des eigenen Körpers keine Kraft mehr entgegensetzen konnten, und darum wissen wir das stolze Glück einer Säule zu schätzen und begreifen den Drang alles Stoffes, am Boden formlos sich auszubreiten."

Der Text wurde zuerst abgedruckt in: *Petra Kahlfeldt. Convergenze Urbane*, hrsg. v. Annalisa Trentin. *Architettura* 40. (2010), S. 55–59

MODELLESAAL SENATSVERWALTUNG FÜR STADTENTWICKLUNG

An den Bauprozessen im Berlin der 1990er Jahre lässt sich das seinerzeit wenig beachtete Phänomen einer Stadtplanung am räumlichen Modell erkennen. Auch die Berliner besuchten gern die im Lichthof der Behrenstraße ausgestellten Berliner Stadtmodelle, auf denen im Maßstab 1:500 und 1:1000 die städtebauliche Entwicklung, die Zahl der neuen Häuser sowie die räumlichen Zusammenhänge anschaulich vor Augen geführt wurden. Nach Verkauf des Gebäudes zog die Senatsverwaltung für Stadtentwicklung an den Köllnischen Park – sozusagen in die historischste Mitte der historischen Mitte Berlins. Dort wurde ein Ausstellungssaal für das mittlerweile zu stattlicher Größe angewachsene Modell nötig.

Das Gebäude Am Köllnischen Park 3 ist als interner Maßstab des Bauens in Berlin denkbar gut geeignet. Es ist die ehemalige Hauptverwaltung der Landesversicherungsanstalt Berlin, die heute Rentenversicherung genannt wird. Sie wurde vom Architekten Alfred Messel 1903 errichtet, und man sieht der Architektur den gesellschaftlichen Stolz auf diese seinerzeit fortschrittlichste Leistung der Sozialpolitik – die allgemeine Versicherungspflicht – an. Barocke Gestaltungselemente sind verhalten in die mächtige Fassade eingegliedert, Reliefbilder, Kalksteinkartuschen, Dockenbrüstungen unter den Fenstern sowie ein geschweifter Giebel über dem Mittelrisalit im Mansarddach. Dominiert wird der Bauschmuck jedoch von der Pfeilerordnung, mit der Messel sogar die Geschossteilung des Gebäudes überspielte, um die Vertikale zu betonen. Die enorm breite Fassade erhält durch die mit Backsteinen verkleideten Pfeiler eine ausgewogene Proportion und zumal gegenüber dem Märkischen Museum, erbaut nach Plänen des damaligen Stadtarchitekten Ludwig Hoffmann, eine serene Ruhe. Hatte Hoffmann im 1904 fertiggestellten Märkischen Museum – weltweit dem ersten seiner Art – eine „Programmarchitektur" aufgelegt, bei der einzelne Bauteile des Museums historische Phasen der brandenburgischen Architektur zitieren, lässt Messel sein Gebäude zur stolzen Einfachheit gelangen. Ein zweigeschossiges, prächtiges Vestibül hebt den

Straßenfront um 1910
rechte Seite
Erdgeschoss 1904
Straßenansicht Ausschnitt 1904

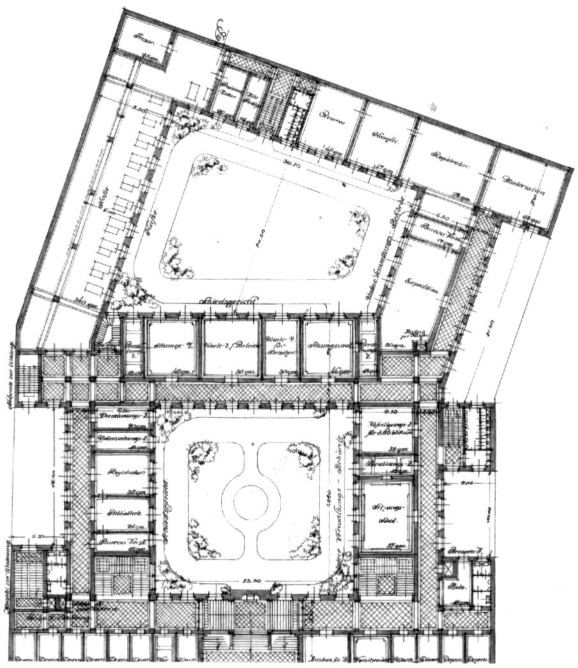

repräsentativen Anspruch der Architektur ins Bewusstsein – höchst angemessen für eine Institution, die der Architekturqualität Berlins Auftrieb verschaffen soll(te).

Konstruktiv ist das Gebäude ein Stahlskelettbau, bei dem sich die fünfgeschossigen Baukörper um zwei Innenhöfe gruppieren. Messel benutzte diese damals noch neue Bauweise auch beim Warenhausbau (Wertheim, Leipziger Platz) und beim Museumsbau Pergamonmuseum. Kahlfeldt Architekten planten den Ausstellungssaal im ersten Innenhof des Gebäudes. Es sollte eine neue Halle entstehen, nicht nur eine Hofüberdachung vorgenommen werden. Dafür entwickelten sie eine Stahlbetonkonstruktion, die auf das Natursteingesims oberhalb der Erdgeschossfenster aufgesetzt wurde.

Die innere Fassadengliederung des Hofs blieb weitgehend ungestört erhalten. In den Randbereichen zu den bauzeitlichen Hoffassaden ist die neue Saaldecke, einen festen Rahmen bildend, geschlossen ausgeführt. In der Saalmitte erhebt sich eine hohe, verglaste Stahllaterne als Oberlicht, die für eine natürliche Belichtung auf den großen Stadtmodellen der deutschen Hauptstadt sorgt und die Verbindung zu den hellen Hoffassaden Messels optisch herstellt.

Um eine adäquate Höhe für den neuen Saal zu erreichen, wurde der Hallenboden gegenüber dem gegebenen Hofniveau um etwa 1,2 Meter abgesenkt und eine neue Stahlbetonsohle eingelegt. Durch die Absenkung wurden die Außenwände von Keller und Sockel auf ca. 1,7 Meter freigelegt und erhielten daher eine Wandverkleidung, deren Profilierung aus der Bestandsfassade bezogen wurde. Die dreiseitig an der Innenhoffassade angrenzenden Räume des Erdgeschosses wurden als Ausstellungs- und Serviceräume in die neue Nutzung einbezogen.

Im Zentrum der Halle ruht die neue Decke auf vier kreuzförmigen Stahlbetonstützen, die auch das Oberlicht tragen. Bemerkenswert für die Architektur Kahlfeldts ist die Sorgfalt, mit der die unscheinbaren Elemente der Stützenbasen gestaltet wurden; architektonische Fügungen, die der Sachlogik des Materials und der Aufgabe entsprechen.

LAGEPLAN 2007

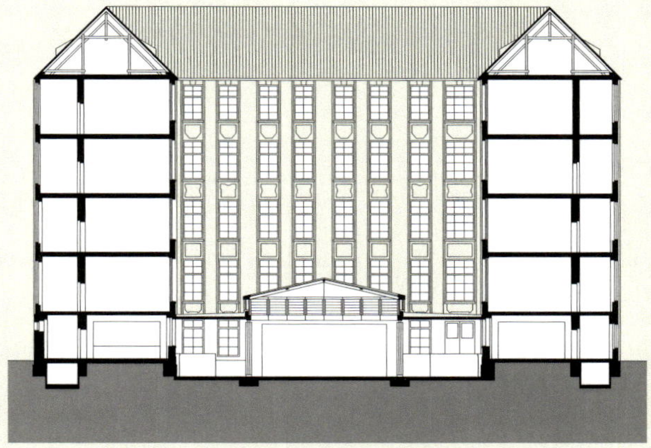

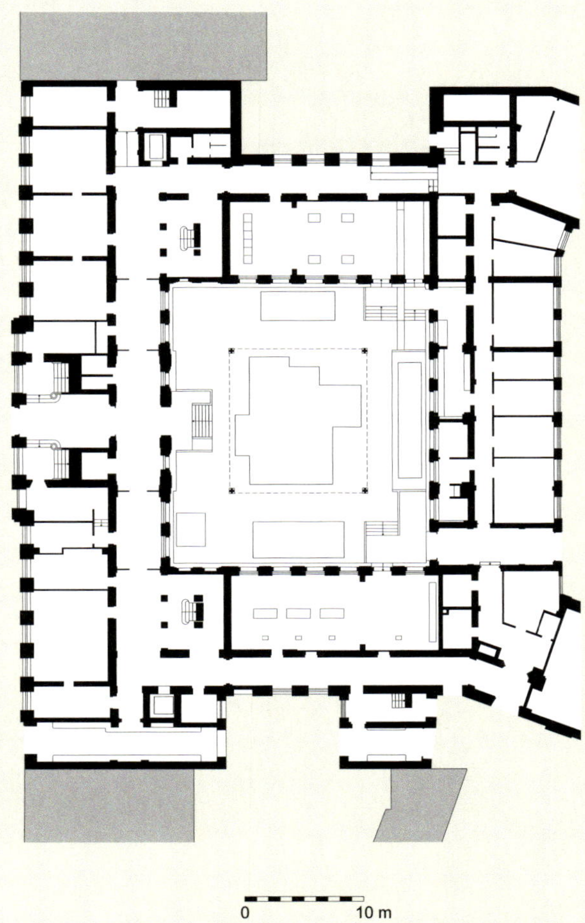

SCHNITT ERDGESCHOSS 2007

AUSSTELLUNGSSAAL 2008

AUSSTELLUNGSSAAL LICHTSCHACHT INNENHOF 2008

GESCHÄFTSHÄUSER KURFÜRSTENDAMM

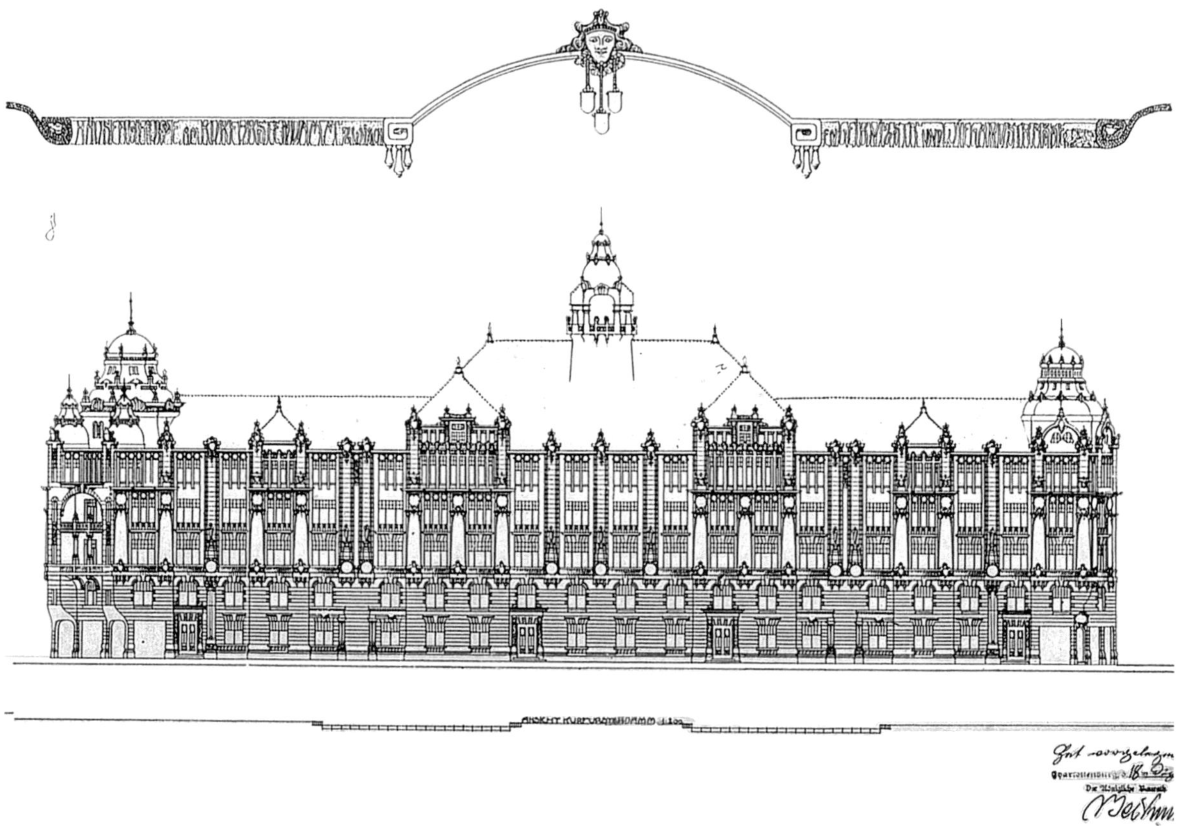

Der Kurfürstendamm ruft Bilder prunkvoller Gebäude wach, an den Fassaden Schmuck von Karyatiden und Atlanten, Girlanden, Kartuschen und Festons sowie Erker und Loggien vor hochherrschaftlichen Wohnungen, deren ausgedehnte Größe sie mehr zu Landhäusern auf der Etage macht denn zu Wohnungen im üblichen Verständnis. Vorgärten, hohe Bäume und Vitrinen vor Luxusauslagen im Erdgeschoss runden das Bild ab. Diese kollektive Assoziation trifft auch nach zwei Weltkriegen und einem Wiederaufbau noch zu, der mehr Bausubstanz zerstörte als die Bomben der Kriegsalliierten. Nach dem Mauerfall 1989 hat sie sogar wieder verstärkt Nahrung bekommen, da der „lange Marsch in die Hässlichkeit" (Wolf Jobst Siedler, 1984) gestoppt werden konnte und etliche Häuser saniert, einige Fassaden rekonstruiert und gelegentlich auch Ecktürmchen wieder aufs Dach gesetzt wurden (Siehe: Birgit Jochens/Sonja Miltenberger, „Von Haus zu Haus am Kurfürstendamm". Berlin 2011).

Die drei Häuser Kurfürstendamm 56–58 sind dafür ein Paradebeispiel. Gebaut wurden sie 1905–1907 von den Architekten Hans Toebelmann und Henry Gross als ganzer Block zur rentablen Vermietung der Wohnungen. Die Häuser verfolgten als Ensemble die Grundidee eines Barockschlosses, das „auf die Gegebenheiten des Mietshauses angewandt" wurde, wie die Architekten erläuterten (BusB, 1974, 56f). Ziergiebel und kupfergetriebene Eckkuppeln, bogenförmige Risalit-Abschlüsse und herrschaftliche Fenster formten die Gebäudegruppe sehr reich aus. Hinter den Fassaden lagen pro Geschoss zwei Wohnungen mit acht oder elf Zimmern und etwa 600 Quadratmetern Wohnfläche. Aber schon in den späten 1920er Jahren wurden diese Palastwohnungen in kleinere Apartments aufgeteilt.

Ein herausragendes Exempel sind die Häuser zudem, weil sie belegen, dass nicht nur die rigorose Moderne die Häuser entstuckt und den Fassaden die Ornamente abgeschlagen hat. Die Feldmühle AG (Papierkonzern) kaufte zwei der drei Gebäude

zur Ansiedlung ihrer Hauptverwaltung in Berlin und ließ sie durch den Stettiner Architekten Adolf Thesmacher 1938–1941 modernisieren und zu Geschäftshäusern mit Büronutzung umwandeln. Thesmacher war ein Architekt der Neuen Sachlichkeit und kooperierte mit Adolf Speer. Er ließ den Stuck abschlagen, die Fassade im Erdgeschoss und ersten Obergeschoss mit Travertin verkleiden und in den Treppenaufgängen Muschelkalk an den Wänden verlegen. Fortan regierte statt des wilhelminischen Prunks der Anfangsjahre stilistisch ein zurückhaltend strenger Klassizismus.

Nach der Nutzung als Feldlazarett im Zweiten Weltkrieg brachten die Nachkriegsjahre die Berliner Bekleidungsindustrie an den Kurfürstendamm, da der Hausvogteiplatz, vormals Herz der Konfektionsindustrie, im russischen Sektor lag. In zwei der drei Häuser wurden auf allen Obergeschossen Fertigungswerkstätten für Damenoberbekleidung eingerichtet; schwere Betonplatten halfen das Gewicht und die Schwingungen der Industrienähmaschinen auf den Holzbalkendecken zu verteilen. Über mehr als ein Jahrzehnt haben Petra und Paul Kahlfeldt die architektonische Requalifizierung aller drei Häuser 56, 57 und 58 am Kurfürstendamm geplant und die Umsetzung geleitet. Die eingeschossigen, die Fassade verunstaltenden Vorbauten der 1970er Jahre im Erdgeschoss wurden ebenso zurückgebaut wie in den Geschäftseinheiten abgehängte Decken, raumteilende Zwischenwände und für den großstädtischen Standort inadäquate Ausbaustandards.

Die Fassadengestaltung Thesmachers von 1938 enthielt die Vorlage zur Neugestaltung der Erdgeschossfassaden für hochwertigste Bekleidungsfirmen wie Louis Vuitton, Hermès und andere. Die Dachgeschossebenen wurden zu großflächigen Geschäftsräumen ausgebaut, die kupferne Dachkuppel nach einem Brand wieder gemäß ihrer bauzeitlichen Fassung in handwerklicher Arbeit rekonstruiert.

Der eigentliche Schatz in allen drei Häusern ist jedoch die unfassbar hochwertige und größtenteils erhaltene Raumausstattung: eine breite Varianz von Deckenausbildungen, die für jede Raumgröße und -funktion einen passenden Abschluss nach oben bereithält, reich gegliederte Stuckdecken sowie ebenfalls mit Stuck verzierte Kreuzrippen- und Tonnengewölbe, darin integriert Leuchten, die den Himmel ins Licht rücken.

Die im Laufe der Jahrzehnte entstandenen Fehlstellen im hochwertigen Ausbau wurden fachgerecht repariert: Parkettfußböden, Wandverkleidungen, Türanlagen als Schiebetüren oder mehrflügelige kassettierte Rahmentüren; technische Ausstattungen waren selbstverständlich nicht sichtbar und wurden verkleidet.

Ansicht von Südosten 1905
linke Seite
Entwurfszeichnung Ansicht von Süden 1905

LAGEPLAN 2000

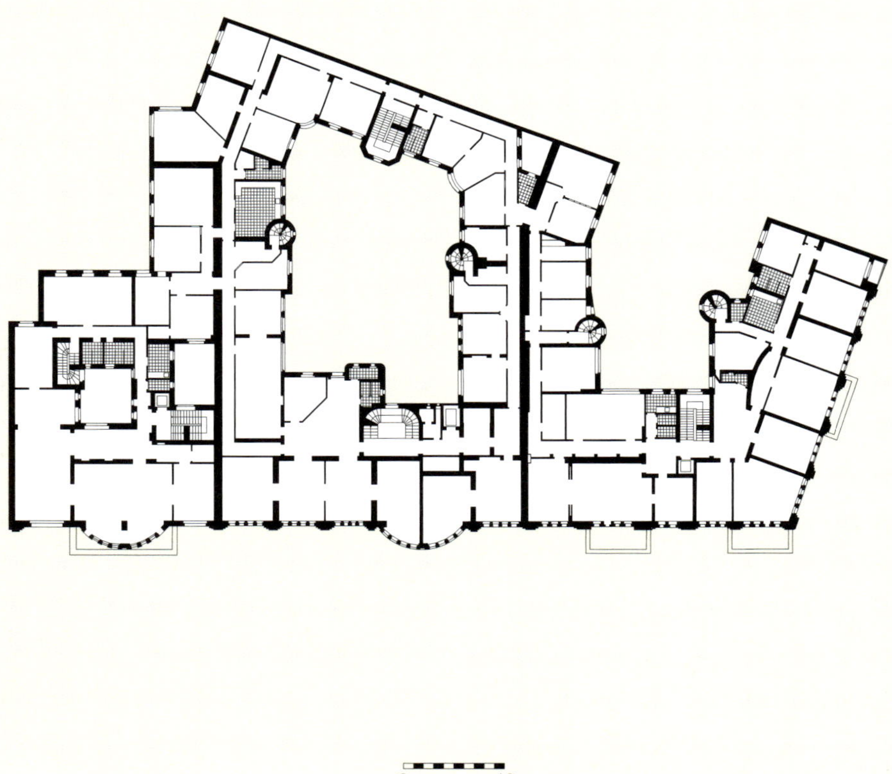

ANSICHT VON SÜDEN 4. OBERGESCHOSS 2009

ANSICHT VON SÜDOSTEN FASSADENDETAIL PFÖRTNERLOGE 2008

FASSADENDETAILS 2009

MUSEUM FÜR FOTOGRAFIE UND HELMUT NEWTON STIFTUNG BERLIN

Das hohe Haus mit dem prächtigen Schriftzug MUSEUM FÜR FOTOGRAFIE ist in der schmalen Jebensstraße neben dem Bahnhof Zoologischer Garten nicht in voller Größe zu erfassen. Der Spitzgiebel auf dem Risalit entzieht sich dem Blick, die sechs Pilaster der Kolossalordnung wirken imposant, sind aber nicht ganz sichtbar und die Proportionen zu den dazwischenliegenden stockwerkübergreifenden Fensterbahnen mit den Balkonbrüstungen sind kaum wahrzunehmen. Erfassen kann man das Ganze nur von der anderen Straßenseite oder – besser noch – vom Bahnsteig der gegenüberliegenden Stadtbahn. Dabei werden neun weitere Fensterachsen erkennbar sowie die alte Inschrift: UNTER DER REGIERUNG WILHELMS II. DEUTSCHEN KAISERS KOENIGS VON PREUSSEN ERB. V. D. KAMERADSCHAFTL. VEREINIGUNG D. OFFIZ. D. LANDWEHR INSP. BERLIN MCMIX. Zu deutsch: Das Haus wurde 1909 zu Zeiten Kaiser Wilhelms II. für die Offiziere der Landwehr-Inspektion auf eigene, kameradschaftliche Kosten erbaut.

Der Besucher registriert vor allem das kräftige Sockelgeschoss, in das die Eingänge zwischen eine verhaltene Rustika geschnitten sind. Die Signale dieser Fassade sind eindeutig: Durch die Türen betritt man ein veritables Werk der Architektur. Ohne Pomp und Prunk offeriert es Würde, Noblesse und strenge Modernität. Nach einem kurzen, schattigen Durchgang empfängt den Besucher die grandiose Treppenhalle, die sich hell und strahlend mit einer breiten, bequem zu steigenden, zentralen Treppe vor ihm aufbaut. In zwei Flügeln steigt sie weiter nach oben auf, ein roter Teppich lädt zum Auftritt ein – im buchstäblichen Sinn des Hinaufgehens, aber auch im übertragenen Sinn des Sich-Zeigens. Denn unversehens steht man vor den großformatigen Fotos der Big Nudes I–V des Namens- und Museumsstifters Helmut Newton. Sie sind, so möchte man fast sagen, genial gehängt, der Aufblick zu ihnen ein Ereignis. Die Nacktheit der Frauen wirkt trotz aller Offensichtlichkeit nur scheinbar, und das nicht nur wegen des großen Abstands. Vielmehr scheinen die fünf Frauen eingehüllt, ja elegant gekleidet in Gesten des Selbstbewusst-

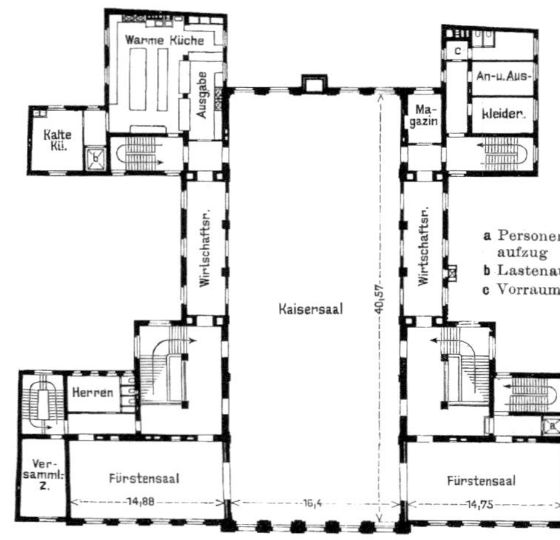

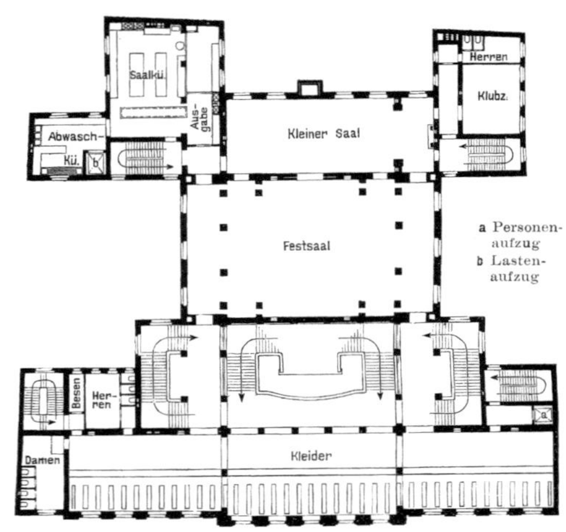

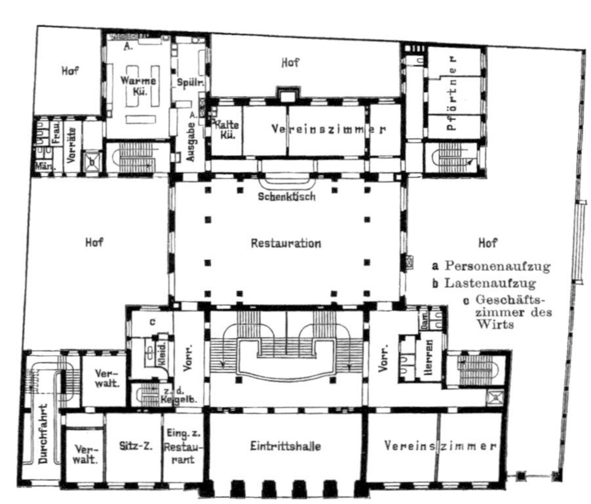

seins und der Selbstsicherheit. Sie provozieren und fordern ein Nachdenken über Nacktheit und Kleidung, Rolle und Gesellschaft ein, statt nur sich und ihre Blöße auszustellen.

Dieses irisierende Wechselspiel von Nacktheit und Kleidung, Modernität und Würde passt vorzüglich zu einem Bauwerk, das fast exemplarisch die Chancen und Vorzüge, aber auch Schicksale von Bestandsbauten aus der Wende vom 19. zum 20. Jahrhundert verdeutlicht. Exakt am Platz der fünf Großen Nackten zeigten sich bis zum Ende des Zweiten Weltkriegs fünf überlebensgroße Landwehrkrieger in Uniform und Fahnenschmuck, die 1909 zur Eröffnung des Gebäudes als Embleme seiner Nutzung auf die Wand gemalt worden waren. In der verhalten prächtigen Treppenhalle waren sie erdfarben dunkel – wie es dem militärischen Naturell des Landwehrkriegers entsprach. Heute signalisieren die Großen Nackten in der strahlenden Helle wiederum, dass hier Ausstellungsflächen für Fotografien von Weltrang entstanden sind und zugleich Sammlungsstätten für die Geschichte der Fotografie. Sie beweisen damit auch, dass solch heterogene Nutzungen keineswegs im Widerspruch zur Architektur des Gebäudes stehen, im Gegenteil. Große Architektur zeichnet eine gewisse Überzeitlichkeit und Detachiertheit gegenüber ihren Nutzungen aus, ihre Größe besteht sogar zu einem wichtigen Teil eben darin, dass sie nicht dem Kunstwollen einer Mode oder einer Stimmung geopfert wird.

Erbaut wurde das Gebäude in der Jebensstraße als Kasino, als Vergnügungs- und Erholungsstätte für die Offiziere der Landwehr-Inspektion. Heute wissen nur noch Militärhistoriker etwas mit dem Namen anzufangen. Die Landwehr war eine Institution der allgemeinen Wehrpflicht und ein Sammelbecken für die nach geleisteten Dienstjahren und aus Altersgründen nicht mehr „Fahnenpflichtigen“. Grundsätzlich war sie „das Aufgebot aller Wehrfähigen zur Verteidigung des Vaterlandes“, wie es in Meyers Konversationslexikon 1897 heißt. Bedeutsam wurde die Landwehr speziell in Deutschland vor allem in den Napoleonischen Kriegen am Beginn des 19. Jahrhunderts, da sie zur Verstärkung des schwächelnden Preußischen Heeres aufgeboten wurde – ein Umstand, der indirekt die architektonische Gestaltung des Kasinos mit beeinflusste. Dessen klassizistische Ordnung nämlich greift die Anregungen und Überlegungen von Paul Mebes Buch *Um 1800* auf, in dem jene Jahre der gesellschaftlich-politischen Krise architektonisch reflektiert werden. Es erschien 1908 zur Bauzeit des Kasinos und machte in der Architekturwelt Furore. Mebes sprach sich gegen den Bombast des ornamental überladenen Historismus der Kaiserzeit aus und empfahl die Rückkehr zur (handwerklichen) Schlichtheit und klassischen Strenge der (biedermeierlichen) Form.

Die Architekten des Landwehr-Kasinos waren Heino Schmieden (1835–1913) und Julius Boethke (1864–1917). Mit ihnen bewegt man sich in der ersten Klasse der Architekturgeschichte vor dem

Straßenfront 1909
Unter der Regierung Wilhelm II.
Offizier- und Landwehrinspektion Berlin 1909
linke Seite
2. Obergeschoss 1909
1. Obergeschoss 1909
Erdgeschoss 1909

Ersten Weltkrieg. Schmieden war langjähriger Partner von Martin Gropius – dem Großonkel des Bauhaus-Direktors Walter Gropius – im Büro Gropius & Schmieden und baute unter anderem am heutigen Martin-Gropius-Bau, dem damaligen Kunstgewerbemuseum, im Stil der italienischen Renaissance mit (1881). Nach Gropius' Tod (1880) ging er schließlich 1899 eine Partnerschaft mit Julius Boethke ein und wurde neben anderen Ehrungen auch in die Preußische Akademie der Künste aufgenommen. Boethke & Schmieden entwarfen und bauten neben noblen Villen auch die Lungenheilanstalt Beelitz bei Berlin (1898–1902) sowie das Oskar-Helene-Heim in Berlin Dahlem (1913/14, abgerissen 2015).

In einer zeitgenössischen Fachzeitschrift heißt es über das Gebäude des Landwehr-Kasinos: „Bei dem Aufbau und der architektonischen Ausgestaltung ... musste mit einer äußerst knappen Bausumme von einer Million Mark gerechnet werden. ... Der Bau hat dementsprechend ein von jedem Prunk freies, soldatisch einfaches Gepräge erhalten, das sich im Äußeren an die antike Formensprache anlehnt. ... Auch im Inneren herrscht das Strenge und Schlichte vor. Nur bei den Räumen, die die Hauptaufmerksamkeit in Anspruch nehmen, dem Kaisersaal und dem kleinen Festsaal, ist eine bis zur prächtigen Wirkung gesteigerte Wand- und Deckenmalerei zur Ausführung gelangt.“

Der Kaisersaal im zweiten Obergeschoss war Ziel und Zentrum des Gebäudes, äußerlich erkennbar an den hohen Fenstern des Risalits. Kaiser Wilhelm II. höchstselbst gab sich zur Eröffnung die Ehre seiner Anwesenheit. Der riesige Raum wies annähernd 700 Quadratmeter auf, war durchgesteckt von Ost nach West und versehen mit einer flachen Stichbogendecke, einer Rabitz-Konstruktion aus Draht und Putz mit einer Scheitelhöhe von 11,4 Metern. Über hellen Wänden war sie mit Kassetten bemalt und farblich fein abgestimmt in Weiß, Gelb, Rot und Schwarz, sodass eine „goldige Wirkung“ erzielt wurde. Auf Anregung des Kaisers wurde der Saal mit einer modernen „Röhrenlampenanlage über dem Hauptgesims“ belichtet, die dem Vorbild des Weißen Saals im Schloss folgte und eine hoch gelobte indirekte, schimmernde Beleuchtung ergab. Im übrigen Haus wurde reichhaltig „Stuccolustro“ für den kleinen Festsaal sowie für die Treppenhalle eingesetzt – ein schimmerndes Marmorimitat. Die Treppenhalle erhielt einen dorischen Fries sowie „eingebügelte“ liniierte Pilaster an den Pfeilern. Anstelle der heutigen Big Nudes prangten auf der Frontalwand der Treppe besagte fünf überlebensgroße Krieger im Fahnenschmuck, um der „geschichtlichen Entwicklung der Landwehr“ sinnbildlich Ausdruck zu verleihen. Hinter der Wand lag ein großzügiges Restaurant, das wie das ganze Haus mit modernster Küchentechnik ausgestattet war (Zentralblatt der Bauverwaltung, Berlin, 29.1.1910).

Unseren heutigen architektonischer Gestaltung radikal entwöhnten Augen fällt es schwer, eine solche Ausstattung des Gebäudes als sparsam, streng und bescheiden anzusehen. Und doch war die Stuccolustro-Technik günstiger als die Natursteinverkleidung der Fassade und der Innenwände. Der geringen Bausumme allemal geschuldet war eine Baukonstruktion, die das Landwehr-Kasino zu einem modernen, technisch beinahe avantgardistischen Gebäude seiner Zeit machte. Die im 19. Jahrhundert erreichten Möglichkeiten der Eisenkonstruktion wurden von Schmieden & Boethke mittels eines Stahlskeletts genutzt, das den Baukörper mit einem System von Stahlstützen und Balken durchzieht; die flachen Stahlsteindecken überspannten große Räume. Diese Struktur abstrahiert von der konkreten Gestalt des Baukörpers und erlaubte nicht nur eine äußerst rasche Bauzeit von nur 15 Monaten, sondern auch die flexible und freie Grundrissdisposition. Durch sie konnte die üppige Treppenhalle mit Frontalwand und dreiflügeliger Treppe schlüssig platziert werden. Zudem macht die Konstruktion das Gebäude relativ unabhängig von der tatsächlichen Nutzung. Das Stahlskelett bleibt wechselnden Aufgaben gegenüber zweckmäßig und rational anpassbar. Symptomatischerweise wurden vergleichbare Konstruktionen vom Architekten Alfred Messel damals sowohl beim Warenhausbau (Wertheim, Leipziger Platz) als auch beim Pergamonmuseum eingesetzt.

Treppenfoyer Erdgeschoss 1909
Schaubild Treppenfoyer 1909

Nach dem Ersten Weltkrieg wurde die Landwehr aufgelöst und der Kaisersaal zum Theater umgebaut. In Konkurrenz zum nahe gelegenen Theater des Westens musste es jedoch 1938 seinen Betrieb einstellen. Im Zweiten Weltkrieg ließ die Nachbarschaft zum Bahnhof Zoologischer Garten das Gebäude zum Ziel von Bomben werden, die neben den rückwärtigen Gebäudeteilen vor allem das Dach und das Tonnengewölbe des Kaisersaals zerstörten. Doch bereits 1946 sicherte der Architekt Max Taut im Auftrag der britischen Militärbesatzung die Ruine. Er vereinfachte den Dachstuhl, um statt der gewölbten bloß eine horizontale Decke im Kaisersaal einziehen zu können. Anstelle einer erneuten militärischen Nutzung als britisches Kasino wurde das Gebäude der Stadt Berlin und den Staatlichen Museen Preußischer Kulturbesitz (SMPK) übertragen, um die reichhaltigen, international bedeutenden Bestände der Kunstbibliothek präsentieren und wissenschaftlich nutzen zu können. Die dafür vorgenommenen Umbauten beschränkten sich zeitgemäß auf die Entstuckung oder Verkleidung des vorgefundenen Bauschmucks, sodass nüchterne Funktionsräume übrig blieben. 1976 wurde die neu gegründete Berlinische Galerie im ersten Obergeschoss des Gebäudes angesiedelt und sowohl die Treppenhalle als auch die ehemalige sehr groß bemessene und zur Jebensstraße gelegene Garderobenfläche des Offizierskasinos wurden als Ausstellungsräume genutzt. Zeittypisch wurde auch hier auf eine architektonische Fassung durch Bauschmuck verzichtet.

2003 prüften der weltberühmte Fotograf Helmut Newton und seine Frau June (Alice Springs) die Übertragung ihres fotografischen Nachlasses an die Stiftung Preußischer Kulturbesitz (SPK). Nach Besichtigung mehrerer Gebäude fiel die Wahl Newtons auf das Offizierskasino in der Jebensstraße, der Legende nach auch, weil er glaubte, das Gebäude als letztes bei seiner Flucht aus Berlin 1938 gesehen zu haben. Ein weiter reichender Plan der SPK wiederum sah vor, hier zudem das Museum für Fotografie als neue Abteilung der Kunstbibliothek anzusiedeln.

Zur Ertüchtigung des Gebäudes setzten Kahlfeldt Architekten bei der Wiedergewinnung und Freilegung der architektonischen Struktur des Gebäudes an. Sie entwickelten daraus die benötigten und neu zu schaffenden Raumkonstellationen. In mehreren Schritten wurden die Einbauten und Verschalungen entfernt und die nur wenigen erhalten gebliebenen Reste des Bestands von Fußböden, Treppengeländern und sonstigem Bauschmuck konserviert. Eine historische Rekonstruktion der Säle und Deckengemälde war ebenso wenig Ziel wie das Überstülpen einer neuen Gestaltungsidee, die im Kontrast zur Substanz und Struktur des Gebäudes stehen würde. Kahlfeldt Architekten verließen sich auf den architektonischen Kern, auf das Tragesystem aus Wänden, Stützen, Pfeilern sowie Decken und Balken, was eine Überzeitlichkeit rational nachvollziehbarer Architektur garantiert. Als strukturelle Leitlinie präformierte sie die einzelnen Entscheidungen.

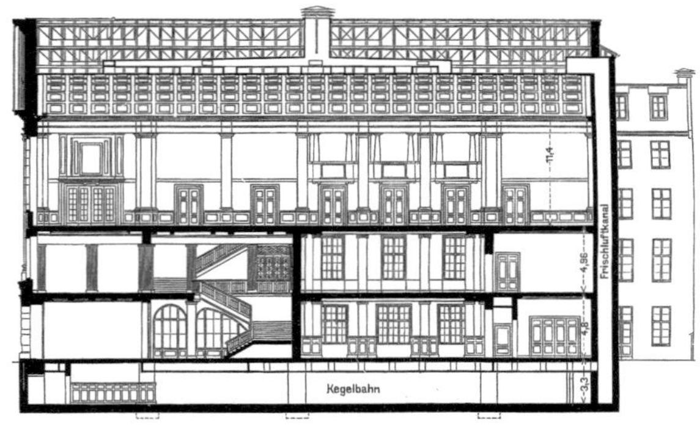

Im ersten Obergeschoss wurde eine strenge Eleganz langer Fluchten und Raumgruppen geschaffen, die sich sowohl entlang der Jebensstraße als auch in die Tiefe des Gebäudes erstrecken. Das räumliche Gefüge wurde optisch und funktional durch annähernd raumhohe Türen und Durchgänge in hellen Eichengewänden verbunden und übergreifend durch Sichtachsen in Zusammenhang gebracht. Flächendeckend wurde Raucheiche als Fußboden verlegt. Niedere Paneele und einfache Sockelfassungen unterstreichen mit der Tür- und Durchgangsgestaltung die Zugehörigkeit der Raumgruppen. Bronzierte Lüftungsgitter nehmen den Farbkanon auf. Das Konstruktionsprinzip aus Stützen und Balken dient der dreidimensionalen Gliederung der Räume ebenso wie der Wand- und Deckenflächen und bietet dergestalt ein starkes Ordnungsgerüst für alle anfallenden technischen Einbauten, die in den Museumsräumen erforderlich sind. So sind die neuen Lichtdecken, die zur hellen und noblen Atmosphäre der Ausstellungsräume beitragen, wie selbstverständlich in die Deckenkassettierung eingebettet. Sie sind in Alurahmen gefasst und mit

Kleiner Festsaal 1. Obergeschoss 1909
Kaisersaal 2. Obergeschoss 1909
Festsaal 1. Obergeschoss 1909
linke Seite
Querschnitt 1909
Treppenfoyer
Berlinische Galerie 1978–1986

zwei Folien versehen; die untere (raumsichtige) zur diffus gleichmäßigen Lichtstreuung, die obere zur Abwehr von Staub- und Schattenbildung.

Das architektonische Konzept für die Wiedergewinnung des Ausstellungssaals im zweiten Obergeschoss, des ehemaligen Kaisersaals, folgt den gleichen Regeln. Die kriegsbedingten Verluste der Bausubstanz waren so groß, dass eine Wiederbelebung der ehemaligen Raumkonfiguration nicht möglich war. Doch wurde der großzügige und weitläufige Saal von annähernd 700 Quadratmetern aus der erhaltenen Tragstruktur wiedergewonnen, nur, dass statt des ehemaligen Tonnengewölbes die Form der von Max Taut eingezogenen Flachdecke geblieben ist. Dahinein wurde eine neue kassettierte Unterdecke geschaffen, in deren Feldern mittels Lichtverlaufs eine sphärische Krümmung angedeutet werden soll. Die ehemaligen Kaiserlogen entlang der Längsrichtung sind verglast, die großen Flächen durch flache Pfeilervorlagen gestaffelt. Der dunkle Parkettboden aus Raucheiche sowie die Sockelvertäfelung der Wände sind die sparsam schlichten architektonischen Fassungen in einem der Ausstellung dienenden Raum.

Zur Betonung der Sichtachsen, vor allem aber zur raumfüllenden Beleuchtung der Treppenhalle, wurden in die Kassettenfelder Glühbirnen eingesetzt, die in einer einfachen Stuckrosette sitzen. Auch Ludwig Wittgenstein benutzte sie in einer radikalisierten (sockellosen) Version beim Bau des Palais Stonborough-Wittgenstein in Wien zu Hochzeiten der Moderne 1928. Im Museum für Fotografie wiederum nehmen die Stuckrosetten die Geometrie des Stützensystems gradiert auf. In nuce kann man hier die konsequente architektonische Durchbildung der Gestaltung von Kahlfeldt Architekten beobachten. Vom Stützenskelett bis zu den einfachen Deckenleuchten folgen sie der konstruktiv vom Gebäude vorgegebenen Ordnung. Gerade die zentrale Eingangs- und Treppenhalle mit den grandiosen Fotos der fünf nackten Frauen erstrahlt durch diese einfachen, gekonnt gesetzten Schmuckmittel der Architektur im diskreten Glanz der Repräsentativität.

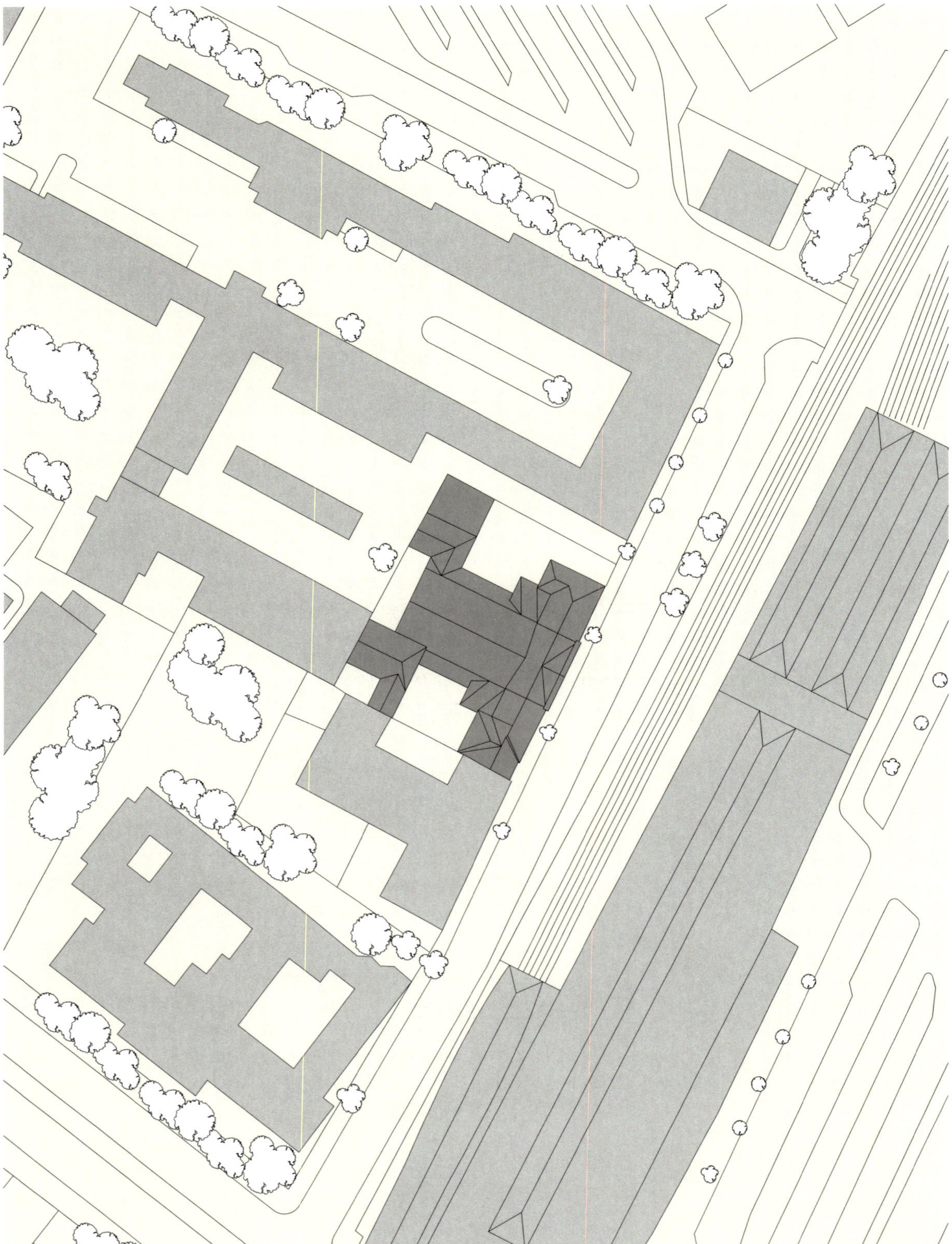

LAGEPLAN 2004

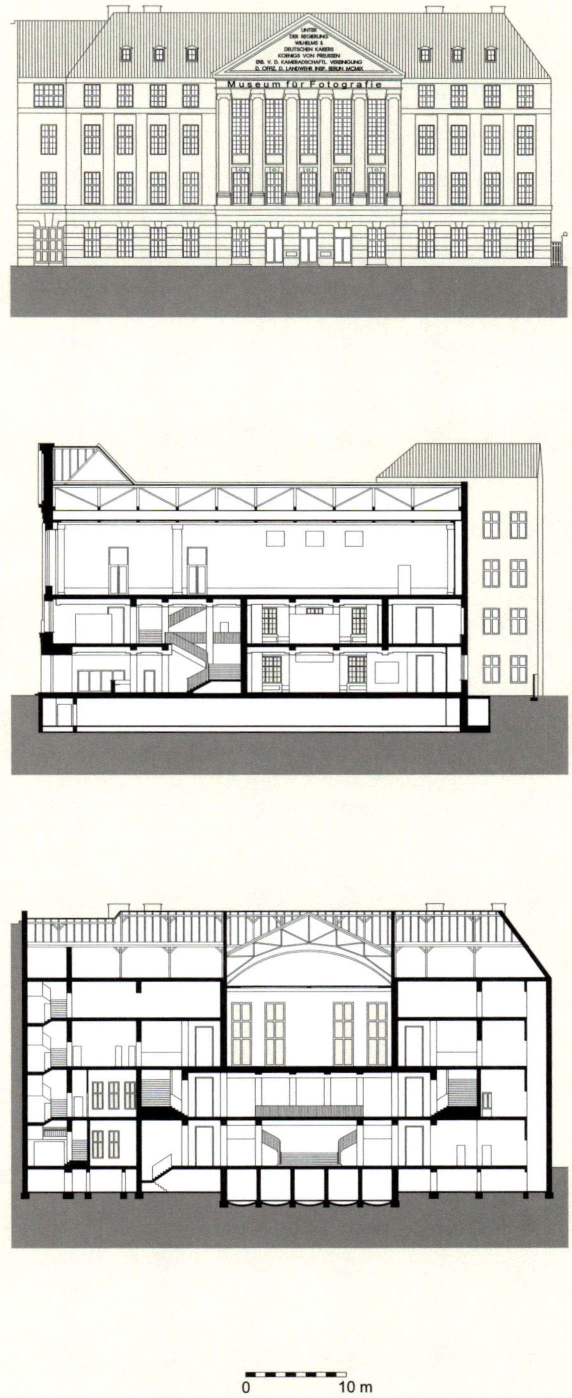

ANSICHT VON SÜDOSTEN QUERSCHNITT LÄNGSSCHNITT 2004

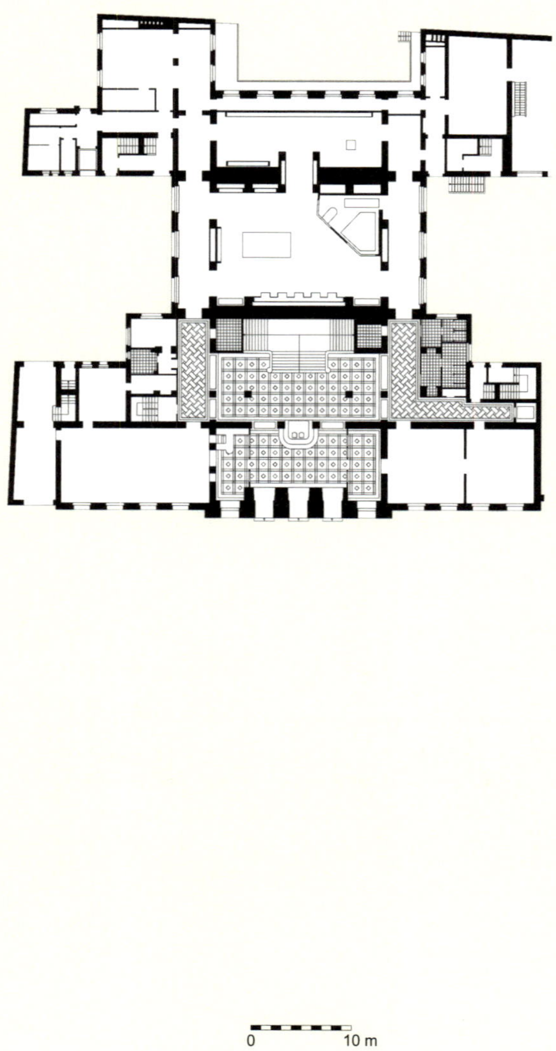

ERDGESCHOSS 2004

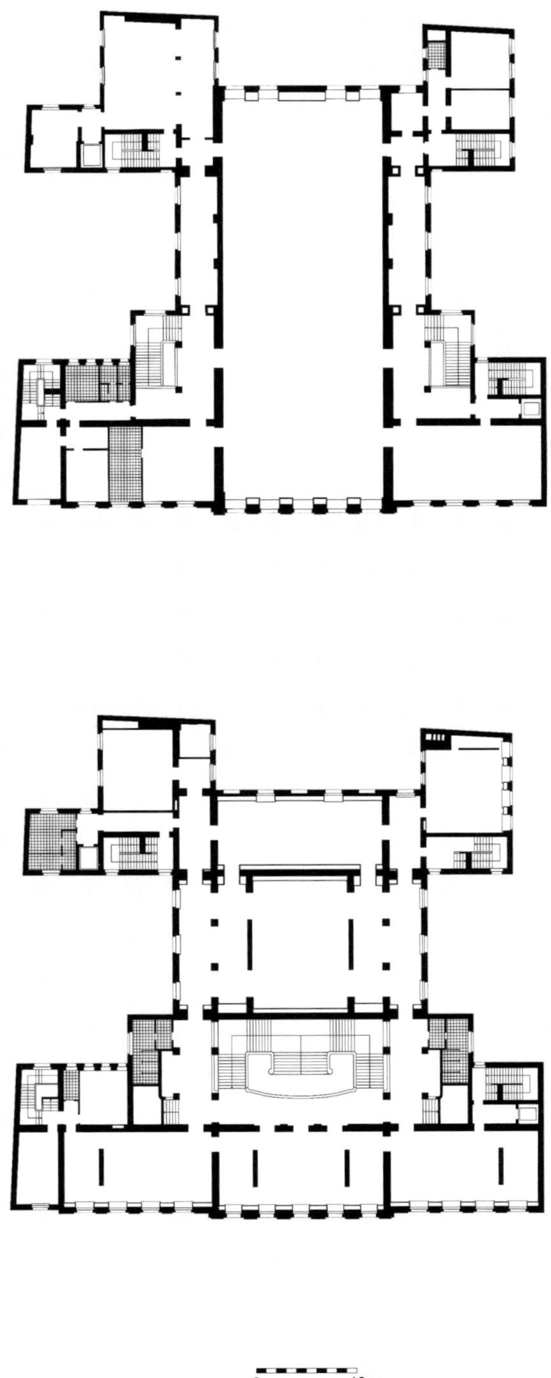

2. OBERGESCHOSS 2010 1. OBERGESCHOSS 2004

ANSICHTEN 2010

AUSSTELLUNGSRAUM 1. OBERGESCHOSS TREPPENFOYER ERDGESCHOSS 2004

AUSSTELLUNGEN ERDGESCHOSS 2004 2.OBERGESCHOSS 2010
1.OBERGESCHOSS 2004

AUSSTELLUNG 1. OBERGESCHOSS 2004

KAISERSAAL 2. OBERGESCHOSS 2010 AUSSTELLUNG 1. OBERGESCHOSS 2004
DETAIL TREPPENFOYER 1. OBERGESCHOSS 2004

AUSSTELLUNG I. OBERGESCHOSS 2004

WOHNUNG WASSERTURM WESTEND

Zu den überraschenden und erstaunenden Phänomenen der Architektur des 19. Jahrhunderts zählen stets von Neuem der Stolz und Schmuckreichtum in den Nutz- und Industriebauten der Epoche, ob es die berühmte Turbinenhalle in Wedding des Architekten Peter Behrens für die AEG (1909) ist, die Siemenswerke von Hans Hertlein oder zahlreiche minder bedeutende Klinkerbauten für die Schwerindustrie, die selbst in der heutigen Deindustrialisierung ausgezeichnet nachgenutzt werden können. Die Solidität und Ansehbarkeit dieser Gebäude kann man keinesfalls mit den Bauten gleichen Typs und Genres unserer Gegenwart vergleichen. Das gilt auch für solche Nutzbauten wie die Ab- und Umspannwerke des Bewag-Architekten Hans Heinrich Müller oder für die Wassertürme, die noch bis in die 1930er Jahre hinein zu Hunderten verstreut über das Stadtgebiet die Silhouette Berlins prägten. Zumal angesichts des explosiven Wachstums der Stadt im 19. und frühen 20. Jahrhundert waren diese Gebäude nötig, um die Millionenbevölkerung mit Energie und Wasser versorgen zu können. Doch welcher Geist der Epoche motivierte den kulturellen Mehrwert, der sich in den Schmuckformen ihrer Architektur wiederfindet?

Der Wasserturm Westend folgt dem allgemeinen Prinzip, ist aber gleichwohl eine Besonderheit, was sich unter anderem schon an der Dopplung der Türme erkennen lässt. Hoch aufragend auf einer kleinen Anhöhe erreicht der größere Turm 65 Meter Höhe und gemahnt durch die sich verjüngende Spitze sowie den zinnenartig geschmückten Umgang und weiteren Bauschmuck an die Burgenarchitektur des Mittelalters – ein Bergfried Charlottenburgs. Er ist das jüngere Bauwerk und wurde 1910 vom Charlottenburger Baustadtrat Heinrich Seeling errichtet. Eine technische Besonderheit waren die zwei übereinander angeordneten 500-Kubikmeter-Wassertanks, die allerdings ein externes Treppenhaus nötig machten, das wie eine Baumwollspindel am Turm klebt. In seinem Grundaufbau besteht der Turm aus Kalksandstein, doch wurde er mit Rathenower Handstrichziegeln verblendet, die ihm sein handwerklich-romantisches Aussehen verleihen.

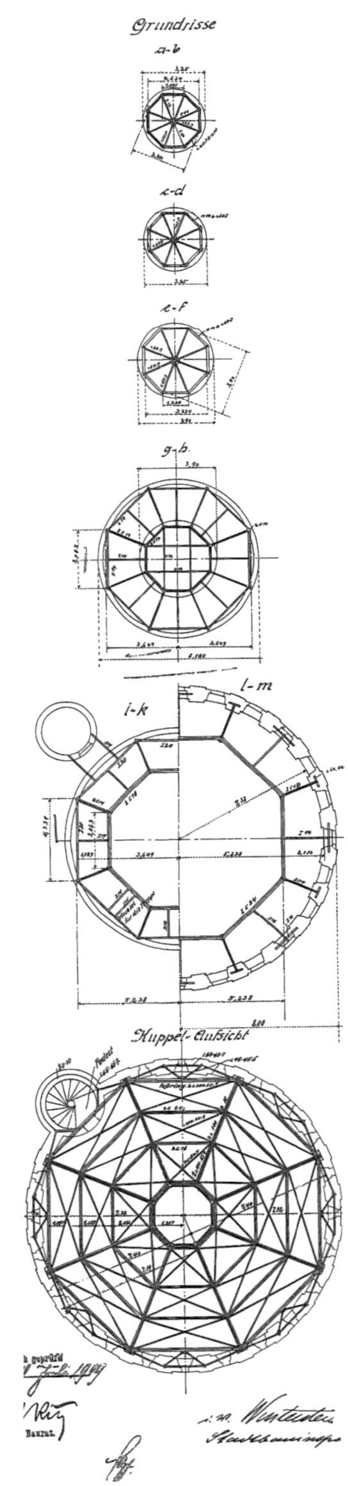

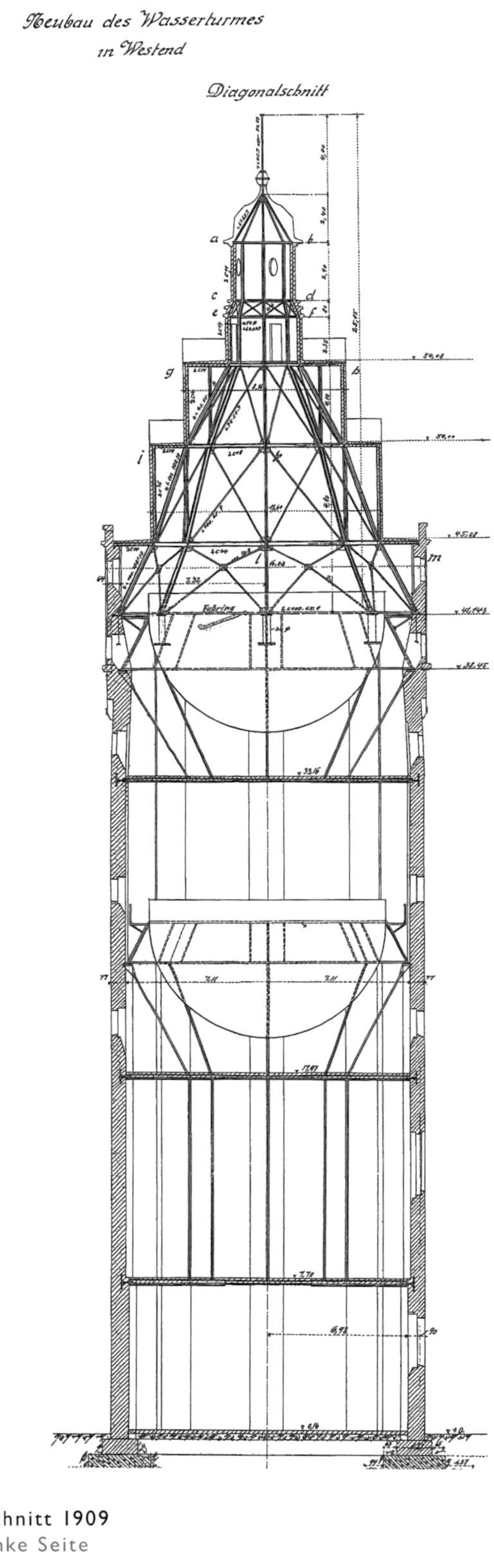

Schnitt 1909
linke Seite
Grundrisse 1909

Der kleinere und ältere Turm stammt von 1883 und wurde vom Baumeister Bernhard Salbach errichtet. Er fasste einen 1000-Kubikmeter-Wassertank und erreichte bis zur Spitze eine Höhe von 34 Metern. An der Architektur beider Türme entspann sich im Umkreis des 1907 gegründeten Deutschen Werkbunds die Kritik, dass das Verspielte und Graziöse nicht zum Nutzcharakter der Gebäude passe; angemahnt wurde die Moralität der Zweckform, die nüchtern und sachlich zu sein habe: Die „immer neuen Schmuckformen lassen die Zweckbestimmung, Wasserturm zu sein, kaum noch erkennen". Doch gerade der Überschuss an Architektur ermöglichte eine Nachnutzung, als die technische Notwendigkeit der Türme für die Wasserversorgung nicht mehr gegeben war und sie von den Berliner Wasserbetrieben 2008 verkauft wurden. In Abstimmung mit der Denkmalpflege wurden sie von einem Investor zur Wohnnutzung umgebaut und es wurden Zwischendecken eingefügt. Im kleinen Turm entstanden sieben Etagen mit je rund 200 Quadratmeter, im großen Turm 14 Etagen mit je rund 170 Quadratmeter großen Wohnungen. Die strenge Moral der modernen Formgebung bewirkte wohl den Anbau zweier Fluchttreppenhäuser mit Balkonen, deren Aussehen mit der Turmarchitektur gar nicht harmoniert. So nützlich die Funktion, so unterdeterminiert die Form.
Kahlfeldt Architekten hatten im großen Wasserturm die oberste Etage unter dem Turmhelm in ihrer Rohbaufassung zum Ausbau. Der kreisrunde, extrem tiefe Grundriss und die auf 1,30 Metern sehr hoch liegenden Fensterbrüstungen bildeten die Entwurfsgrundlagen. Entworfen wurde eine radial um ein Zentrum angeordnete offene Raumfigur. Nach Norden liegen die privaten Rückzugsbereiche und nach Ost-Süd-Westen die Gemeinschaftsräume mit einem grandiosen Ausblick über die Stadt. Unterschiedliche Höhenniveaus gliedern die Raumfigur in Nutzungsbereiche.

LAGEPLAN 2013

GRUNDRISS ANSICHT 2013

ANSICHT VON OSTEN 2013

WOHNUNG 2013

HAUS IM GEHEGE

Der Name Im Gehege ist kein Hinweis auf eine Gartenstadt, wie sie am Beginn des 20. Jahrhunderts als Gegenbild zu den rasant anwachsenden Großstädten beliebt wurden. Im Gehege ist vielmehr eine Mischung aus Straße und Einfassung des Platzes, der das Zentrum einer Siedlung gehobener Einfamilienhäuser abgibt. An der Ostflanke des Platzes steht das ehemalige Gertrauden-Lyzeum, die erste reine Mädchenschule (1910) im Großraum Berlins; ein prächtiger Bau mit Mittelrisalit und Mansarddach, der gleichwohl durch die verhaltene Verwendung des Bauschmucks eine Abkehr vom überladenen Historismus der wilhelminischen Epoche signalisierte. Seit 1967 heißt sie zur Erinnerung an den Polarforscher Alfred-Wegener-Schule. Die Nord- und Westflanke des Platzes hingegen nimmt ein Teil der gut 30 Häuser ein, die um das Straßengeviert von Im Gehege, Am Hirschsprung, Am Falkenried und Hohe Ähren stehen. Atmosphärisch breitet sich hier romantisches Flair englisch-altdeutschen Komforts und vornehmer Bescheidenheit aus, die den Charakter dieses Teils von Dahlem prägen, das architektonisch sonst vom Typ großbürgerlicher Villen dominiert wird.

Dahlem sollte um 1900 zum „Deutschen Oxford“ für Wissenschaftler und das gehobene Bürgertum entwickelt und ausgebaut werden. Die Pläne erfreuten sich höchster Protektion. Kaiser Wilhelm II. unterstützte sie massiv und finanzierte die einst legendär erfolgreichen Kaiser-Wilhelm-Institute, die heute nach Max Planck benannt sind. Otto Hahn, Max Planck selbst, Albert Einstein und viele mehr lehrten und forschten hier an den neuen physikalischen Grundkategorien der Atom- und Quantenphysik.

Der Gesamtplan der Siedlung stammt vom Architekten des Gertrauden-Lyzeums, Heinrich Schweitzer. Er wurde 1912 aufgestellt und im langen Zeitraum bis 1933 von ihm gemeinsam mit seinem Bauleiter Bruno Ahrends ausgeführt. Heinrich Schweitzer (1871–1953) stammte aus Stuttgart, arbeitete aber vornehmlich in Berlin; sein größter Bau ist der Admiralspalast in der Friedrichstraße (1911). Einflussreich und prägend wurde er durch seine Villenbauten in den südwestlichen Vororten

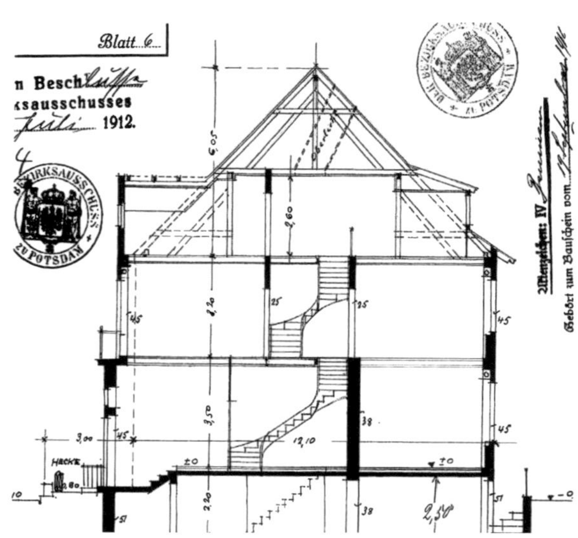

Ansicht von Süden 2015
Ansicht von Norden 2015
Schnitt 1912

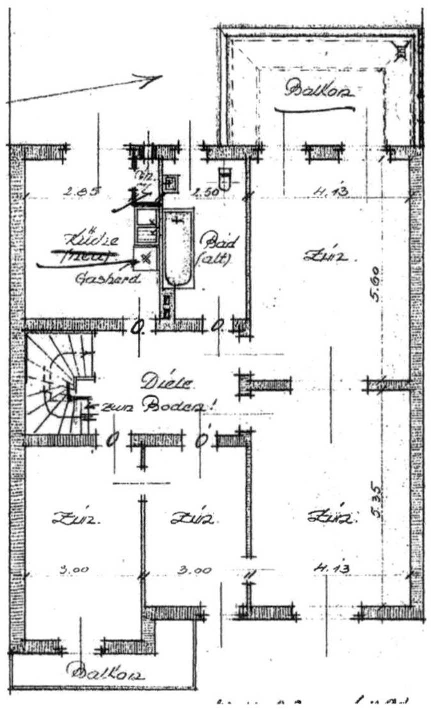

Grundriss Obergeschoss

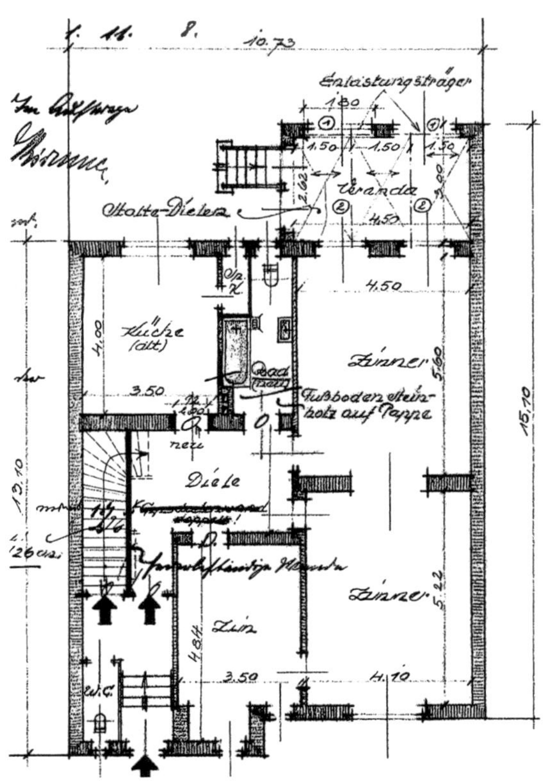

Obergeschoss 1912
Erdgeschoss 1912

Berlins. Um 1910 arbeitete er mit dem Architekten Hermann Jansen zusammen, einer Koryphäe, die an der Entwicklung der städtebaulichen Form Groß-Berlins (1920) maßgeblich beteiligt war. Schweitzer und Jansen suchten Modernität nicht im Stilistischen, sondern in der räumlichen Anordnung. Die architektonischen Entwürfe in Dahlem – auch Im Gehege – sind daher stilistisch von großer Pluralität, sie verbinden Renaissanceelemente mit Landhausmotiven und neobarocken Details, bleiben jedoch stets maßvoll und ausgewogen.

Die vier Reihenhäuser Im Gehege 2–5 nehmen die Nordseite des Platzes ein und wurden von Heinrich Schweitzer 1912 gebaut. Trotz individueller Unterschiede sind sie durch ihre Zweigeschossigkeit und den landhausähnlichen Charakter mit Satteldächern, Gauben, Giebeln, hölzernen Klappläden und Fachwerk als zusammengehörige Baugruppe erkennbar. Malerisch begrenzen sie den Platzraum. Der Schematismus üblicher Reihenhäuser wird durch die unterschiedlichen Materialien wie Backstein, Putz und Fachwerk sowie variationsreiche Details vermieden. Das Haus Nr. 2 hat einen Erker mit geschweifter Haube, wo bei Nr. 3 ein Balkon mit schönen Konsolstützen eingerichtet wurde. Beiden gemeinsam sind die kunstvoll gestalteten Haustüren mit Türrahmen und Oberlichtern.

Kahlfeldt Architekten hatten die Aufgabe, das zwischenzeitlich in drei Wohnungen unterteilte Haus Nr. 2 für die Nutzung durch eine Familie zurückzugewinnen. Vor allem wurde das Treppenhaus dafür wieder zu einem durchgängigen Raum gemacht. Charakteristisch für Kahlfeldt Architekten ist, dass sie möglichst viele Originalteile erhalten haben. Die Fensteranlagen wurden handwerklich überarbeitet, der Wintergarten bekam eine Isolierverglasung, zugleich wurden die bauzeitlichen Heizkörper und allenthalben deren Verkleidungen beibehalten. Die Bodenbeläge aus Parkett wurden repariert, die Stein-böden in der Diele und der Terrazzo in der Küche fachgerecht überarbeitet. Dacheindeckung, Fassadenanstrich und Balkongitter wurden entsprechend dem historischen Vorbild erneuert, das Haus komplett saniert und technisch modernisiert – nur da, wo es unabwendbar nötig war.

LAGEPLAN 2016

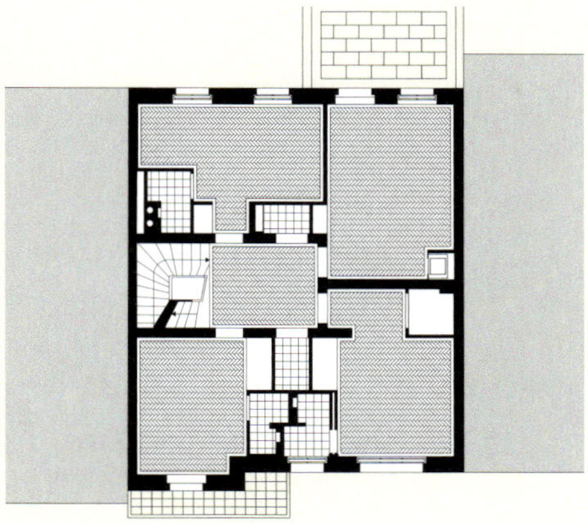

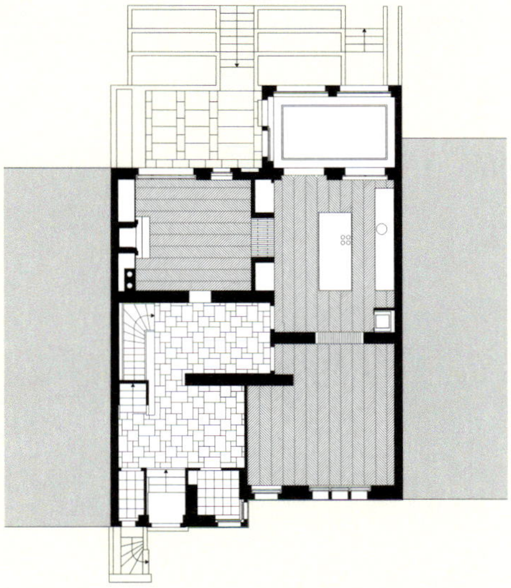

GRUNDRISS OBERGESCHOSS GRUNDRISS ERDGESCHOSS ANSICHT 2016

EINGANGSBEREICH ERDGESCHOSS 2016

OBERGESCHOSS DIELE ERDGESCHOSS 2016

GESCHÄFTSHAUS TAUBENSTRASSE

Das Geschäftshaus in der Taubenstraße 23 ist ein architektonischer Hybrid. Es ist ein im Jahr 2004 entstandener Neubau, der schon zuvor unter Denkmalschutz stand und dennoch keine Rekonstruktion darstellt. Ursprünglich wurde um 1885, in der Hochphase des wilhelminischen Historismus, ein Geschäftshaus von einem nicht bekannten Architekten erbaut. Es zeigte eine mächtige Rustika, die den doppelgeschossigen Sockel markierte und mit üppigem Zierrat um Erker und Fenster in den drei aufgehenden Stockwerken beladen war. Bekrönt wurde es von einer reich verzierten Gaube und stellte insgesamt einen 22 Meter hohen Ornamentträger dar, wie er umstandslos zur Gründerzeit gehörte und passte. Knapp nach der großen Inflation wurde das Haus 1924 in der kurzen Phase des beginnenden Aufschwungs und Wohlstands der Weimarer Republik vom Architekten Paul Zucker erweitert, umgebaut und aufgestockt. Erhalten blieben der doppelgeschossige Sockel und die drei aufgehenden Stockwerke, also die architektonische Gliederung des Baukörpers. Doch das Gebäude wurde mit zwei leicht von der Traufe zurückweichenden Stockwerken kräftig erhöht.

Symptomatisch für die Moderne der 1920er Jahre ist die Entstuckung, doch gestaltete Paul Zucker die umgebaute Fassade in hoher architektonischer Qualität. Nüchtern und karg treten die Mauerpfeiler lisenenartig hervor, die Fenster ordnen sich durch die Mauerfassungen zu Kolumnen, ein kräftiges Gurtgesims mit Balkon trennt Sockel und Baukörper. Der Dachausbau wird durch ein markantes Gesims abgetrennt und angebunden zugleich, in seinen geschossübergreifenden Fenstern tritt die Vertikale stark hervor. Paul Zucker hielt den Umbau klafterweit vom seinerzeit einsetzenden architektonischen Funktionalismus entfernt und präsentierte stattdessen eine neusachliche Modernität, die zum urbanen Bild des neuen Berlins der 1920er Jahre wurde.

Nach dem Zweiten Weltkrieg wurde das Gebäude in die Akademie der Wissenschaften der DDR integriert und verlor dabei seine Eigenständigkeit. Sogar der eigene Eingang wurde vermauert. Kahl-

Ansicht von Norden 1890
rechte Seite
Ansicht von Norden 1930
Ansicht von Norden 1980

feldt Architekten fanden das Gebäude demgemäß in einem desaströs baufälligen Zustand vor, als sie 2003 mit der Modernisierung beauftragt wurden. In enger Absprache mit dem Denkmalschutz wurde sie zum Ausgangspunkt, um dem Gebäude seine stadträumliche Identität und architektonisch-strukturelle Ganzheit zurückzugeben.

Hinter der Fassade entstand ein Neubau, der das dreiachsige Grundrissbild sowie die von ihr vorgegebenen Raumhöhen wieder aufgriff. Entsprechend dem historischen Grundriss wurde ein mittiges Treppenhaus eingefügt, neu hinzu kam ein doppelgeschossiges Entree, das in eigenständiger Sprache die Qualitäten des zurückgewonnenen Portaleingangs betont. Solche Sanierung transformiert das überlieferte Alte in ein Neues, das als Übersetzung der historischen Vorlagen in Erscheinung tritt–ein Weiterbauen ohne Bruch zum Gewesenen und ohne Kontrast zum Vorhandenen.

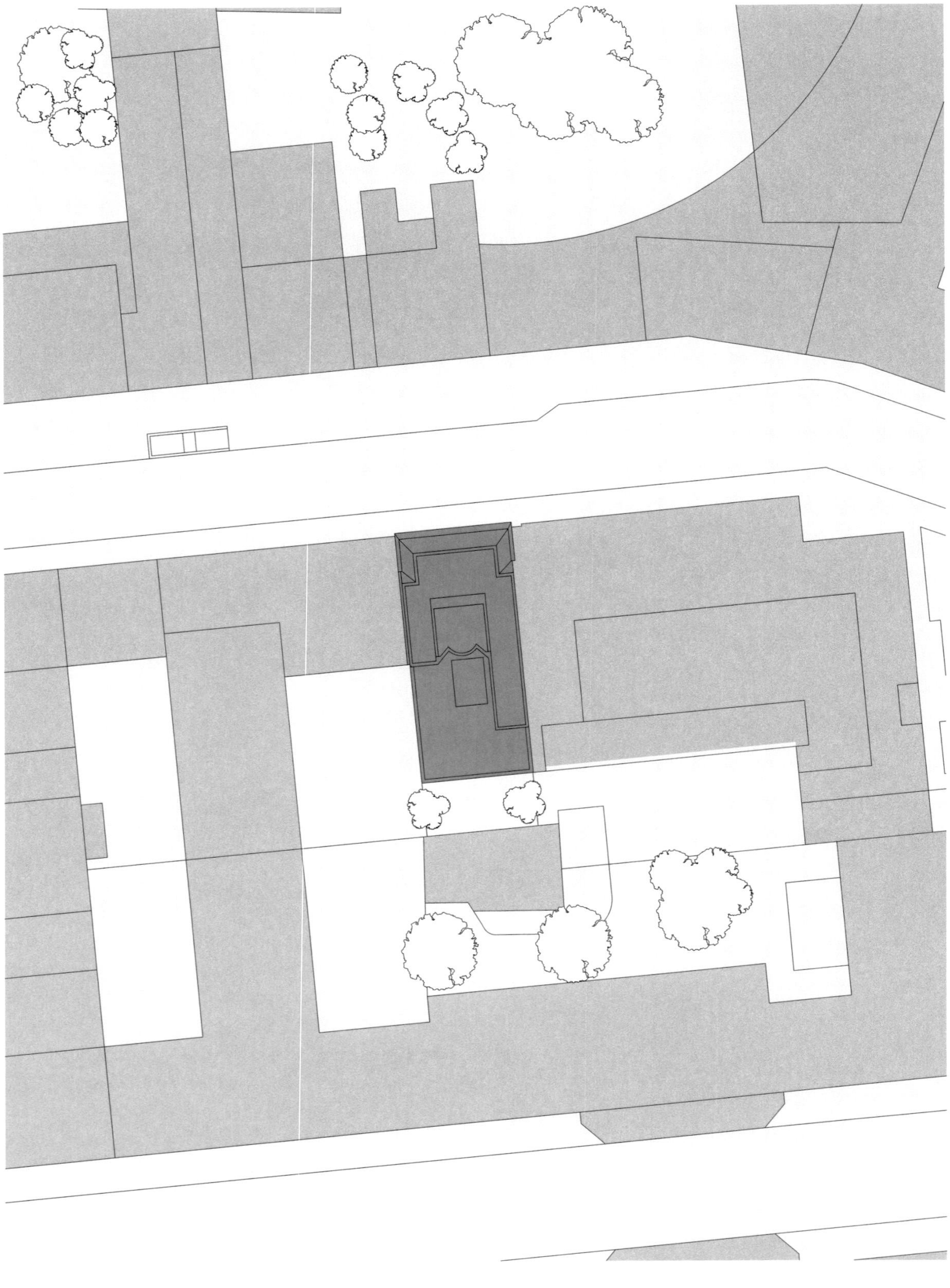

LAGEPLAN 2004

PERSPEKTIVE 2004

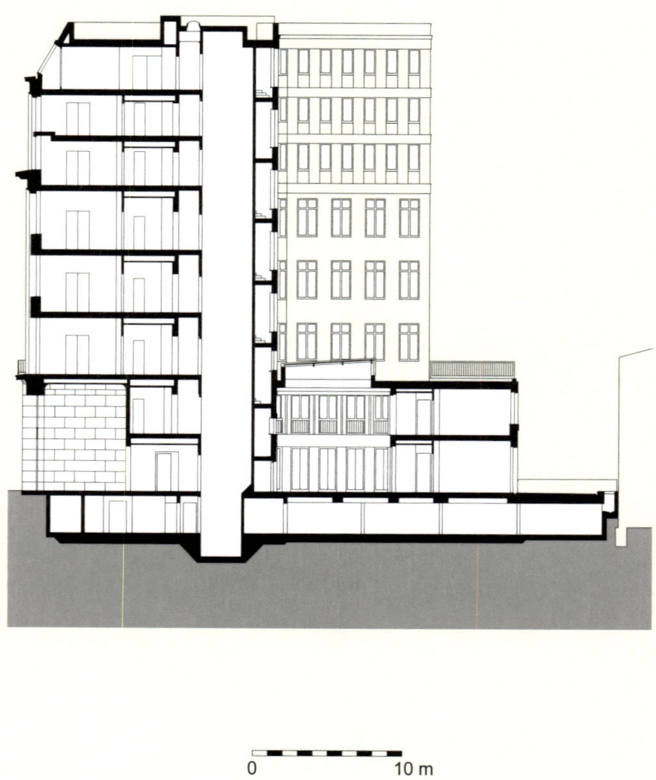

ANSICHT VON NORDEN LÄNGSSCHNITT 2004

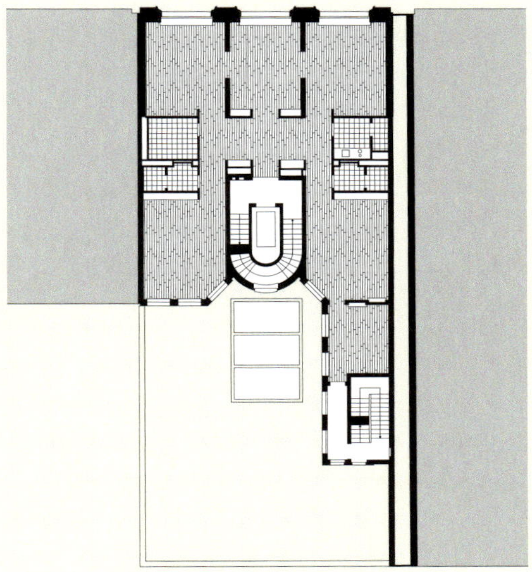

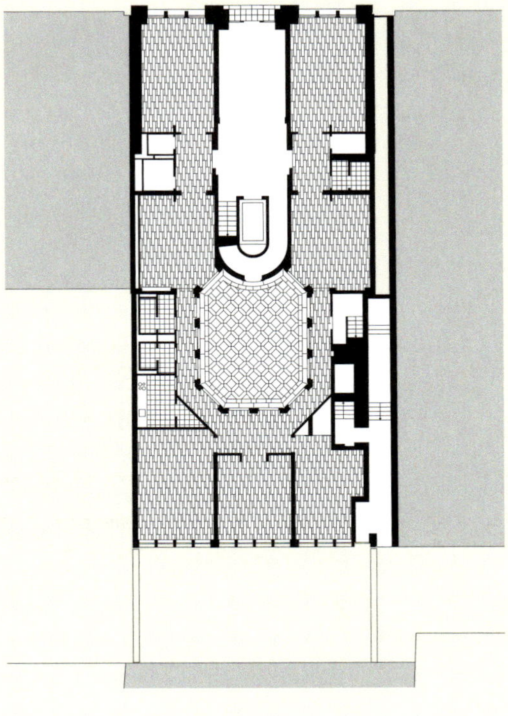

3. OBERGESCHOSS ERDGESCHOSS 2004

ANSICHT VON NORDEN 2004

ENTKERNUNG 2003 ANSICHT VON SÜDWESTEN ENTREE HALLE 2004

TRANSFORMATIONEN UND TRANSSUBSTANTIATIONEN

Jochen Hörisch

I

Um Worte, die mit dem Präfix *trans-* beginnen, ist es eigentümlich bestellt.

Denn das, worauf sie verweisen, lässt sich selten prägnant bestimmen. Ob *transzendental* oder *transsexuell*, ob *Transsilvanien* oder *Transvestit*, ob *Transport* oder *Transfer*, ob *transitiv* oder *Transit*, ob *Translatio(n)* oder *Transparenz*, ob *Transsubstantiation* oder eben *Transformation* – die schlichte lateinische Vorsilbe *trans* ist leicht zu übersetzen, in deutsche Worte wie über, hindurch, darüber hinaus, und hat doch die fatale Neigung, diejenigen, die ihr vertrauen und mit ihr umgehen, in schweres oder aber allzu luftiges Gelände zu entführen.

Das Präfix *trans-* hat, wie alle Präfixe, kupplerische Qualitäten, aber diese Vorsilbe zieht besonders komplexe bis suspekte Begriffe wie *Substanz*, *Sex* oder *Form* geradezu magisch an. Der Grund für die *strange-attractor*-Qualität dieser Vorsilbe lässt sich schnell angeben: Das Präfix *trans-* koppelt und entkoppelt zugleich. Denn es meint ja mit verlässlicher Regelmäßigkeit, dass etwas nicht bleibt, was es einmal war, und nicht da bleibt, wo es ursprünglich hingehörte. Wer und was immer sich auf den Weg macht – etwa von der Immanenz in die Transzendenz –, wer oder was seinen Ursprung verlässt, wechselt mit der Sphäre auch die Identität. Bislang handelte es sich um diese Substanz, etwa Brot; nun, nach einem bemerkenswerten Transit in überirdische und zugleich irritierend fleischliche Sphären, ist daraus der Leib Christi geworden. Bislang hatte xyz dieses Geschlecht; nun, nach einer bemerkenswerten Transfiguration, hat xyz ein anderes Geschlecht angenommen. Bislang hatte dies oder jenes diese Form, nach einem Transformationsprozess aber hat sich die Form bis zur Nichtwiedererkennbarkeit gewandelt.

Unter allen eigenartigen, weil per se auf Zweideutigkeit hin orientierten Trans-Wörtern hat das Wort bzw. das Konzept *Transformation* wiederum eine besonders eigentümliche Stellung. Es taucht nämlich in recht unterschiedlichen Kontexten und Sphären auf. Wer von Transsexualität spricht, meint Wandlungsprozesse, die in der sexuellen Sphäre verbleiben; wer sich theologisch tiefsinnig über Transsubstantialität äußert, handelt von Wandlungen innerhalb einer religiösen Sphäre.

Um den Begriff *Transformation* ist es hingegen noch vertrackter bestellt als bei den vorgenannten und anderen Trans-Begriffen. Und dies aus einem wiederum ebenso schlichten wie tiefen Grund: Transformationen sind nicht sphärenspezifisch, sondern ubiquitär; und sie sind beides zugleich: tiefsinnig und technisch. Das lässt sich schnell illustrieren. Erstmals begegnete mir das Transformationskonzept, als ich in frühen Kindheitstagen zu Weihnachten eine Modelleisenbahn zum Geschenk erhielt. Die Lok ließ sich über einen Trafo, einen Transformator, einen Umspanner von elektrischer Energie, steuern, was mich eigentümlich faszinierte. Wiederbegegnet ist mir dann dieses Wort zu Beginn meines Studiums der Germanistik. In Einführungskursen in die Linguistik wurden wir mit der Transformationsgrammatik von Noam Chomsky bekannt gemacht. In philosophischen Lehrveranstaltungen wurde ich dann darauf aufmerksam gemacht, dass eine *Transformation der Philosophie*, so der damals vielzitierte Titel eines 1973 erschienenen Buches von Karl-Otto Apel, anstehe, weil es quasitranszendentale Letztgewissheiten gäbe, die sich erschließen, wenn man in Kommunikationsakten pragmatische Selbstwidersprüche meidet wie der Teufel das Weihwasser.

Transformation aber war und ist auch ein zentraler, obwohl nicht immer trennscharfer Begriff in Disziplinen wie der Soziologie und Politologie, der Psychologie, der Religionswissenschaft und der Philosophie. So trug die Rektorats-Antrittsrede, die der berühmte Philosoph Ernst Cassirer 1929 in Hamburg hielt, den Titel *Formen und Formwandlungen des philosophischen Wahrheitsbegriffs*. Besondere Aufmerksamkeit bei Analysen des Transformationsbegriffs verdient das 1944 erschienene soziologische Standardwerk von Karl Polanyi, das den Titel *The Great Transformation* trägt. Seine beiden weitreichenden Hauptthesen sind von unzweifelhafter Aktualität, sie reizen und irritieren bis heute neoklassische wie neoliberale Wirtschaftswissenschaftler.

Die erste These, die deutlich an Marx anschließt: Im europäischen 19. Jahrhundert ändern wichtigste Werte mit dramatischen Konsequenzen ihre tradierten Formen. Land, das nicht produziert und vermehrt werden kann, Arbeit, die die Warenwerte erst schafft, und Geld, das Warenwerte signifizieren soll, aber anders als Waren keinen Gebrauchswert hat, werden nämlich selbst warenförmig, obwohl sie sich von gängigen Waren wie Nahrung, Kleidung, Möbeln, Werkzeugen, Büchern etc. radikal unterscheiden. Dafür sorgt, so die zweite Leitthese von *The Great Transformation*, ein entfesselter Markt, der seit Adam Smith als naturwüchsiger Mechanismus des sinnvollen Ausgleichs von Angebot und Nachfrage missverstanden wird, aber alles andere als naturwüchsig und selbstverständlich, nämlich vielmehr ein Kunstprodukt des modernen bürgerlichen Nationalstaates ist.

Der Titel von Polanyis Buch ist so prägnant wie seine Leitthese: Eine Formänderung sorgt für gewaltige Verwerfungen, die man in jedem Wortsinne als materielle, als substantielle Verwerfungen charakterisieren kann. Land, Arbeit und Geld sehen ja nicht per se anders aus, wenn sie zu warenförmigen Gütern werden – und doch ist der Transformationsprozess, der durch diese Formänderung eingeleitet wird, disruptiv. Function follows form.

Begriffe, die in der Elektrotechnik und der Kulturwissenschaft, in der Grammatiktheorie und der Politikwissenschaft und in virtuell allen Disziplinen, die auf sich halten, inklusive der Designtheorie, eine entscheidende Rolle spielen, sind zugleich attraktiv und suspekt. Attraktiv ist der Transformationsbegriff, weil ihm eine spezifisch technische Komponente zu eigen ist: Transformator, Transformationsgrammatik. Für Transformationen sind Ingenieure zuständig, nicht Genies. Suspekt ist das Konzept Transformation aus demselben Grund: Ändert sich da etwas, ohne sich eigentlich zu ändern, handelt es sich da um eine bloße Anpassung an neue Umstände und Umwelten, meint Transformation den Verzicht auf die Verheißung, etwas könne eben nicht nur neue Form gewinnen, sondern ganz anders, totaliter aliter werden? Wer etwas transformiert, also umformt, in neue Formen gießt, verwandelt, umspannt, neu gestaltet, handelt bestenfalls wie ein Ingenieur, im problematischeren Fall wie ein Handwerker, der Defektes repariert. Dieses handwerkliche bis ingenieurhafte Moment am Transformationskonzept mag ein Grund dafür gewesen sein, dass das monumentale *Historische Wörterbuch der Philosophie* zwar mehr als viertausendmal das Wort *transzendent(al)* verwendet und ihm selbstredend einen umfangreichen Artikel widmet, den Begriff der Transformation hingegen ab und an erwähnt, ihm aber einen eigenen Artikel vorenthält.

Das prominenteste schulphilosophische Fallbeispiel für Transformationsprozesse stammt denn auch aus dem handwerklichen Bereich der Reparaturarbeiten: das Schiff des Theseus. Plutarch, ein antiker Historiker, kein Philosoph, hat den Fall berichtet; Hobbes, ein Staatsrechtler mit philosophischen Ambitionen, hat ihm zu neuzeitlicher Prominenz verholfen. „Das Schiff, auf dem Theseus mit den Jünglingen losgesegelt und auch sicher zurückgekehrt ist, eine Galeere mit 30 Rudern, wurde von den Athenern bis zur Zeit des Demetrios Phaleros aufbewahrt. Von Zeit zu Zeit entfernten sie daraus alte Planken und ersetzten sie durch neue, intakte. Das Schiff wurde daher für die Philosophen zu einer ständigen Veranschaulichung zur Streitfrage der Weiterentwicklung; denn die einen behaupteten, das Boot sei nach wie vor dasselbe geblieben, die anderen hingegen, es sei nicht mehr dasselbe."[1]

In der Tat ein intrikates Problem: Wenn man nach und nach Bootsbestandteile oder auch nur Teile dieser Teile (Planken, Segel, Ruder, Mast) austauscht und durch neue ersetzt, bis kein noch so kleiner Holzsplitter mehr dem ehemaligen Boot entstammt – handelt es sich dann noch um dasselbe Boot? Man kann die Paradoxie noch verschärfen: Wenn ein Antiquitätenverehrer die entsorgten Altteile wie zerfetzte Segel, gebrochene Ruder, morsche Planken verwahrt und wieder, viele Lücken und Materialschwund in Kauf nehmend, zusammengesetzt hätte – welches der beiden Gebilde wäre dann das substantiell oder formal „richtige", authentische, originäre Boot? Wie sinnvoll ist es, von Transformation zu sprechen, wenn bei dem substantiell rundumerneuerten Schiff doch nur eines identisch geblieben ist – eben seine Form?

Solche Formfragen sind weniger sophistisch, als es scheint. Um ein auch zeitlich zugleich nahe- und fernliegendes Beispiel zu bemühen: Das im November 2017 für rund 450 Millionen Dollar versteigerte, da Vinci zugeschriebene und ein halbes Jahrtausend alte Bild *Salvator mundi* wurde vom Auktionshaus Christie's ebenso ironischer wie realistischer Weise unter der Rubrik „zeitgenössische Kunst" angeboten. Es ist mehrfach und so gründlich restauriert worden, dass wohl kein Farbpigment auf dem Holz – dies scheint seit dem Jahr 1500 geblieben zu sein – mehr direkten Kontakt mit Leonardos Pinsel gehabt haben dürfte. Wie viele Restaurationen und Transformationen hat das Gemälde erlebt, um es selbst zu bleiben? Wie sinnvoll ist es, noch von ein und demselben Bild zu sprechen?

Dergleichen Fragen stellen sich aber nicht nur in der ästhetischen, sondern auch in der technischen Sphäre. Der Schriftsteller und Essayist Bruno Preisendörfer hat jüngst ein Buch mit dem Titel *Die Verwandlung der Dinge* und dem Untertitel *Eine Zeitreise von 1950 bis morgen* vorgelegt.[2] Darin beschreibt und analysiert er eindringlich die Transformationen der Geräte, die unser Alltagsleben in den letzten Jahrzehnten begleiteten und grundierten. *Vom Kofferradio zum MP3-Player, von der LP zum Streaming, vom Fernsprecher zum Smartphone* lauten einige der Kapitelüberschriften. Und die bei allen Schilderungen mitlaufende Frage lautet, ob die dinglichen Transformationsprozesse Dimensionen annehmen, die es heikel erscheinen lassen, noch davon auszugehen, es gebe so etwas wie einen alle Veränderungen überstehenden harten Identitätskern, gewissermaßen die platonische Idee des Tonträgers, des Bildspeichers oder des Schreibgeräts. Wie sinnvoll ist es, eine Transformationsgeschichte von Schreibutensilien und Zeichenträgern so zu schreiben, dass man Laptop und Tablet als Transformation von Griffel und Schreibtafel, das Smartphone als Transformation des Telefons mit Wählscheibe, den Streamingdienst als Transformation der Wachswalze und der Langspielplatte darstellt?

II

Ob mit sich identisch bleibt, wer und was sich ändert, zählt zu den meistdiskutierten Fragen der Philosophie- und Theoriegeschichte. Wie sinnvoll ist es, zu sagen, der, die oder das da sei im Alter von drei Wochen, drei Jahren, drei Jahrzehnten ein und

[1] Plutarch: : Vita Thesei 23, übers. v. Wilhelm K. Essler: Was ist und zu welchem Ende betreibt man Metaphysik? In: *Dialectica* 49 (1995), S. 281–315

[2] Berlin 2018

dieselbe Pflanze, ein und dasselbe Haus, ein und derselbe Mensch? Alte und stets erneuerbare Fragen der Philosophie, die abschließend zu beantworten nicht möglich sein dürfte, die sich aber poetisch eindringlich immer erneut stellen lassen – wie in Gottfried Benns berühmtem Gedicht *Dann* – das keine Bedenken vor einem transformativen Umgang mit Syntaxregeln hat:

Wenn ein Gesicht, das man als junges kannte
und dem man Glanz und Tränen fortgeküßt,
sich in den ersten Zug des Alters wandte,
den frühen Zauber lebend eingebüßt

Der Bogen einst, dem jeder Pfeil gelungen,
purpurgefiedert lag das Rohr im Blau,
die Cymbel auch, die jedes Lied gesungen:
– „Funkelnde Schale“, – „Wiesen im
Dämmergrau“ –,

Dem ersten Zug der zweite schon im Bunde,
ach, an der Stirne hält sie schon die Wacht,
die einsame, die letzte Stunde –,
das ganze liebe Antlitz dann in Nacht.[3]

Um ohne Angst vor Tiefsinn zu formulieren: Solange Sein und Dasein zeitlich verfasst sind, pointierter: solange Sein und Zeit eins und zugleich einig-different sind[4], stehen Transformationsprozesse nicht zur Disposition. Die dialektische Antwort auf die Frage nach zeitlich sich durchhaltender Identität – um Goethes berühmte Formel zu bemühen: nach „Dauer im Wechsel“ – ist sicherlich nicht die dümmste: Wenn sich alles ändert, wandelt, transformiert, bleibt nur eines konstant, nämlich der Veränderungsprozess, der Wandel, die Transformation.
Die von Hegel und Hans-Magnus Enzensberger beschworene eindringliche Formel von der „Furie des Verschwindens“, die nicht verschwindet, wenn alles verschwindet, überdramatisiert und beschwichtigt zugleich. Sie überdramatisiert, denn etwas (eine Spur, eine Erinnerung, eine entropische Unordnung) bleibt immer, wenn etwas verschwindet – „und wenn der ganze Schnee verbrennt, die Asche bleibt uns doch“, sangen am Ende der Weimarer Republik die „Vier Nachrichter“, alte Volksweisheiten aufnehmend.
Und sie beschwichtigt, denn sie lässt das Versprechen auf eine gewisse Restverlässlichkeit mitlaufen. Theologen sprechen gerne davon, dass wir nicht tiefer fallen können als in die Hand Gottes. Man muss nur dran glauben, dass dem so ist. Und eben dieser Glaube kann seinerseits verschwinden, auch die Furie des Verschwindens kann gelegentlich verschwinden, auch Transformationsprozesse können Transformationen erleben und für gewisse Zeiträume auf Erhaltung, Statik und Kontinuität umschalten.
Es ist müßig zu fragen, ob die Aussage, die einzige Konstante in allen Prozessen sei, dass sich alles transformiere, banal oder tiefsinnig ist. Nicht müßig ist hingegen die Frage, wie Kulturen auf die Unvermeidbarkeit von Transformationsprozessen reagieren. Sie haben dabei mehrere kontextabhängige Optionen, die sich aber doch auf zwei Grundmöglichkeiten fokussieren lassen. Kulturen können Transformationen als Bedrohung bewerten und auf diese Bedrohung apotropäisch reagieren. Sie werden dann fast alles tun, um das Unheil abzuwenden, das in Transformationsprozessen steckt. Ihr Grundimpuls zielt auf Bestandswahrung, Einhegung von Änderungsdynamiken aller Art, auf Subsistenzwirtschaft in allen, auch in geistigen Gebieten und im Bedrohungsfall auf ein *back to the roots*-Programm.
Die Alternative ist schnell benannt. Erst in Neuzeit und Moderne setzt sie sich in einigen wenigen, aber in jeder Weise einflussreichen Weltecken, die in der Regel westlich genannt werden, gegen meist erbitterten Widerstand durch, um dann zum *common sense* zu werden: Transformationsprozesse sind nicht nur unvermeidlich und deshalb kritisch zu akzeptieren, sondern auch positiv zu werten. Dynamik, Veränderung, Transformation sind dann Konzepte, die ihre pejorativen Resonanzräume hinter sich lassen. Der transformationsaffirmative Grund-

[3] Gottfried Benn: Dann –. In: *Sämtliche Werke – Gedichte I* (Stuttgarter Ausgabe), hrsg. v. Gerhard Schuster. Stuttgart 2002 (2). S. 190
[4] Cf. dazu Jochen Hörisch: *Bedeutsamkeit – Über den Zusammenhang von Zeit, Sinn und Medien*. München 2009

zug von Neuzeit und Moderne ist allerdings nicht ohne Paradoxien zu haben. Diese Paradoxien erschließen sich dem philologisch-funktionalen Blick recht schnell. Denn es fällt auf, dass die starken Transformationsprogramme von Neuzeit und Moderne eben nicht im Zeichen von Begriffen starten, die mit dem Präfix *trans-* beginnen, sondern mit dem alternativen Präfix *re-*. Renaissance, Reformation und Revolutionen aller Art haben eben diese starke Gemeinsamkeit, auf ein Re-, auf ein Zurück, auf ein *Ad fontes!*, auf ein *Retour à la nature* zu setzen. Nun ist das Präfix *re-* die prägnante Alternative zur Vorsilbe *trans-*; aber gerade die genannten Re-Programme haben die starke Gemeinsamkeit, transformationsfreudig zu sein. Es leuchtet sofort ein, dass mit Renaissancen, Reformationen und Revolutionen große Transformationsprogramme gestartet werden.

Es lohnt sich, das ebenso ernste wie heitere philologische Spiel weiterzuspielen und nach Alternativen zum Transformationsbegriff nicht im Hinblick auf das Präfix, sondern auf das ihm anhängende Wort Form(ation) zu suchen. Auch da ist der (Be-)Fund eindeutig und doch frappierend: Spätestens mit Aristoteles steht der Gegenbegriff zu „Form" kategorisch fest: „Substanz". Das Gegensatzpaar ὕλη, *Substanz, Stoff* einerseits und μορφή, *forma, Form/Gestalt* andererseits ist bestens, nämlich epochen- und schulübergreifend etabliert. So eingängig das Oppositionspaar Substanz-Form ist, so überraschend wirkt der Gegenbegriff zu Transformation: Transsubstantiation. Entstammt das Transsubstantiations-Konzept doch dem heißen Zentrum christlichthomistischer Theologie, deren aristotelische Hintergrundstrahlung unverkennbar ist. Bemerkens- und bedenkenswert ist nun, dass sowohl religiöse als auch religionskritische Blicke auf das Konzept der Transsubstantiation sich in einer wesentlichen Hinsicht einig sind: Transsubstantiation ist, anders als Transformation, unplausibel, ist eine wunderbare, wundersame bis verwunderliche Wandlung.

Unter dem Elektronenmikroskop wird sich die starke Behauptung, diese Oblate sei nun Fleisch und dieser Wein sei nun Blut geworden, schnell falsifizieren lassen. Das kann man dann unterschiedlich, nämlich religionskritisch oder aber religionsaffirmativ als starkes Argument für die entscheidende Differenz von Glaubensstärke und schwachem irdischen Wissen verbuchen. Wie immer auch: Transformationen im Sinne von Formänderungen sind hochplausible, Transsubstantiationen sind hochheikle Prozesse, gerade auch dann, wenn sie wissenschaftlich-technisch wahr und ingenieurhaft schaltbar werden – etwa bei chemischen oder Kernfusionsprozessen.

Dem Möglichen, gar Alltäglichen wird weniger Respekt und Anerkennung als dem Unmöglichen oder dem Hochunwahrscheinlichen entgegengebracht. So verwundert es nicht, dass bis in die Alltagssprache hinein der Substanzbegriff hochgeschätzt, der Formbegriff hingegen abgewertet wird. Ein substantieller Beitrag zu einer Debatte wiegt mehr als ein Einwand, der bloße Formalia betrifft; ein substantielles Hindernis wiegt schwerer als eine formale Hürde; gesunde Substanz zählt mehr als eine vorübergehende Formschwäche. Die Gravitationskraft beider Begriffe, des tiefen Substanz- wie des oberflächlichen Formkonzepts, ist so stark, dass sie so gut wie alle Reformationen, Renaissancen und Revolutionen überstanden hat.

III

Es bleibt die Frage, ob Transformationsprozesse im Interesse der Substanzbewahrung antreten oder aber substanzgefährdend sind. Ihre Beantwortung ist eng an die halb triviale, halb dialektische Einsicht gekoppelt, dass es keine substanzlose Form und keine formlose Substanz geben kann. So wie es nach Heideggers großer Einsicht fahrlässig naiv wäre, Sein als eine Größe zu verstehen, zu der Zeit noch hinzutritt, so wäre es skandalös unterkomplex, Substanz als Größe zu verstehen, die sich in dieser oder jener Form ausgestalten ließe.

Selbstredend steht zur Disposition von Form- und Designgestaltung, wie ein Stoff geschneidert, Gemüse auf dem Teller arrangiert und Steine zu dieser oder jener Architektur zusammengefügt werden. Es genügt aber schon der Hinweis auf ein simples

Möbiusband, um deutlich zu machen, dass schlichte Transformierungen substantielle Änderungen bewirken können.
Wer aus einem Streifen ein Möbiusband formt, lässt Materie und Substanz des Streifens gänzlich unverändert. Und doch ist das Möbiusband etwas ganz anderes als der Streifen, der nicht um sich selbst gedreht und wieder geschlossen wurde. Wittgensteins berühmter Hase-Enten-Kopf oder Eschers Vexierbilder sind einem ähnlich realistischen *totaliter-aliter*-Zauber verschrieben wie ein Möbiusband – diese Form kann als diese eine Form substantiell unterschiedlich wahrgenommen werden: Dieser Hasenkopf ist ein Entenkopf ist ein Hasenkopf. Oder mit Escher: Aus dieser Formation eines Vogelschwarms geht – transformativ – die Formation eines Fischschwarms hervor.
Solche Transformationen vermögen beides: Sie faszinieren und sie irritieren, ja verängstigen. Etwas ist ganz anders, als es scheint. Die klassische Moderne hat suggestive Narrative ausgebildet, die solche Kippfiguren und Transformationsprozesse zum Kollektiv-Imaginären haben werden lassen. Dr. Jeckyll ist Mister Hyde; Dorian Gray bleibt im Kreis, der ihn umgibt, der einzige, der nicht altert, um sodann eine zeitraffende Extremtransformation durchzumachen; die Fledermaus ist ein Graf ist ein Vampir; eine Rose ist eine Rose ist (k)eine Rose. Für solche personalisierten Transformationsnarrative lassen sich unschwer strukturelle Entsprechungen anführen: Die Befreiungsbewegung transformiert sich in eine Despotie, die noch übler ist als die, von der sie befreite; die Avantgarde transformiert sich zur museumstauglichen Neoklassik; der Nonkonformismus transformiert sich zur Option der Massen; die universale Automobilmachung transformiert sich zu massenhaften Staus etc. Es gehört zu den reizvollen Eigentümlichkeiten einer über sich selbst halbwegs aufgeklärten Moderne, dass sie sich daran gewöhnt, in vielen Gebilden das andere ihrer selbst als mitlaufende Möglichkeit zu gewahren. Moderne Köpfe sind transformationssensibel. Sie ahnen zumindest, dass immer alles anders werden kann, sie betreiben Technikfolgenabschätzung, sie halten es für möglich, dass zwischen der Lösung eines Problems und der Lösung als neuem Problem nicht immer klar zu unterscheiden ist.
Man muss nicht auf ultimativ dialektischen Reflexionshöhen sein, um sich mit dem Denkmotiv anzufreunden, dass es formlose Substanz nicht geben kann. Zumutungsreich ist hingegen die These, für die substantiell einiges spricht: dass Transformationsprozesse die eigentliche Substanz bilden, aus der Kulturen wie Techniken gemacht sind. Transformationen kommen logisch wie chronologisch früher als Formen und Substanzen – schlicht deshalb, weil Zeit unausgesetzt neue Konstellationen zeitigt. Entspannte Beziehungen zum unhintergehbaren Transformationsimperativ entscheiden über das Geschick ganzer Kulturen. Zu den Stärken der sogenannten westlichen Kultur gehört ihre Schwäche für Konversionsprozesse – und für Häretiker, die keine Angst vor Umformungen des Vertrauten haben. Häretiker wie Sokrates und Jesus, Luther und Giordano Bruno, Freud und Einstein sind ganz dem Programm von Transformationen verschrieben – bis hin zu dem abenteuerlichen Gedanken, dass Gott selbst ganz Mensch geworden ist.
Für schwache Köpfe sind Konversionen und Transformationen des Teufels. In dem Maße aber, in dem sich Kulturen gegen Transformationsimperativ immunisieren wollen, die sie als unheimliche Bedrohung empfinden, betreiben sie ihre Selbstzerstörung, besorgen sie also das Geschäft einer forcierten, eben destruktiven Transformation. Transformationsprozesse sind die Alternativen zu Destruktionsprozessen – und insofern konservativ. Sie wollen vor dem Schlimmsten, der Destruktion, bewahren. Eben deshalb lassen sie Formen des Formwandels zu, die substantiell sein können.

Der Text basiert auf einem im Rahmen des Deutschen Werkbundtags 2018 gehaltenen Vortrag (Basel, 1. Juni 2018).

VILLA KAMPFFMEYER

Die Villa Kampffmeyer steht in einer außerordentlich exponierten Lage zwischen Berlin und Potsdam. Sie nimmt ihren Platz in einem riesigen Park am Glienicker Horn gegenüber den von Peter Joseph Lenné angelegten Parks von Babelsberg und Glienicke ein, im Blick liegen die darin platzierten Schlösser von Karl Friedrich Schinkel, und als Nachbarn hat sie die weiß strahlende klassizistische Villa Schöningen des Schinkel-Schülers Ludwig Persius, die am Kopf der von politischen Legenden umwehten Glienicker Brücke steht. Diese Lage des erst 1924 errichteten Hauses ist zweifelsfrei eine der reizvollsten und im mehrfachen Sinn wertvollsten der Potsdamer Kulturlandschaft. Seit 1990 gehört sie zum Weltkulturerbe der UNESCO. Gemäß ihrer Lage an der weltpolitisch sensiblen Stelle des Ost-West-Konflikts unmittelbar an der Staatsgrenze der DDR hat die Villa Kampffmeyer eine fast einzigartige Bau- und Nutzungsgeschichte. Sie sah unterschiedlichste Lebensformen und Nutzungsszenarien der verschiedenen politischen und gesellschaftlichen Systeme des 20. Jahrhunderts. Erstaunlich, dass sie dennoch innen wie außen authentisch erhalten geblieben ist. Weder der Zweite Weltkrieg noch staats- und staatssicherheitsdienende Nutzungen in der DDR, weder der rüde Kapitalismus der Nachwendezeit, der auf das riesige Parkgelände der Villa eine architektonisch zweifelhafte Gated Community baute, noch fragwürdige neureiche Lifestyle-Events der jüngsten Vergangenheit haben die Villa verändert.

Ihr Name stammt ab von einer der größten Mühlendynastien Deutschlands. Emil Kampffmeyer (1859–1913) gründete 1883 eine Mühle in Potsdam, starb jedoch früh durch einen Autounfall. Dasselbe Schicksal erlitt sein Sohn Franz nur ein Jahr später, 1914, weswegen dessen jüngerer Bruder Kurt als 18-Jähriger die Geschäfte übernahm. Bis zum Ende des Zweiten Weltkriegs erweiterte Kurt Kampffmeyer (1896–1949) den Betrieb durch Aufkäufe und Übernahmen maroder, technisch rückständiger Mühlen zu einem der mächtigsten Lebensmittelkonzerne im Deutschen Reich; Kampffmeyer selbst nannte es sein „Mühlenimperium". Auch bei den Nazis erreichte er dadurch eine

gewisse Unangreifbarkeit. Klug verlegte Kurt Kampffmeyer jun. 1949 den Firmensitz nach Hamburg; 1952 wurde er in der DDR wegen Spionage verurteilt, die Immobilien und Betriebe enteignet, auch die Villa auf dem Glienicker Horn.

Allenthalben spricht die Tatsache, dass Kurt Kampffmeyer 1922 als 26-jähriger Unternehmer das prominente Wassergrundstück am Glienicker Horn erwerben konnte und auf dem zuvor als Baumschule sowie von Werften und Ruderclubs genutzten weitläufigen Gelände eine Villa als *point de vue* errichten durfte, für „besondere Umstände". Er beauftragte erstaunlicherweise die Berliner Architekten Weidner und Mohr mit dem Entwurf, die vor allem für den Bau von Krankenhäusern, Kliniken und Sanatorien bekannt waren.

Den Auftrag haben die Architekten mit traditioneller Haltung und konventioneller Formensprache eingelöst. Der Putzbau ist massiv und etwas gedrungen, die bodenständigen Rundbogenfenster sind von Gemmen gehalten, ein Säulenportikus dient als Wagenvorfahrt und zum See und Garten wölbt sich ein turmartiger Erker vor. Er wird von einem in Kupfer getriebenen Merkur bekrönt. Das hohe Mansarddach in dunklem Schiefer bedeckt zwei Geschosse mit etwa 1200 Quadratmetern Wohn- und Repräsentationsfläche, die sich auf 18 Zimmer mit entsprechenden Nebenflächen verteilt. Über den Diensträumen der Küche und Anrichte ist nach Westen ein Dachgarten zur diskreten Nutzung eingelassen.

Die Architektur ist jedoch weder außen noch innen

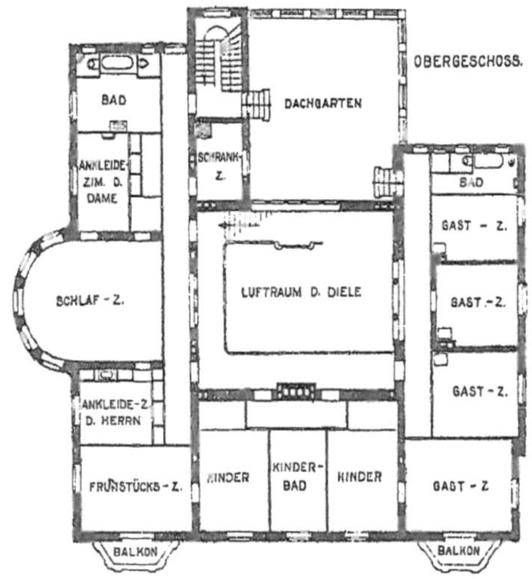

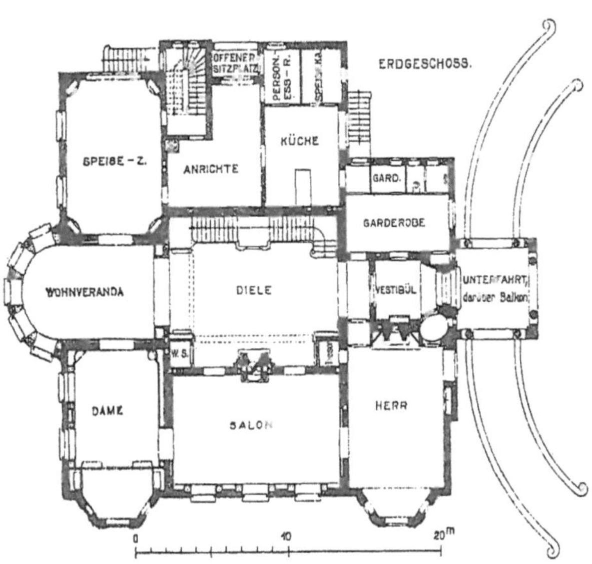

Obergeschoss 1924
Erdgeschoss 1924
Grenzstreifen der DDR am Glienicker Horn
linke Seite
Eingangsdiele 1924

von stringenter Stilistik. Zum äußerlichen Barock kommen im Inneren Gestaltungselemente der Renaissance wie die Kassettendecke und die Kaminfassade in der großen, eichengetäfelten Wohndiele hinzu. Diese wird von einer beeindruckenden eichenen Halbgalerie mit Treppe in das Obergeschoss eingefasst. Salon, Damen- und Herrenzimmer sowie Speisesaal wiederum sind im Louis-XV- und -XVI-Stil gehalten, die Tapeten und seidenen Wandbespannungen teilweise außerordentlich stark gefärbt, was wiederum an den zeitgenössischen Berliner Expressionismus erinnert. Fußböden und Vertäfelungen sind kostbar: von kaukasischem Nussbaum bis zu Eiche und Mahagoni. Insgesamt ein sehr gediegenes Amalgam von Moderne, Mode und Tradition in Form und Material, mit vorzüglichem Kunsthandwerk wohlhabend und üppig ausgeführt.
Nach dem Mauerfall geriet die Villa Kampffmeyer aufs Karussell der Immobilienspekulation in Berlin. Die Erbengemeinschaft Kampffmeyer hatte sie an eine Bauträgergruppe verkauft, die rund die Hälfte des Grundstücks mit einer Villenkolonie im Stil des *new urbanism* bebaute. Verwahrlost, aber weitgehend in der originalen Substanz geblieben, wurde die Villa grob und achtlos in ein Veranstaltungszentrum mit Büros im Obergeschoss umgebaut, Böden wurden herausgerissen, der Zuschnitt der Räume im Obergeschoss stark verändert. Außerdem wurde die einstige Parkanlage des königlichen Gartendirektors Georg Potente zerstört. Später wurde die Villa verkauft und für einige Jahre zur Wohnbühne glamouröser Lifestyle-Events zwielichtiger Diplomaten.
2013 übernahmen Kahlfeldt Architekten die Aufgabe, die Villa Kampffmeyer denkmalgerecht aufzuarbeiten und sie als Zeugnis der einzigartigen Potsdamer Villenkultur der 1920er Jahre wiederherzustellen. Die kostbaren Oberflächen im repräsentativen Erdgeschoss wurden konservatorisch bearbeitet oder wieder eingefügt, der Wohngrundriss mit Schlafzimmern und Salons im Obergeschoss erneut hergestellt. Ziel war es, das architektonische und handwerklich hohe Niveau wiederzugewinnen, das der Villa ihren einzigartigen Rang in der *villeggiatura* von Potsdam verleiht.

LAGEPLAN 2015

ANSICHT VON SÜDEN ANSICHT VON NORDEN 2015

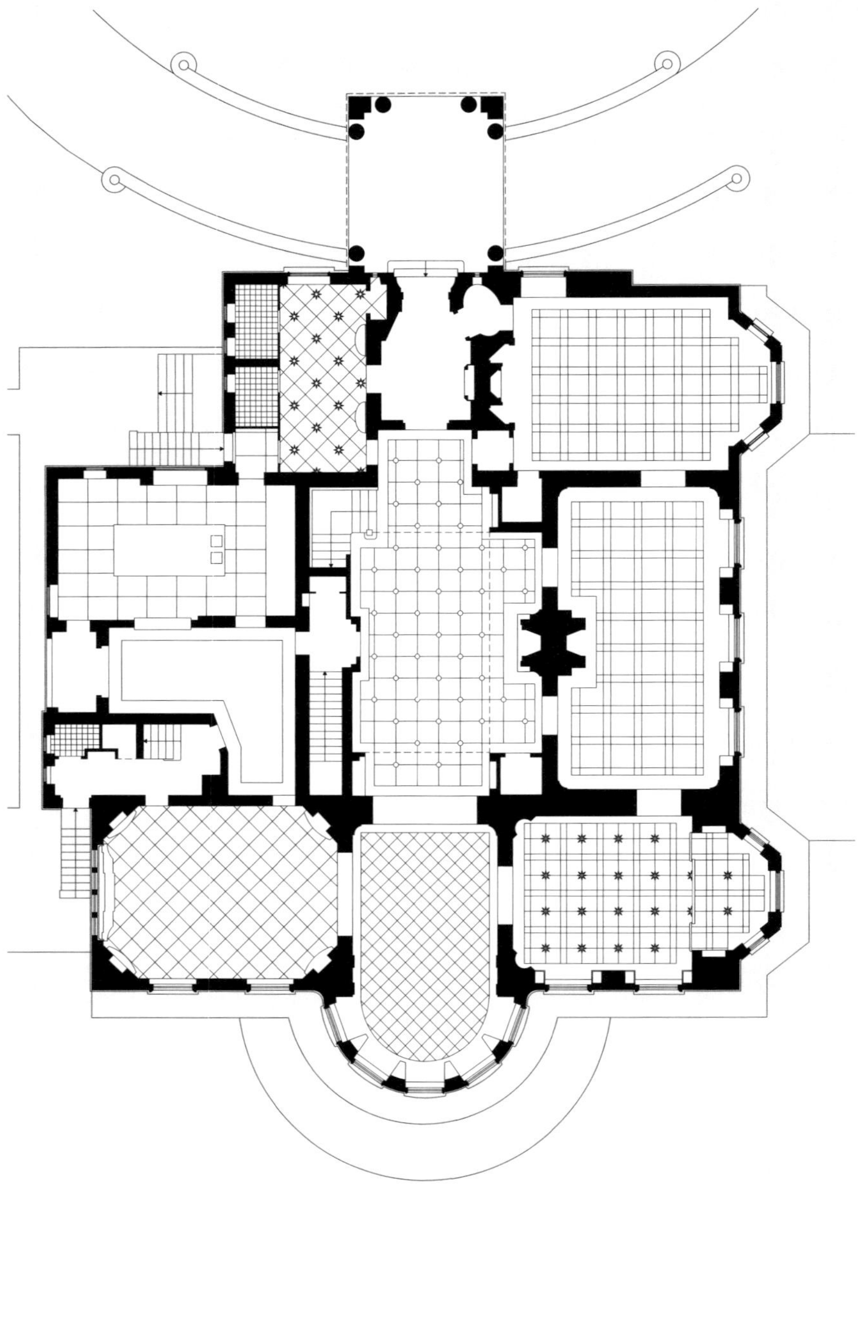

ERDGESCHOSS 2015

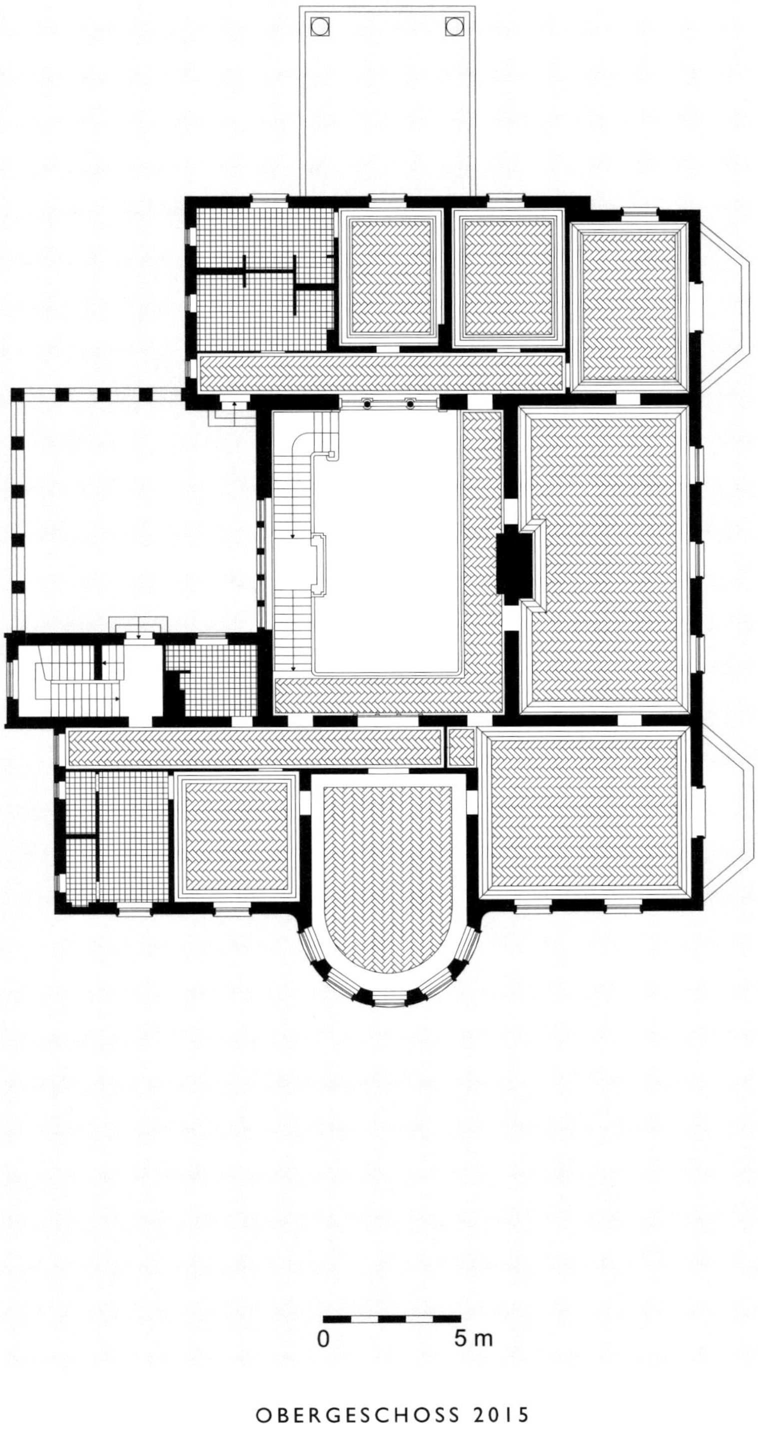

OBERGESCHOSS 2015

ANSICHTEN VON NORDEN VON OSTEN VON WESTEN 2015

SALON HERRENZIMMER ERDGESCHOSS 2015

DAMENZIMMER KÜCHE ERDGESCHOSS BAD I. OBERGESCHOSS 2015

WOHNDIELE GARTENZIMMER ERDGESCHOSS ANKLEIDE I.OBERGESCHOSS 2015

UMSPANNWERK KOPPENPLATZ

Das Werk Koppenplatz liegt mitten in der heute meist aus Mangel einer Altstadt Berlins als ihr Ersatz wahrgenommenen Spandauer Vorstadt. Es versah alle drei für die elektrische Versorgung nötigen Aufgaben des Ab- und Umspannens sowie des Gleichrichtens der Hochspannungsleitungen, die von den Kraftwerken Oberspree (seit 1897) und Moabit (seit 1900) ins Berliner Stadtgebiet geliefert wurden. Von hier aus wurde die gesamte innere und äußere Spandauer Vorstadt mit elektrischer Energie versorgt.

Der Architekt Hans Heinrich Müller ergänzte 1926 bloß das seit 1906 bestehende Umspannwerk, das der Architekt Franz Schwechten (unter anderem Anhalter Bahnhof 1880) errichtet hatte. Der gestaltete die Fassade zur Auguststraße in Anlehnung an die umgebende Bebauung mit einer repräsentativen Backsteinfassade, verzichtete dabei jedoch auf einen einheitlichen Stil oder einen homogenen Baukörper. Das Werk musste 1926 zur Aufnahme einer Hochspannungsanlage sowie für Nebenräume und Treppenhäuser ergänzt werden. Hans Heinrich Müller nutzte dabei ebenfalls Backstein für die Fassaden, er gestaltete sie jedoch entschieden anders als Schwechten. Zur Auguststraße richtet sich viergeschossig, unbesehen der technischen Nutzung, eine auch als Wohnhaus zu lesende Fassade mit Fensterbedachungen auf, die unter dem Gesims durch eine loggienartige Reihung von Pfeilern abgeschlossen wird. Dagegen ist die Fassade zum Koppenplatz turmartig, mit zwei symmetrischen Fensterreihen auf sechs Geschossen, die auf einem Fensterband über den niedrigen Eingangstüren zu ruhen scheinen. Hier gewinnt die Fassade eine erhabene Wucht, die an den ehemaligen Armenfriedhof erinnert, der bis Ende des 18. Jahrhunderts anstelle des Koppenplatzes gelegen hatte. Ludwig Hoffmann, Hermann Mächtig und schließlich Erwin Barth gestalteten den heutigen Koppenplatz Ende des 19. und Anfang des 20. Jahrhunderts.

Das Umspannwerk Koppenplatz ist eines der wenigen Werke Hans Heinrich Müllers, das noch seiner

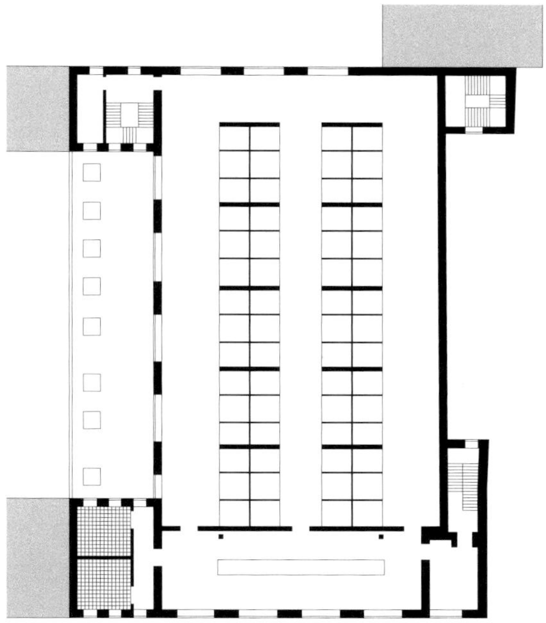

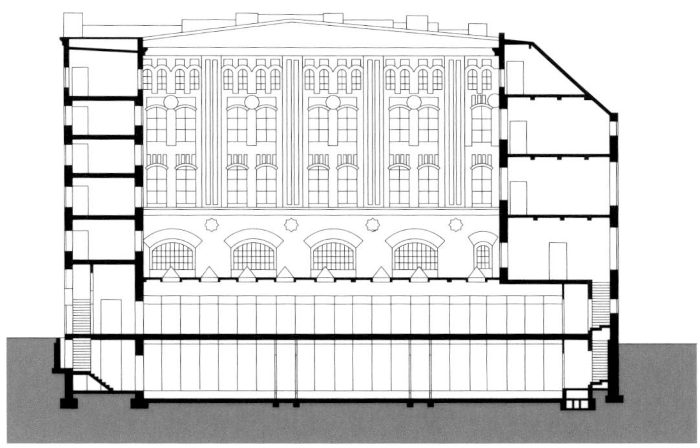

alten Funktion der Versorgung Berlins mit elektrischer Energie obliegt. Kahlfeldt Architekten hatten bei der anfallenden Sanierung das ursprüngliche Bild der Fassaden wiederherzustellen.
Kahlfeldt Architekten haben mit der Sanierung und Instandsetzung der vier Fassaden und der Dachflächen im Jahr 2014 dazu beigetragen, dass sich diese herausragenden Backsteinarchitekturen zweier vorbildlicher Berliner Architekten aus dem frühen 20. Jahrhundert ihrer Bedeutung entsprechend in der Nachbarschaft der Spandauer Vorstadt präsentieren können. Gedankenlos platzierte, verunstaltende Elemente wurden entfernt, Fenster- sowie Türanlagen und andere ausfachende Elemente in angemessenen Materialien, Farben und Einteilungen erneuert. Mit Anbringung der historischen Beschriftung „Berliner Elektricitäts-Werke" und einer neuen Fassadenbeleuchtung ist es gelungen, die architektonischen Zeugnisse der Stromverteilung im Berliner Stadtraum wieder strahlen zu lassen.

Schaltzellen Obergeschoss 1926
Schnitt 1926
linke Seite Ansicht von Süden 1938
Ansicht von Norden 1938

LAGEPLAN 2014

ANSICHT VON OSTEN   TÜRENDETAILS NORDSEITE   ANSICHT VON SÜDEN   2014

ATELIERHAUS ZEPPELIN

Unscheinbar und wuchtig zugleich steht das Atelierhaus Zeppelin in der Brüsseler Straße im Brüsseler Kiez des Berliner Wedding. Es fügt sich formidabel in die umgebende Wohnbebauung der Gründerzeit ein und macht sich allenfalls als karg modernes Gebäude gegenüber dem mit ornamentalem Schmuck reicher verzierten, mit Balkonen bewehrten Gebäuden der Nachbarschaft bemerkbar. Die Wucht stammt von den ins bläulich Dunkle changierenden Klinkern der Fassade, die sich glatt und fest fünf Stockwerke hoch hinaufzieht. Zehn Fensterachsen rhythmisieren die Fassade sehr gleichmäßig, die 50 Fenster sind dreifach quer geteilt wie in den 20er Jahren üblich. Wenig deutet auf den technischen Zweck hin, dem der Bau einst diente.

Das Atelierhaus Zeppelin wurde von Hans Heinrich Müller 1928 als elektrischer Stützpunkt errichtet. Stützpunkte waren den großen 30/6-kV-Abspannwerken nachgeordnet und verteilten den Strom auf die Netz- und Transformatorstationen des jeweiligen Absatzgebiets. Hier war es vor allem das nahe gelegene Rudolf-Virchow-Krankenhaus, das über den Stützpunkt in der Brüsseler Straße versorgt wurde. Im Gebäude waren auf fünf Geschosse verteilt die Sammelschienen und Ölschalter in Kammern und auf Tragböden platziert. Sie liefen vollautomatisch und wurden ohne dauerhafte lokale Arbeitsplätze aus der Ferne gesteuert. Müller nutzte auch hier eine mit Backstein eingehüllte Stahlskelettkonstruktion, widersetzte sich aber beim Entwurf des Stützpunkts dem scheinbaren Zwang, das hochtechnische Gerät und die fortschrittliche Apparatur der Stromversorgung mit einer neu erfundenen Gebäudeform zu versehen. Jedoch griff er, anders als bei anderen großen Abspannwerken, in diesem Fall nicht auf das Bildreservoir der Architekturgeschichte zurück, sondern nutzte das abstrahierte Muster der Wohnbebauung, das er in der Nachbarschaft vorfand. Städtebaulich ist der Kiez wie der Großteil Berlins von einer Blockrandbebauung geprägt, die den Straßenraum definiert. Nahtlos passt sich Müllers Gebäude dieser Tradition ein. Allerdings verzichtete Müller nicht auf das feingliedrige, subtile Spiel mit dem

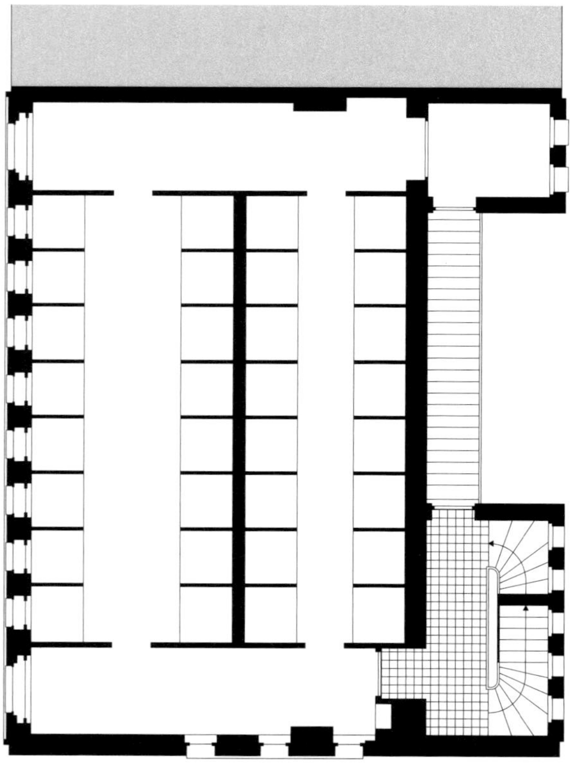

Ansicht von Süden 1928
Schaltzelle 13
linke Seite
Ansicht von Norden 1928
Grundriss Schaltzellen Obergeschoss 1928

architektonischen Bauschmuck. Die Straßenfassade springt vom ersten Geschoss an pro Stockwerk um einen halben Backstein zurück, was an den Rändern durch zunehmende Rücklagen abzulesen ist, sodass zum Dach hin ein vierstufiges Traufgesims entsteht. Dieserart wird das Fassadenbild gerahmt. Müller betont den Effekt zusätzlich durch die leicht verbreiterten Fensterkolumnen über den seitlichen Zugangstoren. Die flache Fassade löst sich ins feine Spiel der Proportionen auf.

Auch auf der Hof- und Gartenseite nach Süden spielt Müller mit den architektonischen Formen. Treppenhaus und Aufzugsturm werden aus der Fassadenflucht herausgezogen und in Pfeilerstreifen aufgelöst, die durch Fluchtbalkone verbunden werden. Die Fensterstreifen im Treppenhaus arrangiert Müller dabei zu abgetreppten Längen, die an Orgelpfeifen erinnern, während sie sich im Aufzugsturm als Streifen durchziehen und die Geschlossenheit der Wand aufheben.

1984 wurde der Stützpunkt Zeppelin vom Netz genommen; er wird seit 2001 als Wohn-Atelierhaus genutzt. Die Eigentümergemeinschaft, bestehend aus einem Eigentümer pro Etage, verfolgte einen partizipativen und kostensparenden Ansatz und beauftragte Kahlfeldt Architekten ausschließlich mit dem Grundausbau. Der individuelle Ausbau der Etageneinheiten war im Eigenbau zu leisten. Unnötige Ansprüche wurden bewusst vermieden.

So wurden alle zur energetischen Ertüchtigung und zur Umsetzung von Wohnbedürfnissen sinnvollen Maßnahmen an den Fassaden durchgeführt (Aufdopplung der Stahleinfachfenster mit Holzfenstern zur Straßenfassade und Schaffung von neuen Öffnungen in die Gartenfassade), die Erschließungswege sicherer gemacht (Überarbeitung der Treppengeländer), der Schallschutz im Wohnungsbau nachgewiesen (Geschossdecken mit Dämmung und Estrich aufgedoppelt) sowie die Installationen für Heizung, Sanitär und Elektro größtenteils auf Putz eingebracht.

Der ruppig industrielle Charakter des Hauses blieb derart erhalten. Die architektonischen Finessen des Stützpunkts lassen ihn zu einem kongenialen Atelierhaus der Künste und des Wohnens werden.

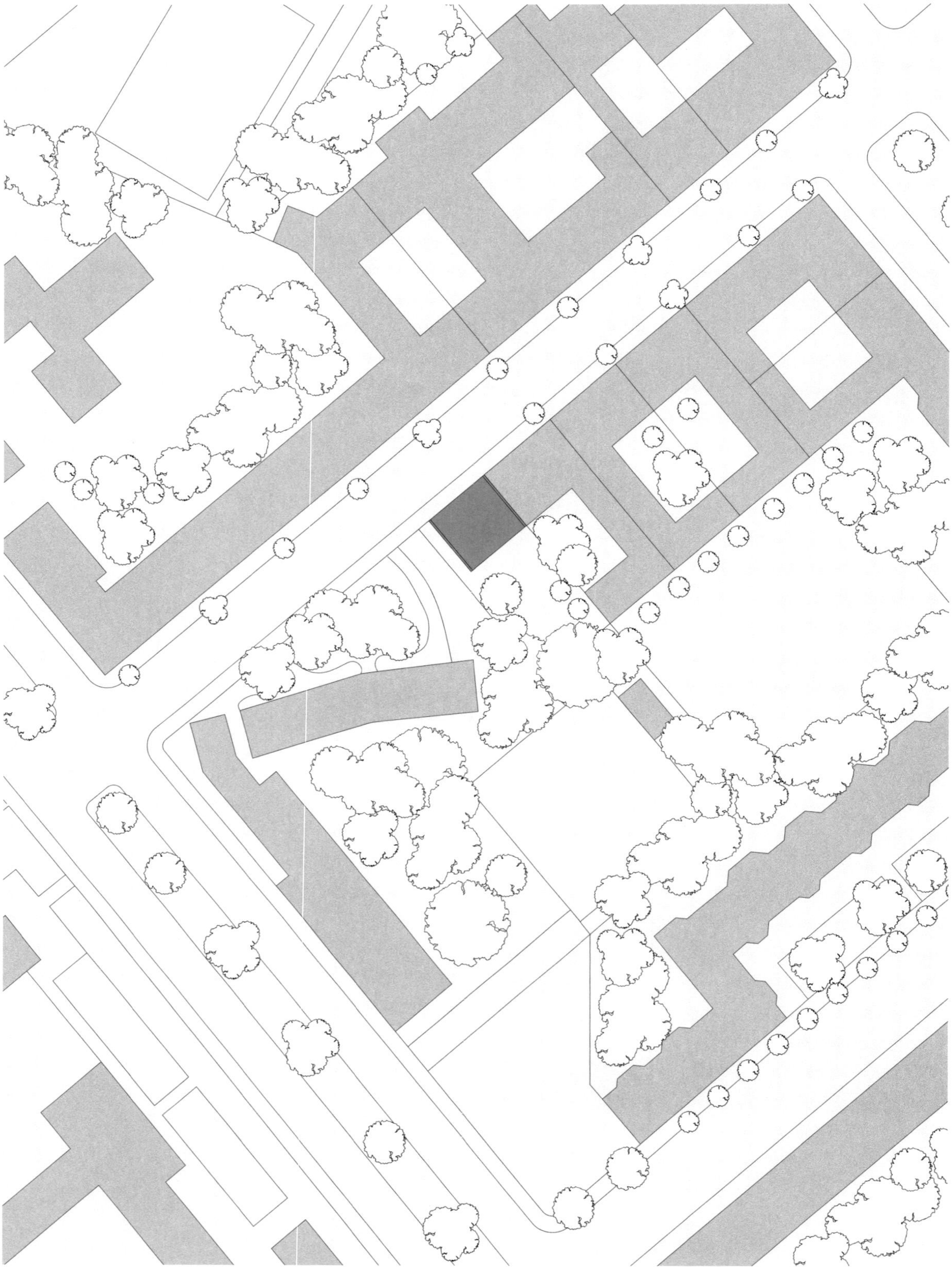

LAGEPLAN 2000

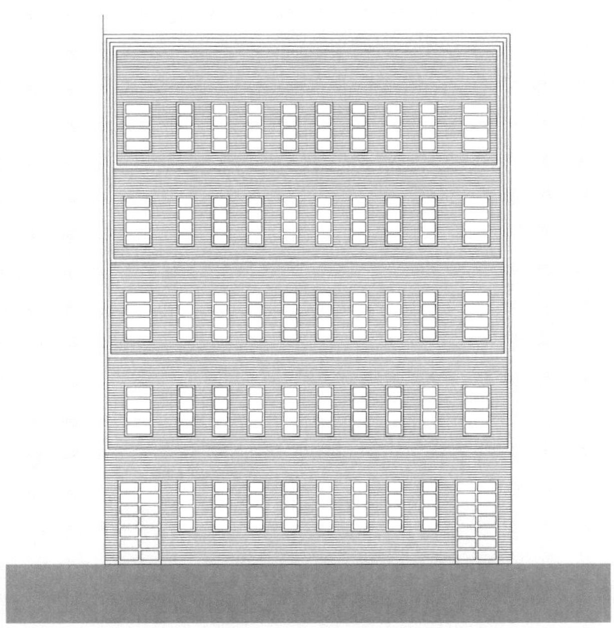

ANSICHT VON SÜDEN VON NORDEN 2000

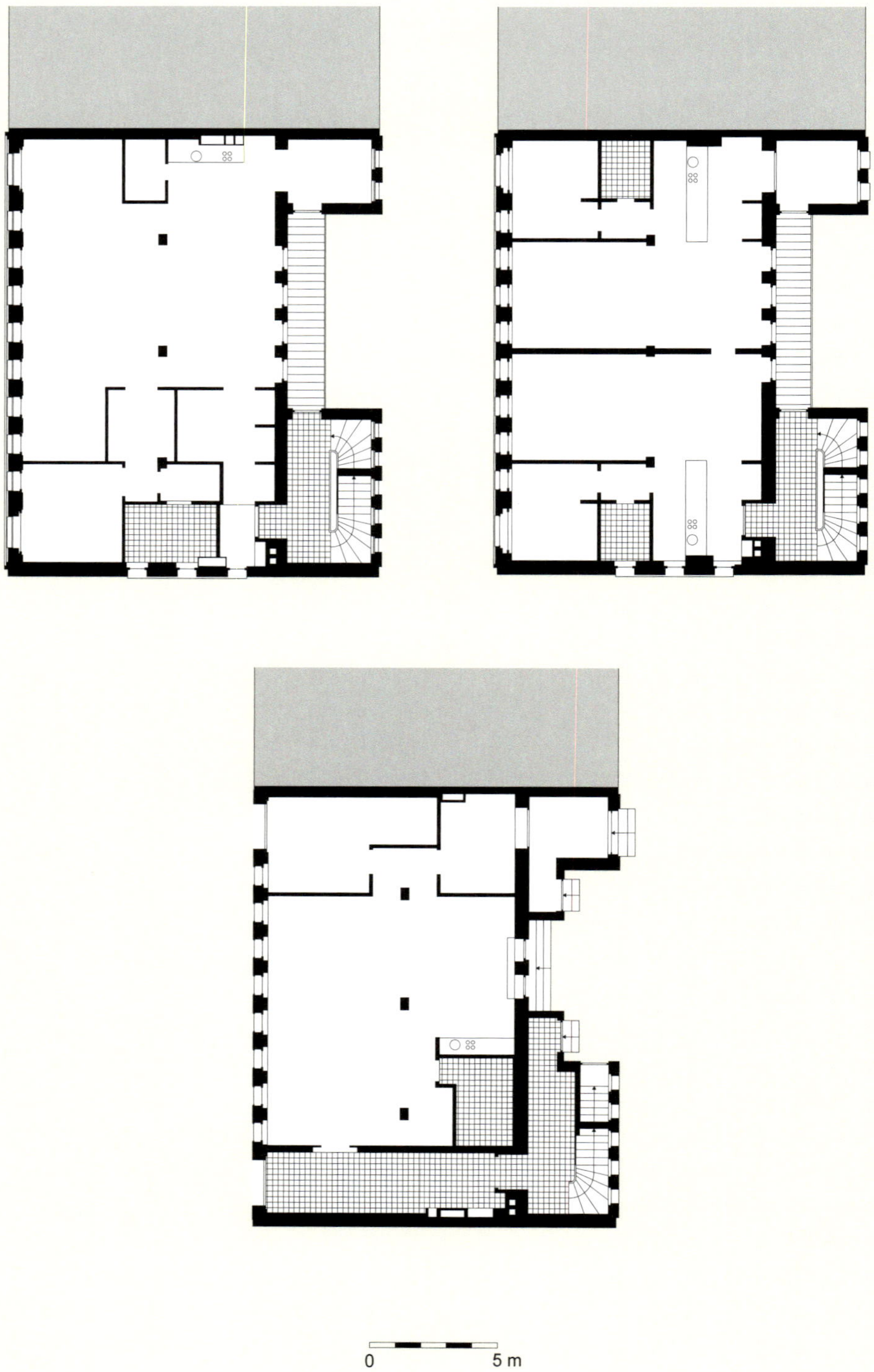

2. OBERGESCHOSS I. OBERGESCHOSS ERDGESCHOSS 2000

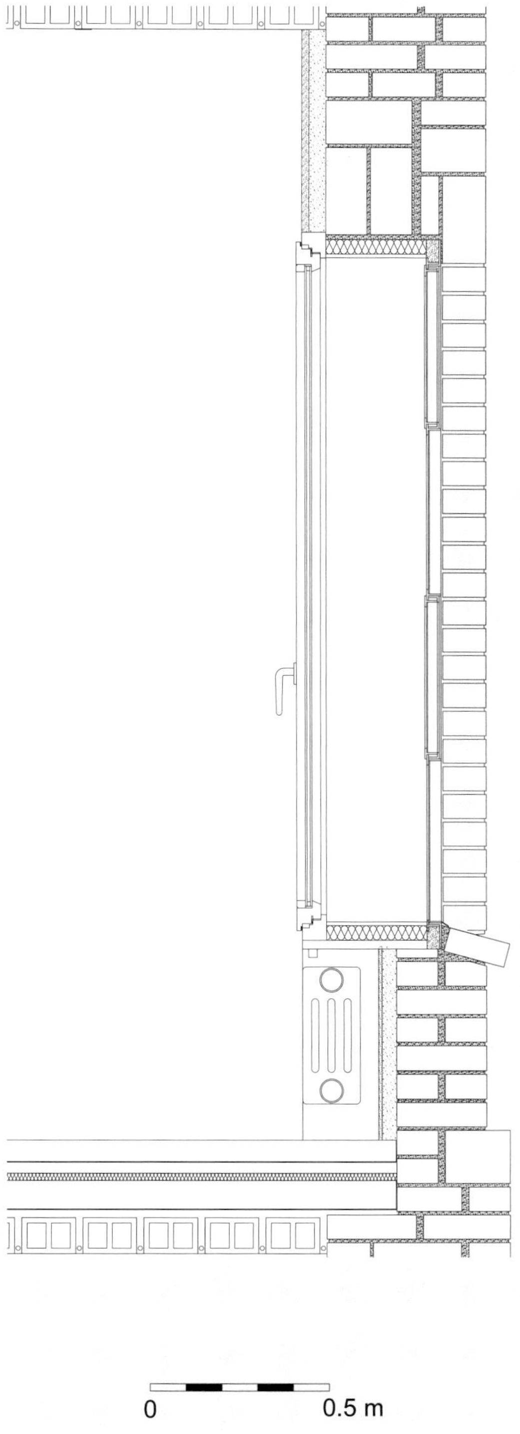

FENSTERDETAIL 2000

ANSICHT VON NORDEN VON SÜDEN INNENRAUM ERDGESCHOSS 2000

TREPPENHAUS KÜCHE INNENRAUM ERDGESCHOSS 2000

HAUS MACHNOWER STRASSE

Die kraftvolle Architektur des Bewag-Architekten Hans Heinrich Müller bewährt sich auch bei kleineren Objekten. Das klinkerverkleidete Haus in der Machnower Straße in Zehlendorf wurde 1928–1929 als Gleichrichterwerk errichtet; Gleichrichterwerke waren zur elektrischen Energieversorgung in den Vororten Berlins, in diesem Fall für den Betrieb der Straßenbahn, vonnöten. Die technischen Anforderungen und Aufgaben bedingten ein Gebäude, Hallen oder Kammern für die Trafos, nicht jedoch dessen Gestaltung. Gleichrichterwerke brauchten keine Warten, um sie zu überwachen, sondern wurden weitgehend automatisch gefahren, sodass die Transformatoren lediglich Sicherheits- und Wetterschutz benötigten, mit Toren, durch die sie aufgebaut, ausgetauscht und repariert werden konnten. Aus Rücksicht auf die umgebende Wohnbebauung stattete Müller das Gleichrichterwerk zum einen mit turmartigen, halbrund vorgesetzten Treppenhäusern aus, zum anderen legte er die Lüftungskamine der Trafos als dreieckige Prismen vor die Fassade. Deren Konsolen wurden durch schichtenweise auskragende Steinlagen gestaltet, die den expressiven Charakter der Schächte betonen. Ein umlaufendes Zahnsteingesims unter der Traufe nimmt diese Gestaltung korrespondierend auf, indem es mit Lagenversatz zur Hohlkehle vermauert wurde. Die Klinkerschale ist im Übrigen straff und glatt um den Baukörper gespannt. Laut Berliner Denkmalliste gewinnt das Haus dadurch den Charakter eines mittelalterlichen Wehrturms.
Kahlfeldt Architekten transformierten im Jahr 2007 das lange funktionslos gewordene Gebäude in ein Wohnhaus mit zwei Hauseinheiten. Bis auf einen mobilen Kran an der Decke des Obergeschosses waren die technischen Einrichtungen bereits ausgeräumt. Die beiden Treppentürme werden weiter jeweils als Zugänge, nun zu den separat erschlossenen Haushälften, genutzt. Die gut erhaltene Fassade blieb fast ohne Änderungen bestehen. Lediglich an der Ostwand wurden die Brüstungen der Küchenfenster demontiert, um einen Austritt zu einem zusätzlichen Balkon zu gewähren, und das Obergeschoss erhielt neue Fenster, die sich in Größe und Anordnung auf die Bestandsfenster beziehen.

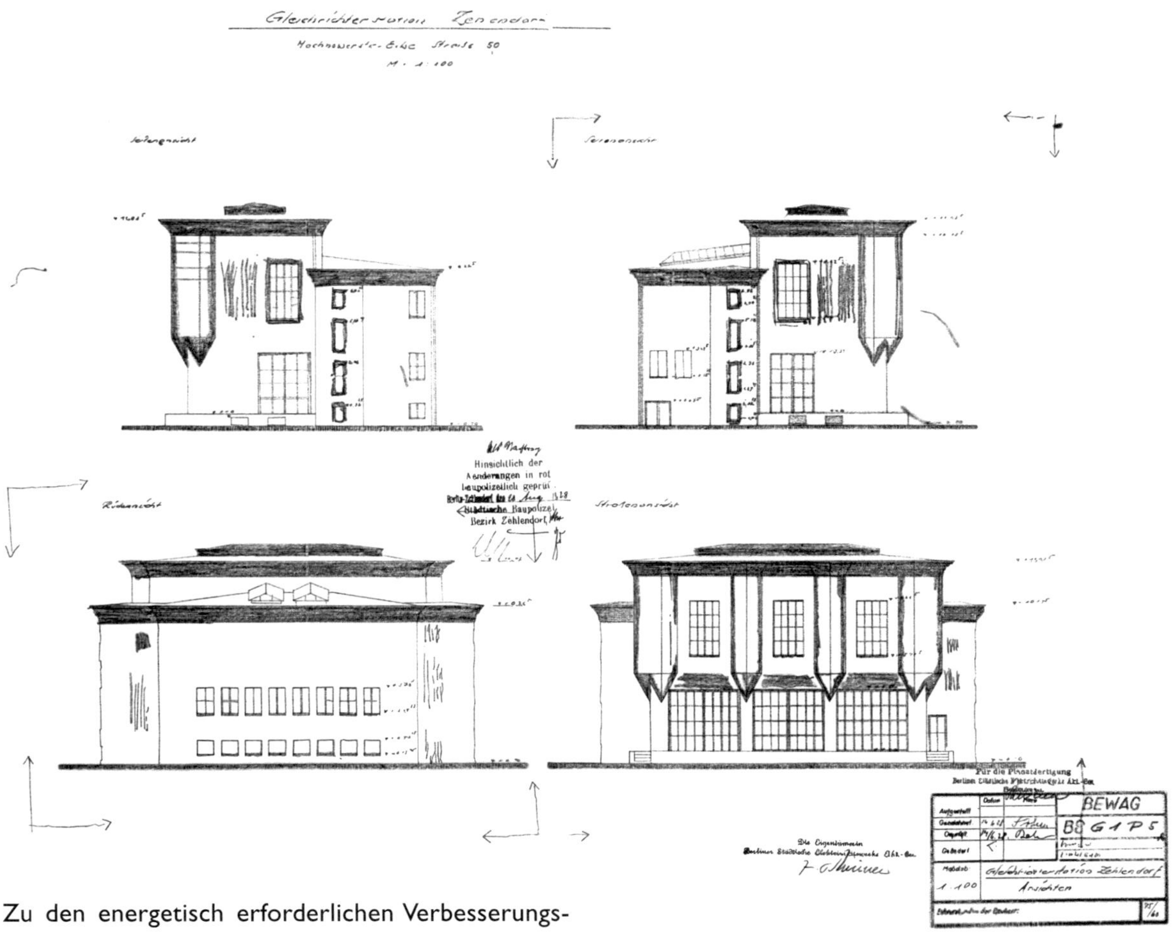

Zu den energetisch erforderlichen Verbesserungsmaßnahmen zählt, dass der Stahlskelettbau, mit Backsteinen ausgefacht und mit Klinkern außen verkleidet, an seiner Innenseite eine zusätzliche Mauerwerksschale erhielt.
Die großen Fensteröffnungen der Trafokammern wurden mit isolierenden Fenster-Türelementen ausgefacht, die bauzeitlich gesprossten, einfach verglasten Stahlfensteranlagen mit einem neuen Holzfenster innenseitig zu einem Kastenfenster aufgedoppelt.
Die Tore der Trafokammern blieben erhalten, wurden in ihren Füllungsfeldern jedoch verglast, damit ein Ausblick ermöglicht wird. Mit der unverändert erhaltenen Laderampe zur Machnower Straße zeigt sich das kompakte Backsteingebäude trotz Nutzungsänderung und den damit verbundenen baulichen Notwendigkeiten weiterhin als ein kraftvoller Industriebau der früheren Berliner Elektrizitätsversorgung.

Ansichten 1928
linke Seite
Ansicht von Westen 1929
Ansicht von Westen 2006
Ansicht von Osten 2006
Innenraum Obergeschoss 2006

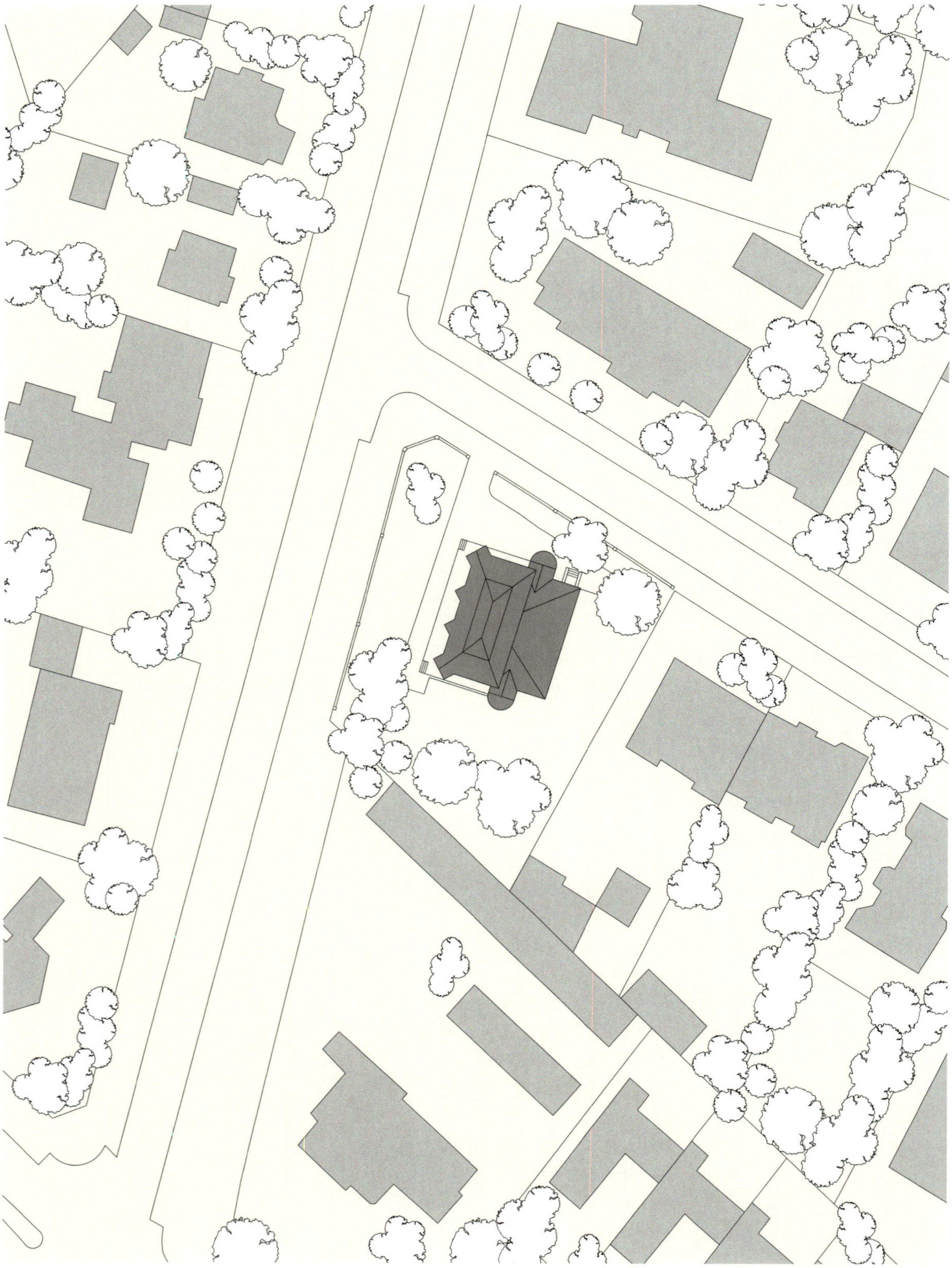

LAGEPLAN 2007

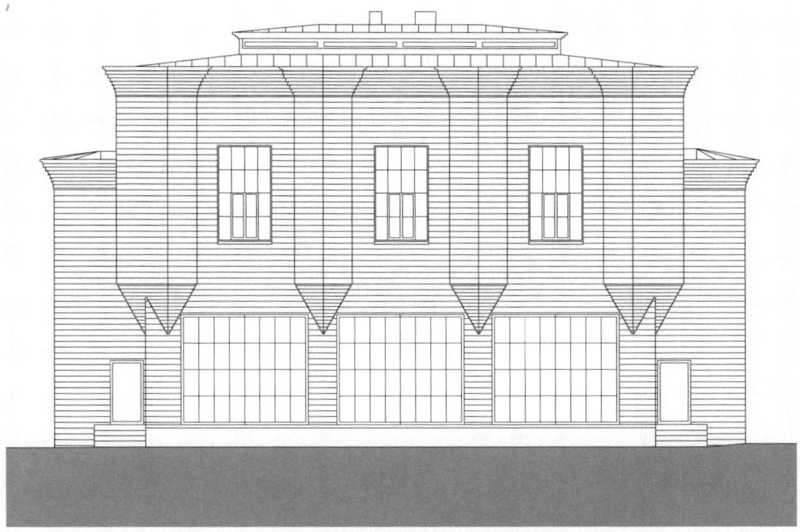

0   5 m

ANSICHT WEST   ANSICHT SÜD   2007

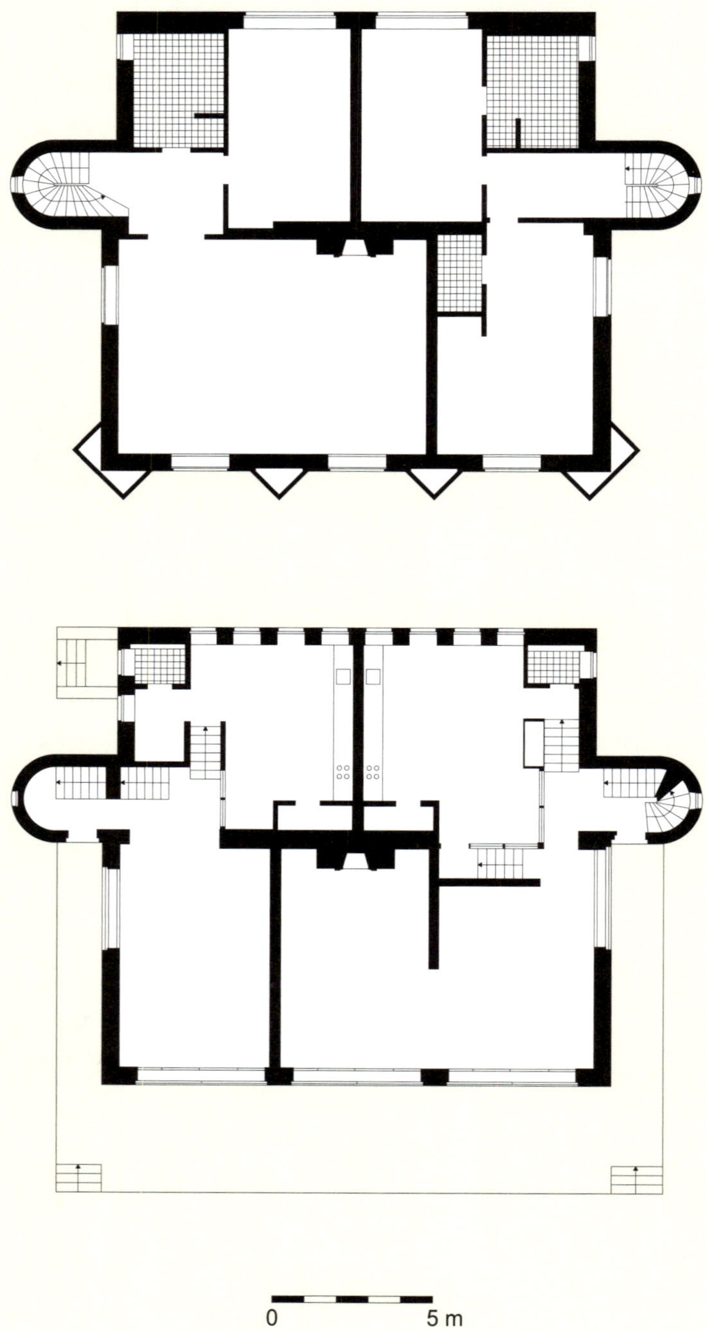

OBERGESCHOSS ERDGESCHOSS 2007

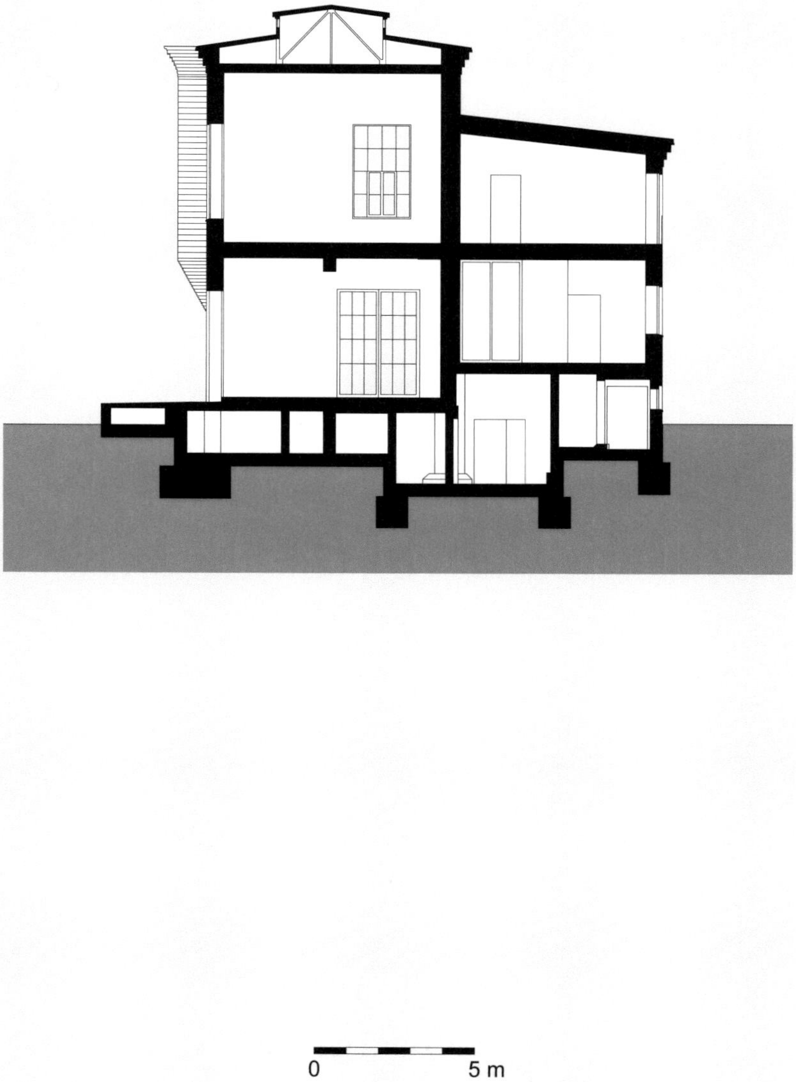

QUERSCHNITT 2007

ANSICHT VON WESTEN   VON SÜDEN   2007

DETAIL TRAUFGESIMS DETAIL KONSOLAUSBILDUNG INNENRAUM ERDGESCHOSS 2007

METAHAUS

Das große Abspannwerk Leibniz, heute MetaHaus genannt, steht leicht von der Bauflucht zurückgesetzt an der Kreuzung von Leibniz- und Niebuhrstraße in Charlottenburg. Glatt und erhaben zieht sich die Backsteinwand mit scharf eingeschnittenen Fenstern sechs Stockwerke hoch. Der Baukörper strahlt unaufgeregte Ruhe und städtische Noblesse aus. Die Ecken sind gerundet, schmale Fensterfugen ziehen sich auf ihnen zur Belichtung der Treppenhäuser hoch hinauf. Kaum merklich ist der Sockel ohne zusätzlichen Bauschmuck abgesetzt. Der Baukörper ist architektonisch durch zwei Reihen kleiner quadratischer sowie durch vier stockwerkübergreifende Fenster vor der ursprünglichen Warte, dem zentralen Kontrollraum des Werks, gegliedert. Lediglich unter der Traufe bringt ein umlaufendes, starkes, in sechs Lagen vorspringendes Würfelgesims eine expressive Note in die karge und knappe Ästhetik des Gebäudes. Den Stuck der umliegenden gründerzeitlichen Wohnbebauung verweigert es und steht doch seren und ohne aggressiven Kontrast im städtischen Ensemble der Umgebung. Es mutet wie ein Renaissancepalais an, ohne irgend ins Imitieren der Bauhistorie zu verfallen. Es ruft den kollektiven Bildschatz der Architektur wach, ohne ihn zu zitieren. Das heutige MetaHaus ist mithin ein hochmoderner Bau von handwerklicher Präzision und strikt kontrollierter entwurflicher Disziplin, ein Unikat, das seine ursprüngliche Bestimmung weder verleugnet noch erkennen lässt. Vielmehr ist es ein den Nutzungen und Zwecken gegenüber autonomes Werk der Architektur.

Das MetaHaus wurde als großes Abspannwerk 1927–1929 von Hans Heinrich Müller (1879–1951) im Zuge der Umstellung und Modernisierung der elektrischen Versorgung Berlins errichtet. Müller stammte aus Posen, dem heutigen Poznan in Polen, und hatte in Breslau und Berlin Maschinenbau und Architektur studiert. Im Vergleich zu seinen Zeitgenossen Peter Behrens, Albert Gessner, Hans Hertlein, Fritz Höger oder Herrmann Muthesius gehört er zu den weniger bekannten Architekten der Epoche. Zu Unrecht, wie sich zumal an seinen Zweck- und Funktionsbauten für die Bewag zeigen lässt. Paul Kahlfeldt hat ihm daher eine einlässliche Studie gewidmet, in der Müller in historische Traditionslinien gestellt und seinem architektonischen Rang nach beurteilt wird.

Nach mehreren Stationen, auch als Gemeindebaumeister von Berlin-Steglitz, wo er 1920 unter anderem das Wrangelschlösschen zum Schlossparktheater umbaute, war er 1924 zum Chefarchitekten der Bewag avanciert und hatte damit eine einzigartige Aufgabe übernommen. Innerhalb einer knappen Dekade realisierte er ein Programm von 45 Bauwerken unterschiedlicher Größe und Dimension für die Stromversorgung Berlins. Er zeigte dabei, dass die technisch-technologische Fortschrittlichkeit der Apparate und Maschinen – die avantgardistische Moderne der Industrialisierung – ohne Dogma und Zwang einhergehen kann mit einer Architektur, die ihre eigenen Formgesetze nicht missachtet. Vielmehr erlaubte er sich durch die emotionale Besetzung der architektonischen Formen eine bilderzählerische Vermittlung und Integration der unbekannten Technik in die städtische Umgebung. Ohne Anbiederung machte er das Neue den Bewohnern vertraut, indem er für die fremde und unanschauliche Kraft der elektrischen Energie nicht grundstürzend neue Formen suchte oder erfand, sondern aus dem historischen Formenreservoir die der Aufgabe angemessenen und richtigen Hüllen und Einhausungen destillierte.

Seit der zweiten Hälfte des 19. Jahrhunderts nahm die Elektrifizierung Berlins rasant zu und erforderte mit dem technischen Fortschritt der Apparate auch die Modernisierung und Anpassung der Energieverteilung. Nach dem Ersten Weltkrieg stellte die Bewag das Leitungsnetz Berlins auf ein 100-kV-System um. Dieser durch Kraftwerke auch weit außerhalb Berlins bereitgestellte Starkstrom musste durch eine Vielzahl von Stützpunkten und Netzstationen, Umformern und Gleichrichtern, Abspannwerken und Transformatoren von den 100 Kilovolt über 30 Kilovolt bis hinab zur 6-kV-Leitung den jeweiligen Aufgaben angepasst werden. Die U-, S- und

Baustelle von Südosten
April und August 1928

Act. Ges. f. Bauausführungen
Berlin W. 57 Bülowstr. 90
Hochbau
Holzhallenbau
Tiefbau
Eisenbetonbau
EISENBAU
H. GOSSEN
Bln.-Reinickendorf
EISENGROSSHANDL.

Steffens & Nölle
Bauherr:
Berliner Städtische
Elektricitätswerke AG.

Straßenbahnen brauchten andere Stromflusstypen als die handwerklichen Produktionsstätten in den Hinterhöfen der Großstadt oder die vielen privaten Haushalte mit Küche, Bad und Staubsauger. Nicht zu vergessen die Straßenbeleuchtung und die Schaufenster, die ebenfalls „Niederspannungs-Verbraucher" waren.

Welche Form hat der Strom, welche die elektrische Energie? Hans Heinrich Müller verweigerte sich der in den 1920er Jahren vorherrschenden Suche (und Sucht) nach der historisch neuen architektonischen Ästhetik, wie sie pars pro toto von Walter Gropius und Le Corbusier betrieben wurden. Müller widerlegte die damals vorherrschende und heute noch häufig vertretene Theorie der Moderne, der zufolge nur Zwecke und Funktionen für gestalterische Entscheidungen bestimmend seien (*form follows function*). Müller generierte im Gegenteil das Formenrepertoir für die neueste Technik aus der Historie und mit Rücksicht auf die vorgefundene Umgebung. Alle seine großen Abspannwerke und Netzstationen behaupten die Eigenständigkeit der Architektur gegenüber den angeblichen Eigengesetzlichkeiten der Nutz- und Zweckbestimmungen.

So auch das Abspannwerk Leibniz. Die Wucht und Geschlossenheit des Bauwerks standen in keinem direkten Zusammenhang mit der inneren Organisation. Die äußere Stockwerkeinteilung überdeckte das labyrinthische, wenn auch technisch-systematische Gewirr der verspringenden Geschossebenen im Inneren, auf denen Ölschalterzellen, Trafokammern, Drosselspulen und Akkumulatoren durch Kabel und Kabelböden verknüpft wurden. Die geschossübergreifenden vier Fenster zur Leibnizstraße etwa signalisierten die Lage der Warte im Bau, aber um die Kontrollgeräte blendfrei zu halten, wurde sie mit Oberlicht ins Zentrum des Baus verlegt. Da die Schalter und Trafos weitestgehend vollautomatisch liefen, arbeiteten im riesigen Gebäude allerhöchstens eine Handvoll Ingenieure und ab

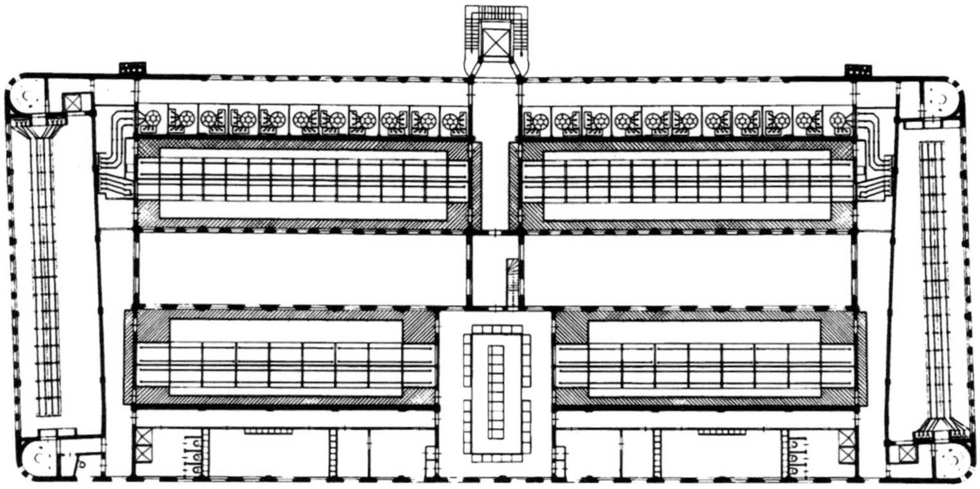

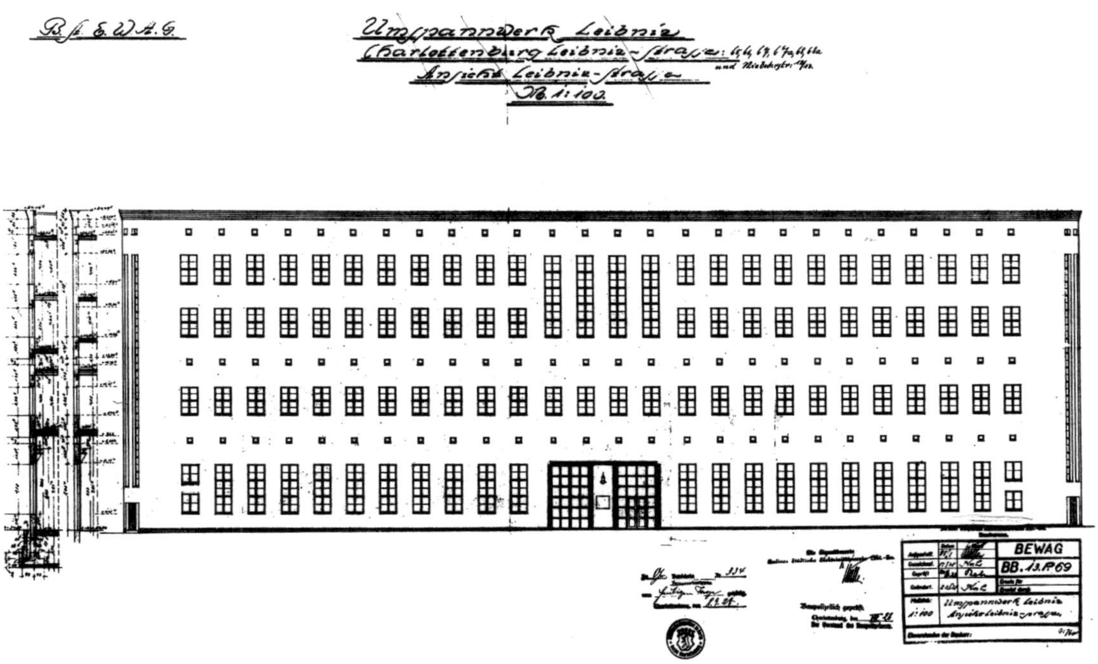

Grundriss 1928
Ansicht von Osten 1928
Querschnitt 1928
linke Seite
Ansicht von Südosten 1995

und zu Arbeiter zur Reparatur der Maschinen. Der hervorragende Erhaltungsstand der Gebäude nach ihrem Funktionszyklus lag auch an der Pflege, aber vor allem am fast verschleißfreien Wirken und Strömen der elektrischen Energie.
Müllers konsequente, sinnvolle Trennung von Zweck, Konstruktion und architektonischer Erscheinung ebnete den Weg für vielfältige Nachnutzungen. Die Dynamik der technischen Entwicklungen hat viele der Maschinen überflüssig gemacht, denen sich die Gebäude verdankten: das *fading* (Schwinden) der Geräte im Zeitalter der technologischen Revolutionen. Doch dank der Eigenständigkeit von architektonischer Form und technischer Nutzung konnten die Maschinen 1984 wie Möbelstücke aus den Gebäuden getragen werden. Zurück blieben klare Räume in der einfachen Konstruktion eines Stahlskeletts, das mit eigener Backsteinhaut überzogen war. Die Räume boten sich neuen Nutzungen an. Von Anfang an ist in diesem Konzept der Architektur das Weiterbauen, Umnutzen und Umformen vorgesehen, es ist und bleibt kein einmaliges Ereignis, sondern ein permanentes Erhalten und Fortbestehen.
Die vorhandene Architektur des Abspannwerks Leibniz erfüllte 1995 die Identifikationsansprüche des höchst modernen Kommunikations- und Grafikunternehmens MetaDesign für 300 Arbeitsplätze. Dessen Arbeitsstruktur erfordert Einzelarbeitsplätze, Teamräume, Besprechungseinheiten, Werkstätten und Präsentationsflächen. Sinnvoll ließen sie sich im Geflecht der Schaltebenen und Kabelgeschosse unterbringen, ohne gravierende Eingriffe in die Substanz der Architektur vornehmen zu müssen. Der ästhetische Charakter der portalgroßen Trafokammertore etwa konnte ebenso erhalten werden wie die Armaturen in der ursprünglichen Schaltwarte, die zum zentralen Besprechungsraum des Unternehmens mutierte. Denkmalschützende Belange ließen sich verträglich

mit den Anforderungen an die Nachnutzung durch ein Designunternehmen kombinieren.
Neben vielen raumfassenden Maßnahmen in den Kammern und auf den Ebenen mussten vor allem eine Treppe im vorhandenen, aber bislang leeren Treppenraum an der Leibnizstraße sowie krankentragetaugliche Aufzüge eingebaut werden. Sodann bedurfte es einer komplett zu integrierenden Haustechnikanlage und einer zum Erhalt der äußeren Fassade innen aufgebrachten Dämmung der Backsteinwände; das riesige Gebäude war zuvor nur durch die Abwärme der Trafos beheizt worden. Großflächige Aluminiumfenster wurden rauminnenseitig als Doppelfenster hinzugefügt. Zum Erhalt der ursprünglichen Trafokammern und ihrer riesigen Portale wurde der Innenhof überdacht, zum Bewahren des industriellen Charakters des Gebäudes wurden alle Heizleitungen auf Putz verlegt und Spiralrippen-Heizkörper installiert. Die nötigen EDV- und Elektrokabel werden in einem offenen Schienensystem unter der Decke geführt und unterstützen damit den Charakter. Alle übrigen Raumeinteilungen wurden erforderlichenfalls mit Glaswänden und Leichtkonstruktionen vorgenommen. Die gestalterische Disziplin und Beschränkung auf wenige Materialien bei den Umbauten und Anpassungen durch Kahlfeldt Architekten bewahrt den markanten Identifikationscharakter des industriegeschichtlichen Abspannwerks Leibniz als MetaHaus im stadträumlichen Gefüge Charlottenburgs.

Ansicht von Nordwesten um 1952
Warte 1946
Schaltzellengang 1984
linke Seite
Ansicht 1952

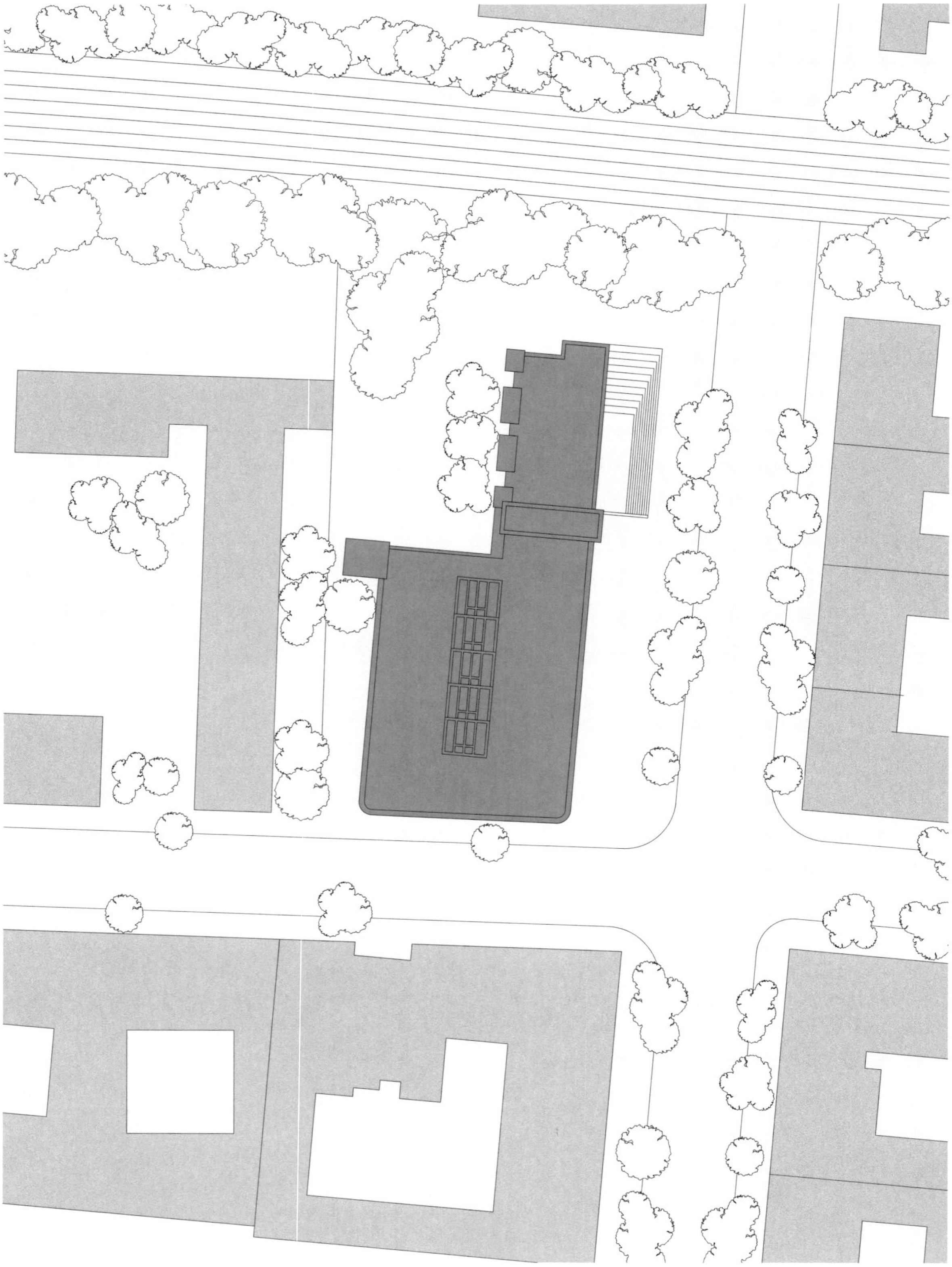

LAGEPLAN 2002

ANSICHT VON SÜDEN VON OSTEN 2002

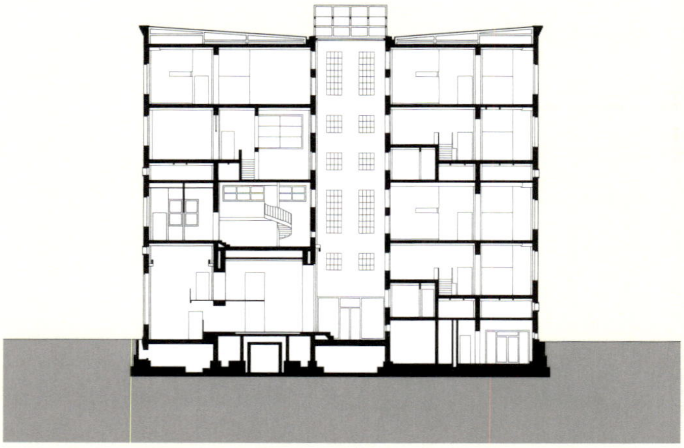

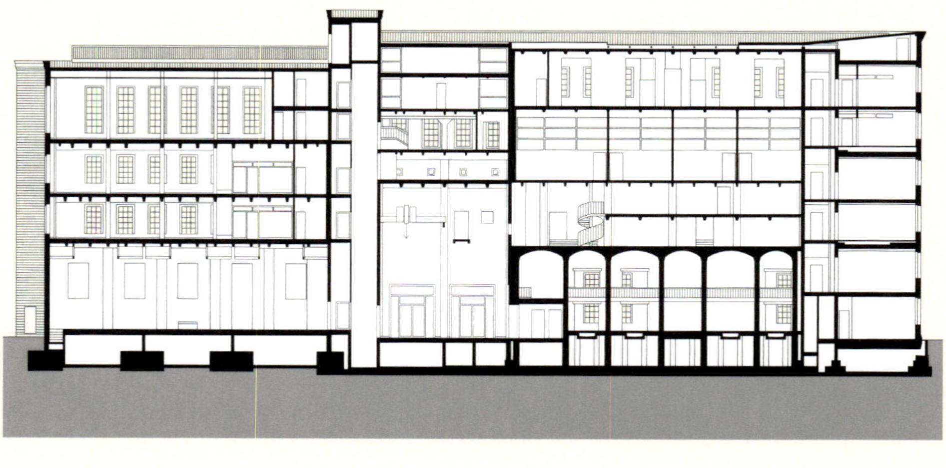

QUERSCHNITT LÄNGSSCHNITT 2002

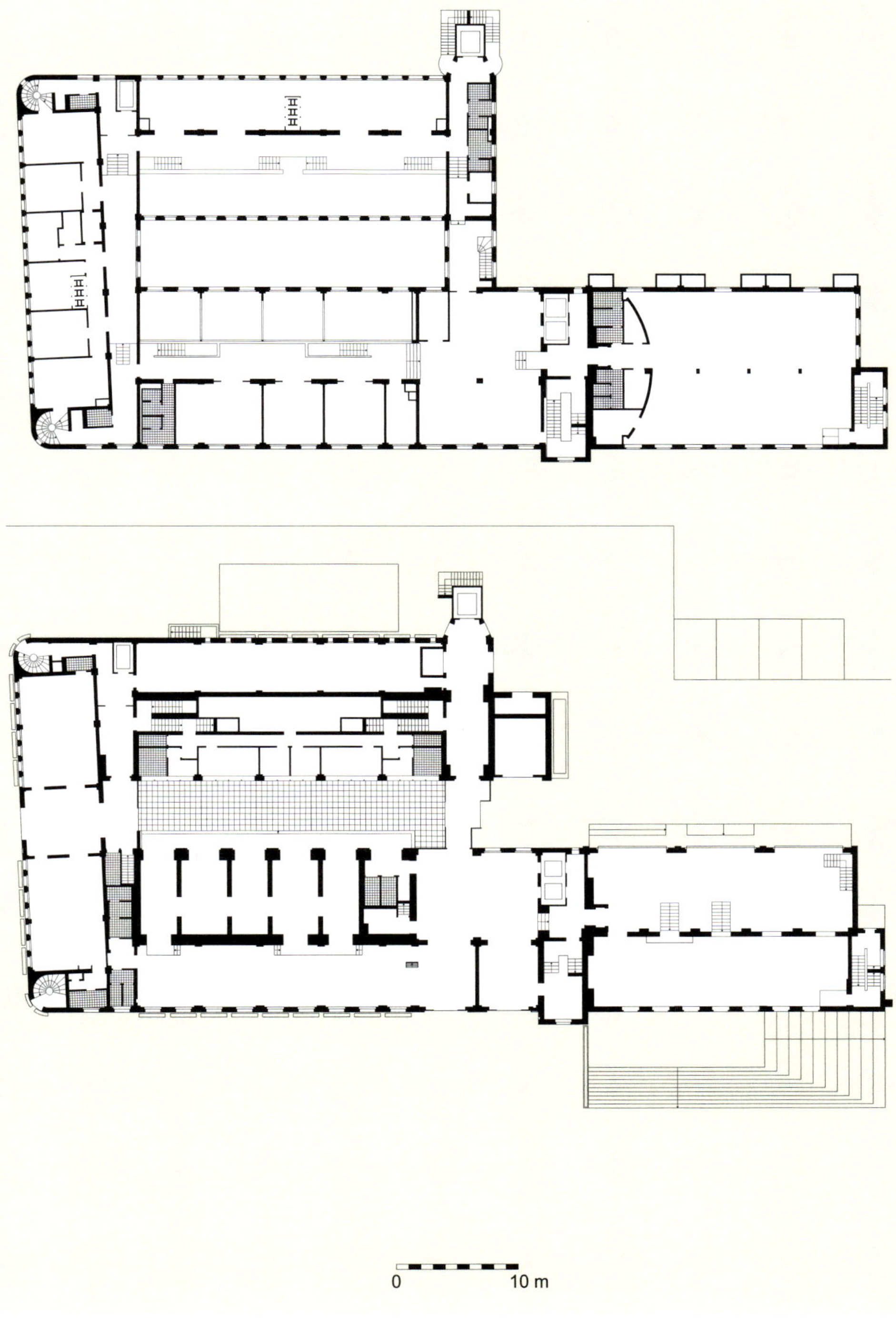

5. OBERGESCHOSS   ERDGESCHOSS   2002

ANSICHT VON OSTEN VON SÜDWESTEN 2002

ANSICHT VON OSTEN   LICHTHOF   TRAFOKAMMERN   2002

LICHTHOF 2002

INNENRAUM WARTE 2002

VATTENFALL KUNDENZENTRUM

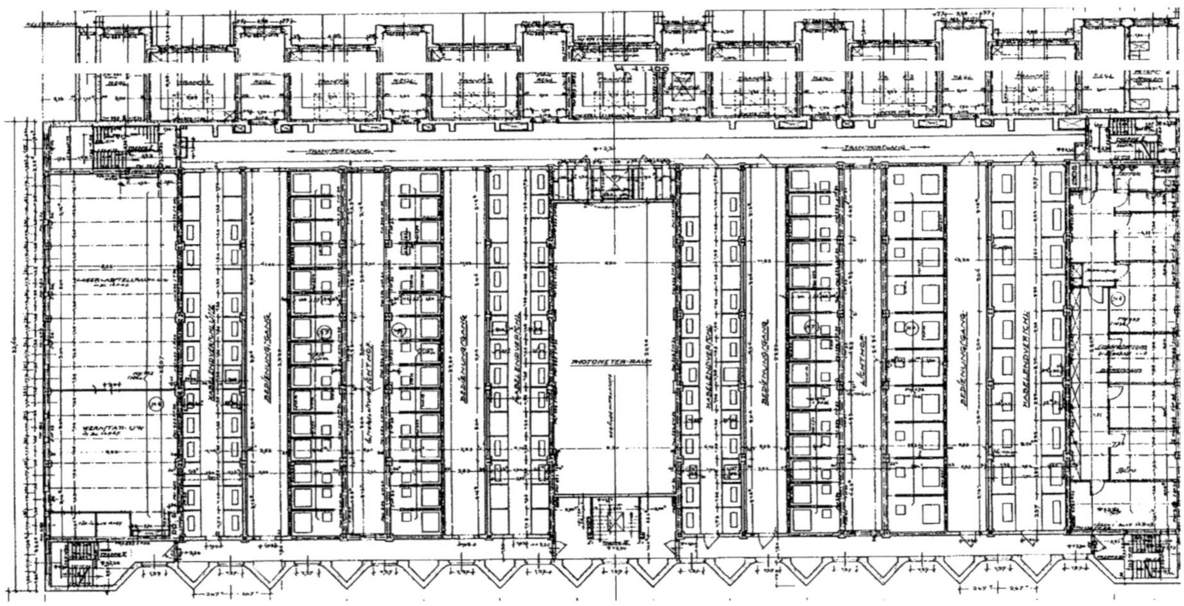

„Wie in so manchem Zweckbau unserer Epoche sparsamen und zweckentsprechenden Bauens verbindet sich auch in diesem Hochbau die hoch entwickelte Ingenieurwissenschaft mit der Form und Raum gestaltenden Kraft der Architektur. Die Gesamterscheinung des überragenden Hochbaus gibt der nächsten Umgebung, die der städtebaulichen Reize entbehrt, ein charakteristisches und lebendiges Gepräge."
So schwärmte die Fachzeitschrift *Stahlbau* 1930 über das kurz zuvor fertiggestellte Werk Scharnhorst am Nordhafen Berlins und legte damit zentrale Motive dieser Industriearchitektur offen. Hans Heinrich Müller musste mit seinem Entwurf für das große 30/6-kV-Abspannwerk seinerzeit nicht auf eine städtische Bebauung in der Umgegend reagieren, sondern umgekehrt mit dem Gebäude in braches, städtisch unerschlossenes Gebiet ein Zeichen setzten. Das Abspannwerk Scharnhorst bekam seinen Namen nach dem preußischen Reformer General Wilhelm von Scharnhorst, dessen von Karl Friedrich Schinkel entworfenes Grabmal auf dem nahe gelegenen Invalidenfriedhof liegt.
Wie die anderen großen Werke Hans Heinrich Müllers ist auch das Abspannwerk Scharnhorst ein Stahlskelettbau, der in diesem Fall mit einem gelblich gebrannten Klinker umhüllt wurde. Den ebenso monumentalen wie befremdlichen Charakter gewinnen dabei die beiden Hauptfronten nach Osten und Westen. Zum Nordhafen wirkt die Fassade durch mächtige, dreieckige, rhythmisch aufgereihte Mauerpfeiler wie gefaltet. Die zahlreichen Fenster sind weit in die Fassadenfläche zwischen den Pfeilern zurückgenommen, sodass eine vertikale Kolossalordnung entsteht, die an Palastfassaden erinnert. Die Fenster waren in dieser Anzahl und Größe nicht notwendig, da durch sie lediglich Versorgungsgänge für Schaltzellen belichtet wurden.
Tatsächlich hat sich Müller bei dem Bau von der persischen Moscheen-Architektur eines Masdjed Djuna in Bostan und insbesondere durch den Grabturm Gonbad-e Qabus in Golestan inspirieren lassen, die als frühe Backsteinarchitekturen ähnliche Faltungen aufweisen. Das mächtige Volumen wird dadurch in eine vertikale Struktur von Licht und Schatten zerlegt und erinnert in gewissem Sinn auch an die Monumentalität der Säulenfassade des Alten Museums von Karl Friedrich Schinkel auf der Museumsinsel.

Erdgeschoss 1927
rechte Seite
Längsschnitt 1927

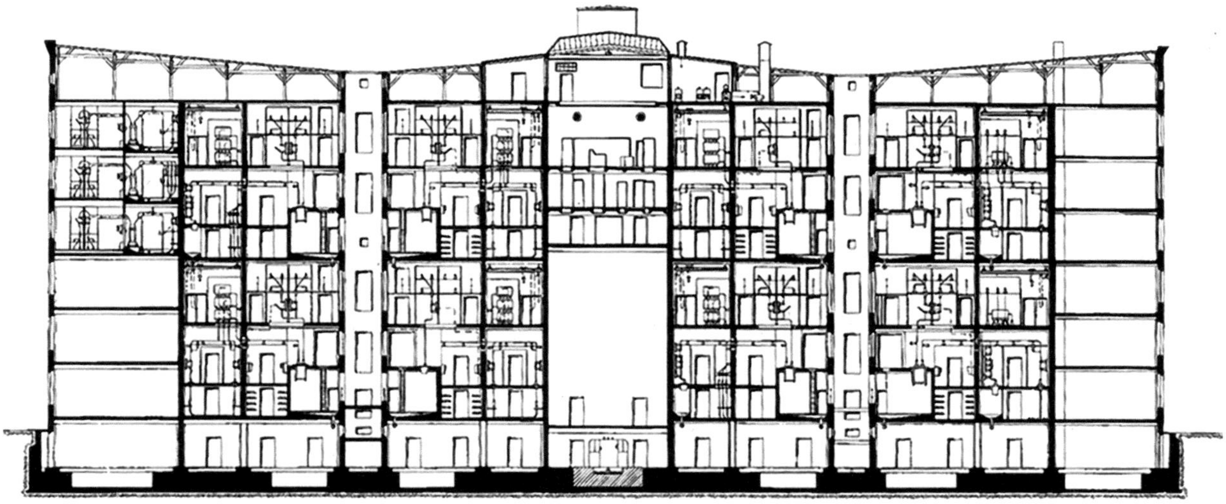

Einen gänzlich anderen Charakter hat dagegen die Ostfassade, bei der Müller die sieben Transformatorenkammern im Erdgeschoss vor den Baukörper gezogen hat und mit Dächern, Fenstern und Kaminen zu hausartigen Elementen gestaltete. Stark springen die Wandflächen vor und zurück und folgen wie die Abluftkamine vor allem der Proportionslogik der architektonischen Form, nicht der apparativen Notwendigkeit. Die kurzen Seitenfassaden sind stark durchfenstert, weil hier Abrechnungsbüros und Personalräume angeordnet waren. Durch einen kleinen Abstand zur Hauptgruppe der Fenster werden die Treppenhäuser in den Gebäudeecken verdeutlicht. Ein starkes, mehrfach gestuftes und zur Hohlkehle vermauertes Hauptgesims fasst das Gebäudevolumen am Dach zusammen. Verstärkt durch die Reihe kleiner quadratischer Fenster des Dachgeschosses steigert es die Wirkung der vertikalen Inszenierung des Baukörpers.

Das Abspannwerk wurde 1982 abgeschaltet und alle Ölschalter, Sammelschienen, Trafos und Kabeltrommeln wurden entsorgt. 2002 begannen die Planungen zur Umnutzung und zum Umbau des Abspannwerks. Der Energiekonzern Vattenfall als Nachfolgeunternehmen der Bewag wollte es als Kundenzentrum nutzen. Zu Funktionszeiten arbeiteten im Abspannwerk eine Handvoll Ingenieure, jetzt wurden auf den rund 20.000 Quadratmetern Geschossfläche etwa 650 Arbeitsplätze eingerichtet. Charakteristisch für Kahlfeldt Architekten ist, dass sie nicht gegen die ursprüngliche Struktur des Werks arbeiteten, sondern diese auch nach dem Umbau erlebbar erhielten. Erschließungsgänge entlang der Längsseiten des Gebäudes führten zu rechtwinklig dazu angeordneten Elektroanlagen. Diese Struktur blieb auch bei den sieben Geschossebenen erhalten, die in die Stahlskelettkonstruktion eingefügt wurden. Die einfach verglasten Fenster wurden durch eine innen aufgebrachte Vorsatzverglasung energetisch ertüchtigt, um das historische Bild der Außenfassade nicht zu stören. Die vormals engen Lichthöfe wurden in Anlehnung an die Berliner Tradition der Industriearchitektur mit einem hellen Klinker gestaltet, die vorgelagerten Trafokammern mit Glastoren zu Hauptzugängen transformiert. Deren einstige Entlüftungsebenen wurden neu verglast und zu Konferenzräumen umgestaltet.

Mittig auf dem Gebäude, aus der Nähe kaum wahrzunehmen, thronte einst die Lichtwarte, aus der zueiten manuell die Straßenbeleuchtung Berlins gesteuert wurde. Sie wurde saniert und renoviert. Heute bekrönt sie das Gebäude und bietet den Besuchern einen freien Rundblick über Berlin.

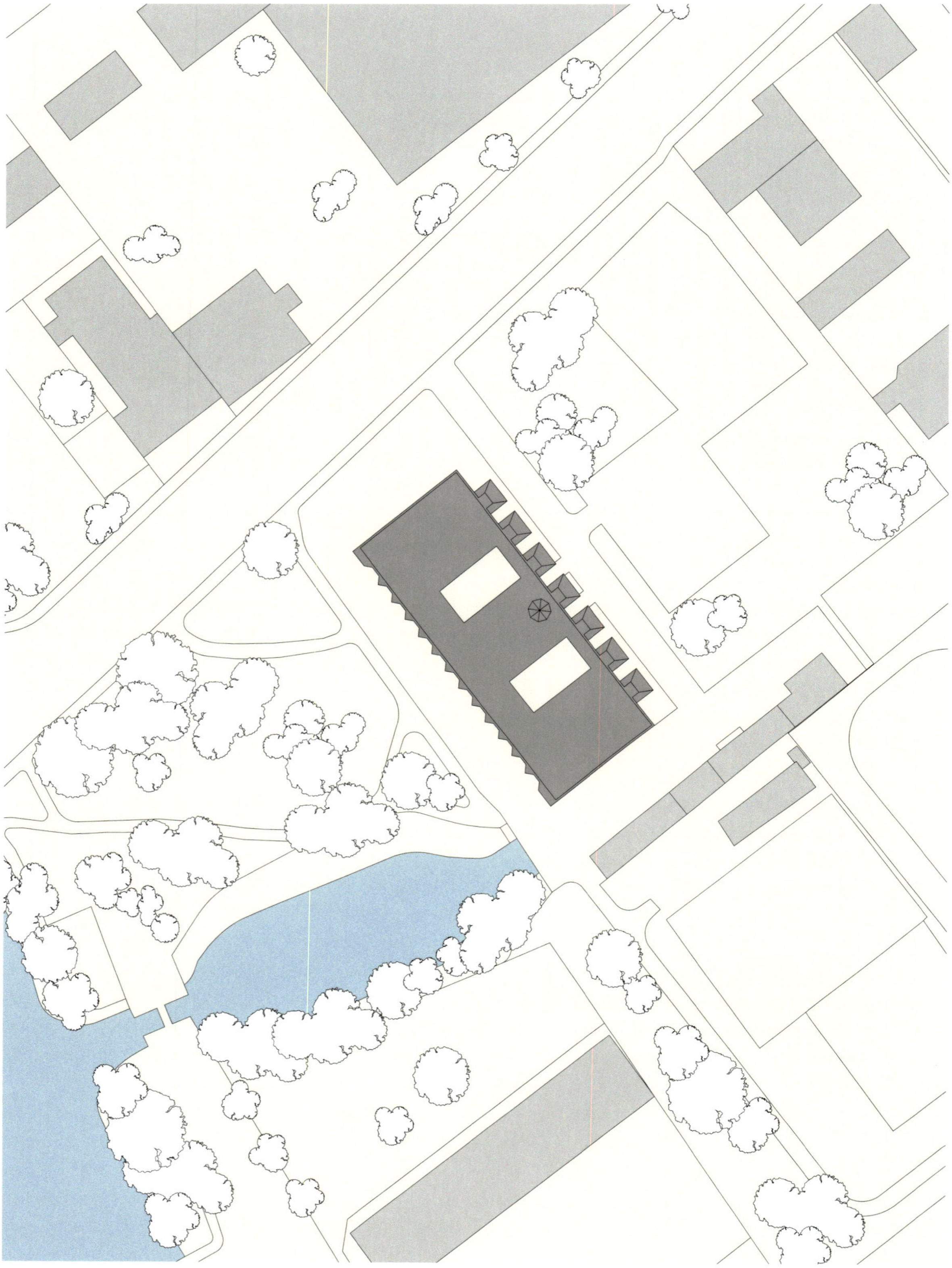

LAGEPLAN 2006

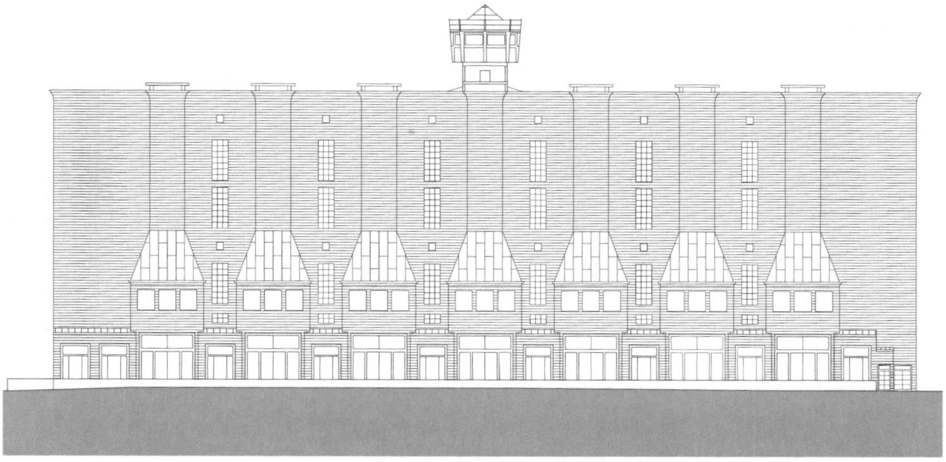

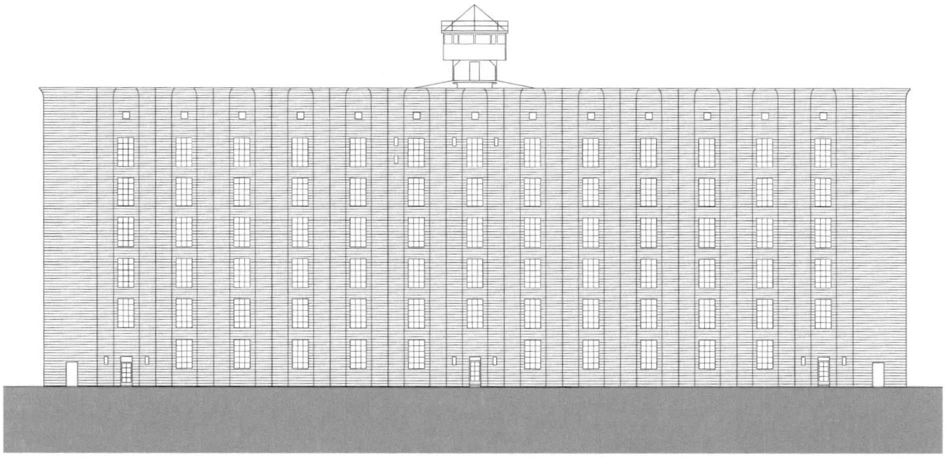

0 10 m

ANSICHT VON NORDOSTEN VON SÜDWESTEN 2006

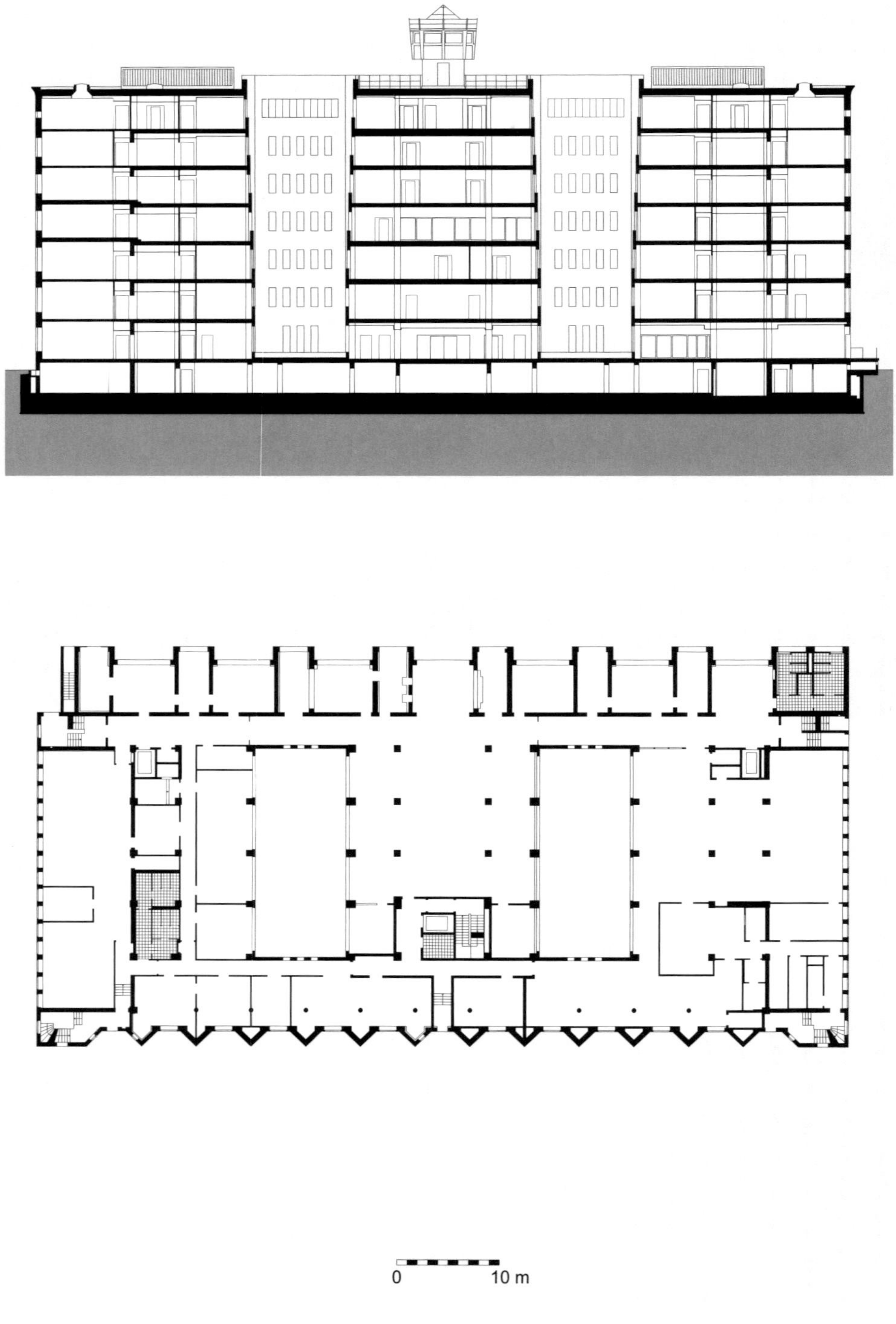

LÄNGSSCHNITT ERDGESCHOSS 2006

ANSICHT VON NORDEN 2006

ANSICHT VON SÜDWESTEN VON NORDWESTEN
LICHTWARTE UND INNENHOF 2006

INNENRAUM KUNDENZENTRUM KLINKE SCHARNHORST 2006

HAUS MAX-EYTH-STRASSE

Dank dichtem Baumbewuchs ist das Haus in der Max-Eyth-Straße, Ecke Dohnenstieg von den Straßenseiten her so gut wie nicht sichtbar. Es wurde 1937 gebaut und umstandslos darf man es zu den gehobenen Einfamilienhäusern mit großer architektonischer Qualität zählen. Der Architekt Fritz August Breuhaus de Groot platzierte es dicht an die Nordgrenze des Grundstücks, sodass sich der Garten nach Süden vor dem Haus ausbreiten kann. An der Schmalseite im Westen steht ein Vorbau, dessen eine Hälfte Garage, die andere ein überdachter Freisitz zum Garten ist. Der Schornstein mit Natursteinsockel liegt außen auf der Eingangsseite im Norden und wird von den Bewohnern des Hauses auf dem Weg zur Haustür passiert; Einstimmung auf das flackernde Feuer in der Wohnhalle dahinter. Das Haus ist zweigeschossig und öffnet sich naturgemäß nach Süden zum Garten, im Obergeschoss mit vier filigranen Fenstern mit Klappläden, die optisch eine Art Balken über den bodenständigen Fenstertüren des Erdgeschosses bilden. Das flach geneigte Walmdach ist mit roten Ziegeln gedeckt und rundet den Charakter neusachlicher Gediegenheit ab, den das Haus ausstrahlt. Es erinnert an die Sachlichkeit und Angemessenheit einer Architektur des 20. Jahrhunderts, die weder spektakulär und laut expressionistisch, noch dogmatisch ausgenüchtert und demonstrativ funktionell sein wollte, sondern ihre Aufgaben selbstverständlich und mit gelassener Souveränität erfüllte.

Der Architekt Breuhaus de Groot (1883–1960) war eine eigenwillige Figur mit bemerkenswerter Biografie. Breuhaus stammte aus Solingen und wuchs als Sohn eines Dentisten auf, eines Zahnheilkundlers ohne akademische Ausbildung. Im Berliner Westen der 30er Jahre war Breuhaus besonders für seine Einfamilienhäuser äußerst beliebt. Seine architektonische Handschrift versprach dem Bauherrn einen durch Klarheit in der äußeren Erscheinung fast schmucklosen Baukörper, meist zweigeschossig mit Walmdach, der in elegant qualitätvoller Gestaltung eine repräsentative Haltung einnahm, ohne luxuriös zu wirken. Mit sparsamen architektonischen Mitteln folgten seine großzügigen Grundrisse einer wiederkehrenden Komposition:

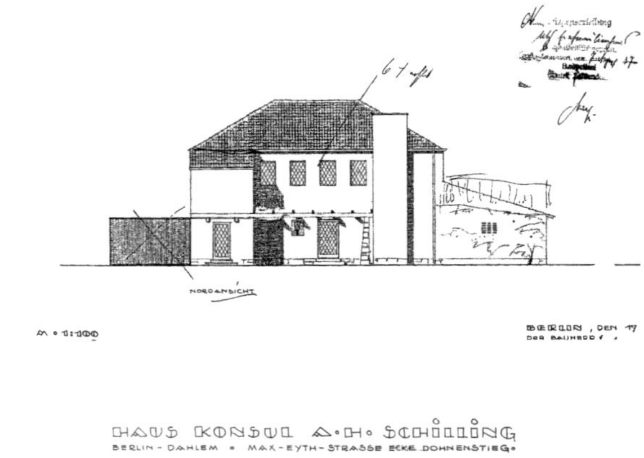

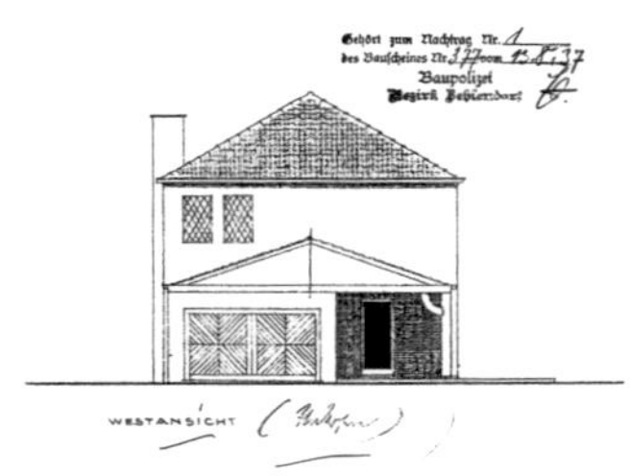

Ansicht von Norden 1937
Ansicht von Süden 1937
Ansicht von Westen 1937
rechte Seite
Obergeschoss 1937
Erdgeschoss 1937
Kellergeschoss 1937

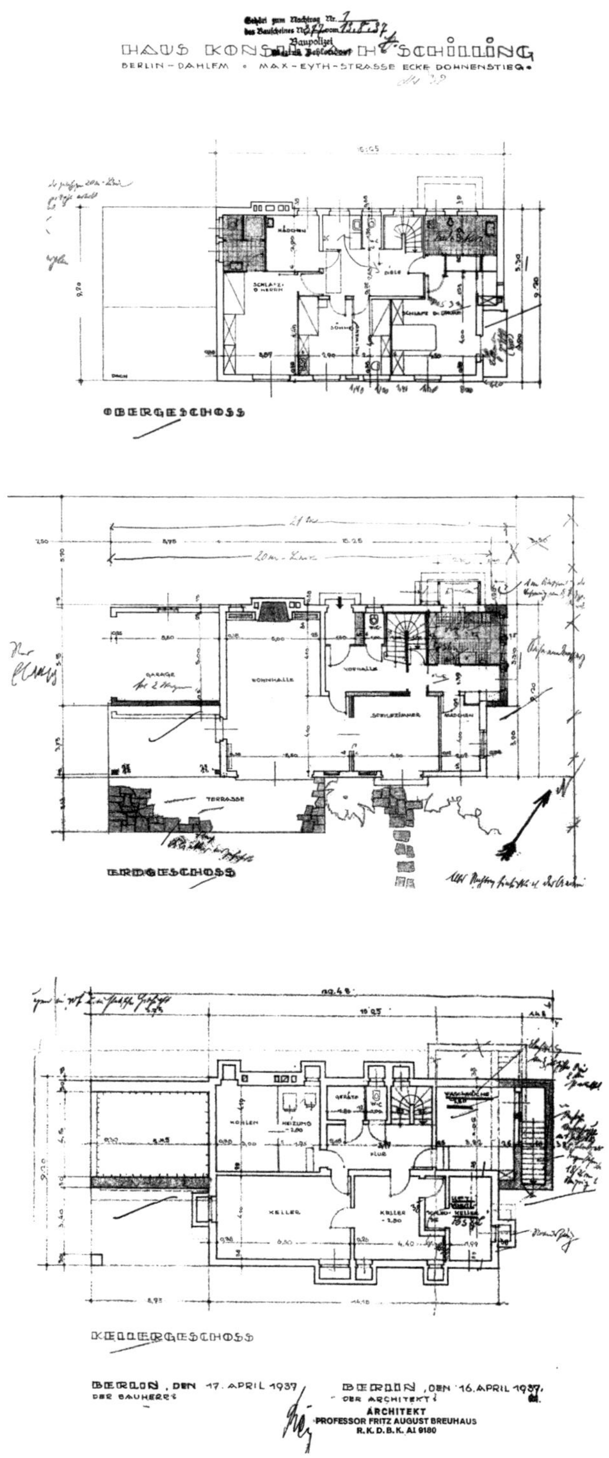

fließende Wohnräume mit zentraler Wohnhalle samt Kamin im Erdgeschoss und im Obergeschoss private Schlafräume, hochwertig mit Einbaumöbeln ausgestattet.

Breuhaus besuchte Schulen und Universitäten in Barmen-Elberfeld, Darmstadt, Stuttgart und Düsseldorf, ohne Diplom oder Studienabschluss. Stattdessen bewies er wache Karriereenergie, als er sich kurz nach der Jahrhundertwende als Schüler von Peter Behrens ausgab, was Recherchen nicht bestätigen konnten. Ähnlich verhält es sich mit seinem Namen, den er auf die holländische Malerfamilie Breuhaus de Groot zurückführte. Das dürfte allenfalls eine homöopathisch verdünnte Verwandtschaft gewesen sein, die sich sonst nicht belegen ließ. Daher darf man ihn als Künstlernamen werten, den er ab 1928 führte.

Insgesamt ergibt sich das sympathische Bild eines Schlemihls und Hansdampfs, der mit Energie und Chuzpe zielstrebig auf seinen Erfolg hingearbeitet hat. Der ist von der „Gartenstadt Meererbusch" bei Düsseldorf (1907) über die Firma „Mikado-Werkstätten" für Tapeten, Leuchten, Bestecke und anderen luxuriösen Hausrat bis zum Innenausbau des Ozeandampfers Bremen (1. Klasse), des Luftschiffs LZ 129 Hindenburg und des Segelschulschiffs Gorch Fock (Vorgänger des heutigen Skandalschiffs) und anderer, etwa zweier Panzerschiffe, unbezweifelbar.

Kahlfeldt Architekten konnten 2017 diese charakteristische, elegant vorgetragene architektonische Qualität der 30er Jahre aufgreifen und, da wo notwendig, transformierend weiterbauen. Die größte Maßnahme war die erforderliche Erneuerung des Dachstuhls. Er wurde demontiert und nach dem Vorbild anderer Einfamilienhäuser des Architekten mit zwei neuen Schleppgauben in gleicher Form wieder aufgesetzt, sodass im Dach weiterer Wohnraum entstehen konnte. Im Erdgeschoss wurde das Mädchenzimmer zugunsten eines größeren Esszimmers in den offenen Raumplan der Wohnhalle integriert. Küche und Bäder wurden insgesamt im Duktus einer neusachlichen Moderne gleichschwingend in der Gesamtkomposition erneuert.

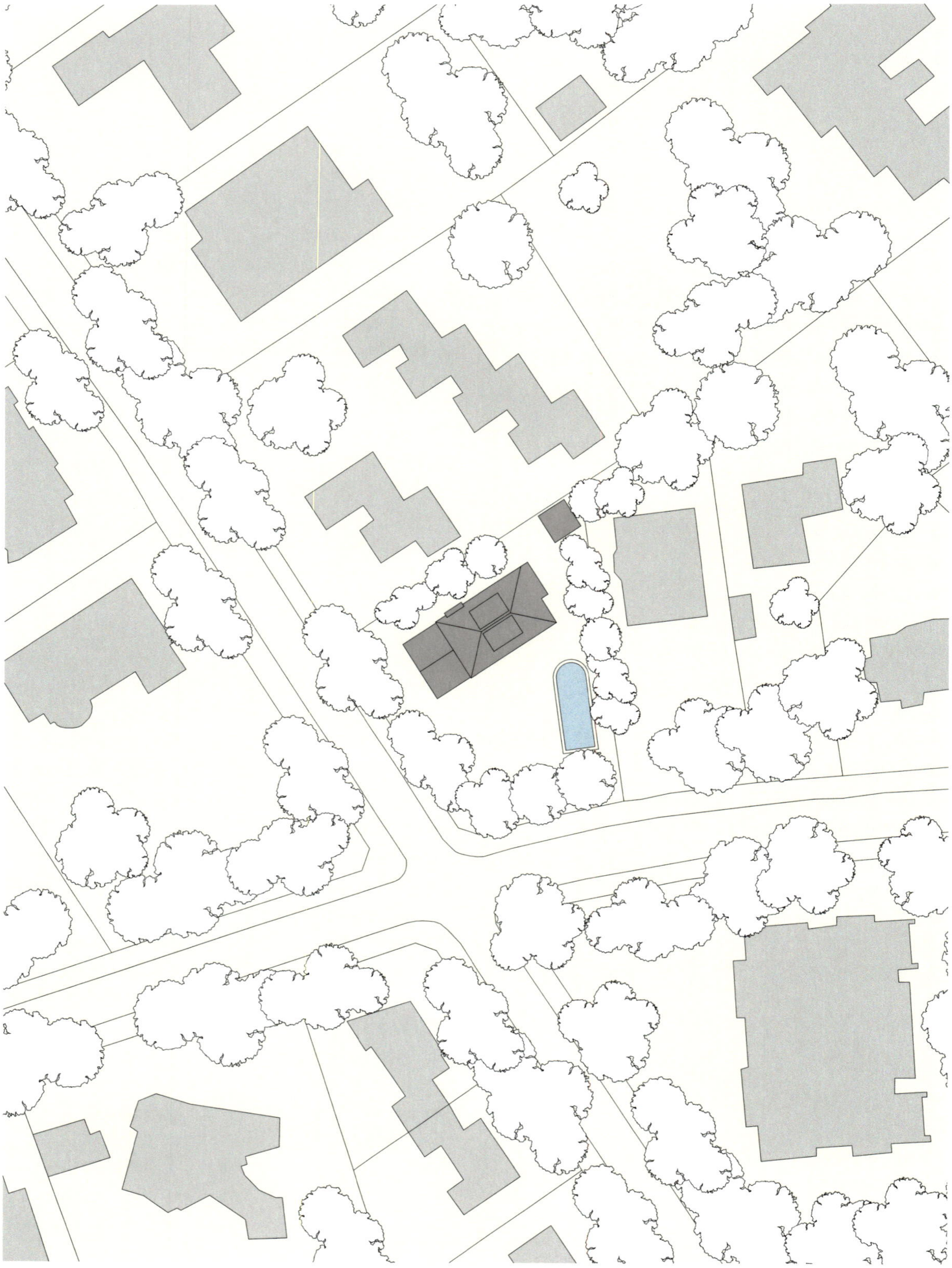

LAGEPLAN 2017

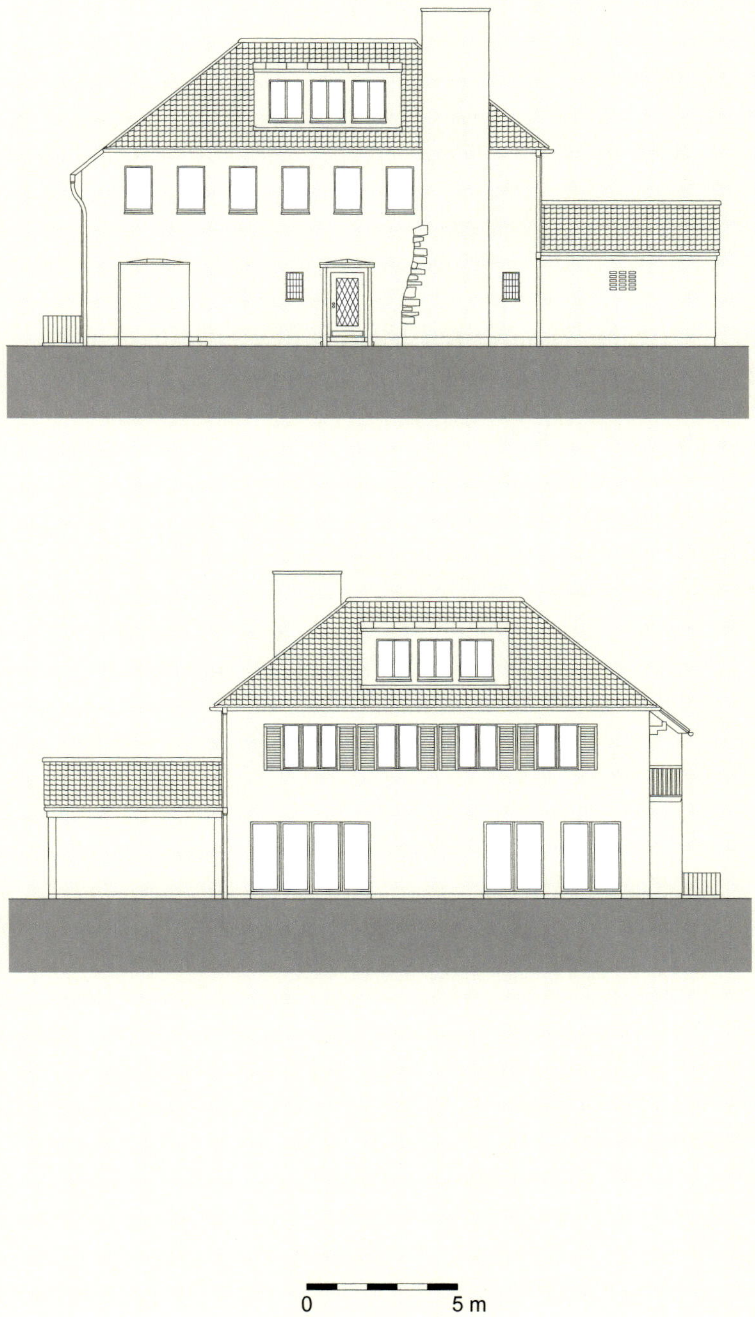

ANSICHT VON NORDEN VON SÜDEN 2017

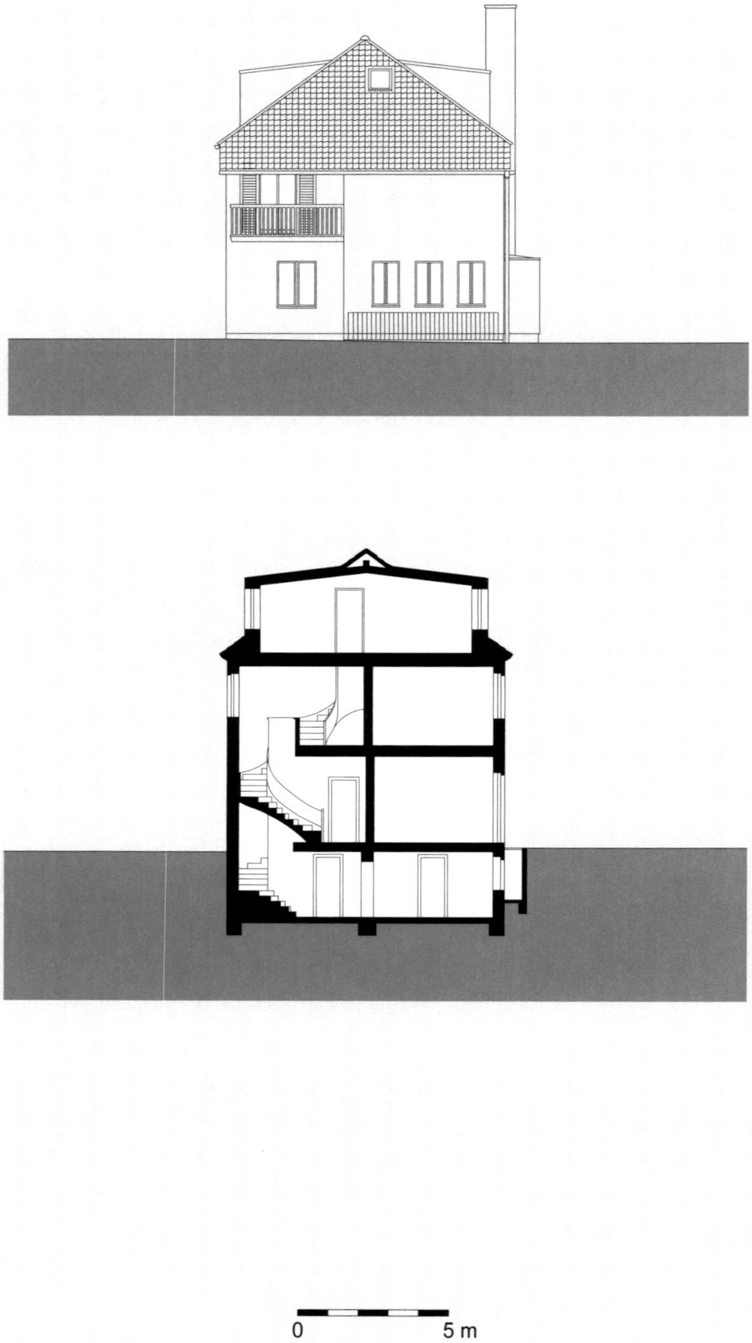

ANSICHT VON OSTEN QUERSCHNITT 2017

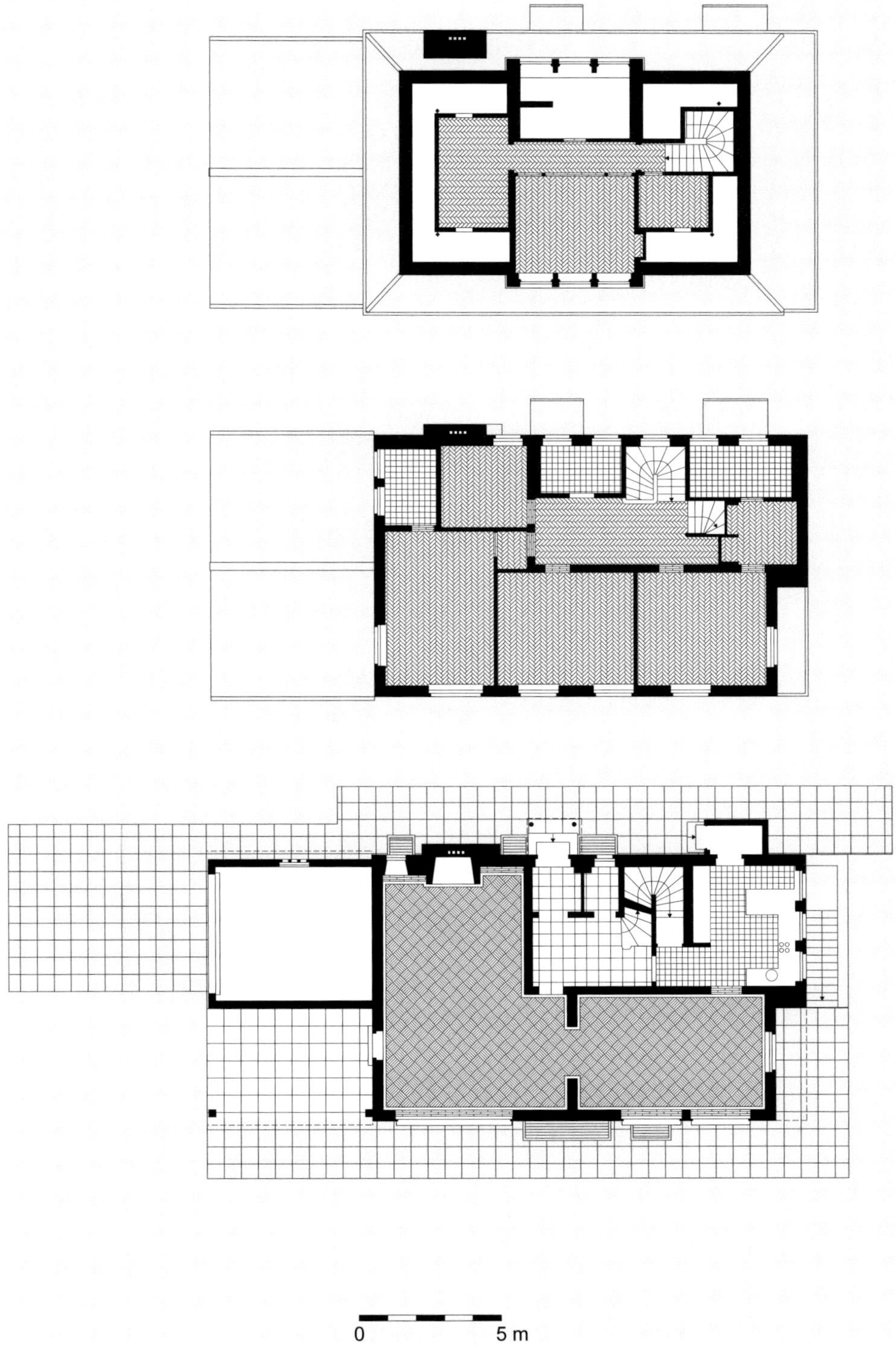

DACHGESCHOSS OBERGESCHOSS ERDGESCHOSS 2017

ANSICHT VON SÜDEN WOHNZIMMER ERDGESCHOSS 2017

EINGANGSDIELE WOHNZIMMER ERDGESCHOSS
BADEZIMMER OBERGESCHOSS KÜCHE ERDGESCHOSS 2017

KUNSTHAUS DAHLEM

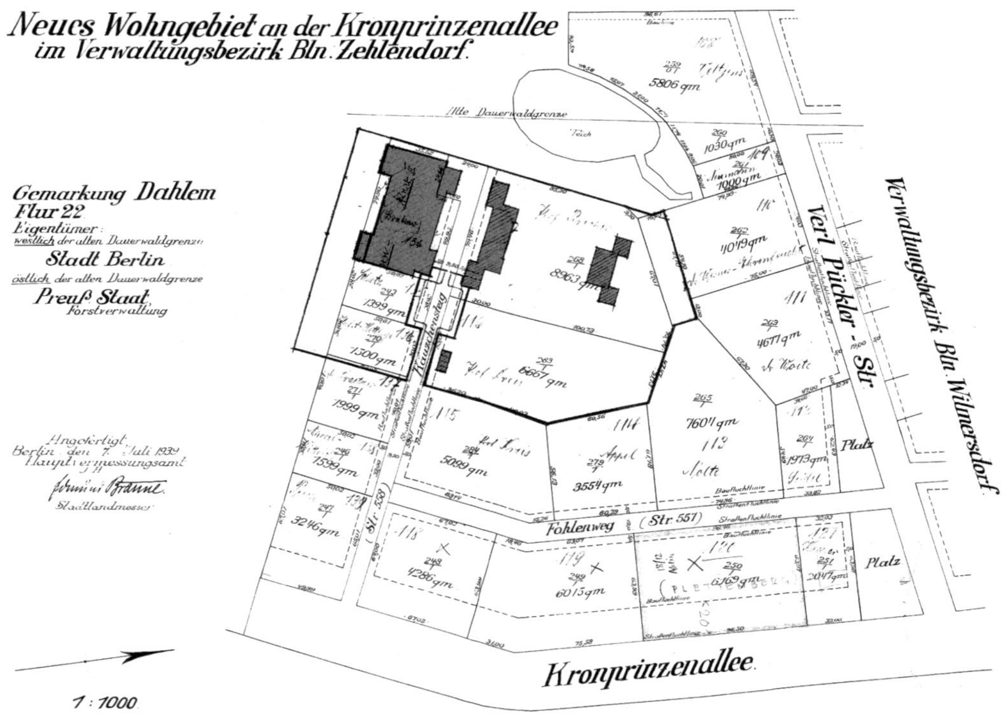

Im noblen Berliner Stadtteil Dahlem steht am Ende einer Stichstraße ein Gebäude, das unzweifelhaft im Dritten Reich entstanden ist. Es ist das Staatsatelier, das vom Architekten Hans Freese zwischen 1938 und 1942 auf Anordnung Albert Speers, des Generalbauinspektors von Berlin, für den Bildhauer Arno Breker errichtet wurde.

Klar und kantig sind eine große Haupthalle sowie zwei kleinere Flügelbauten zueinander gestellt. Gemütlich wirkt gar nichts, vielmehr tritt das Gebäude Achtung gebietend auf. Doch schon der zweite Blick zeigt, dass hier nicht mit Prunk gearbeitet wurde; die Überwältigungsästhetik der Nazizeit hält sich im Hintergrund, vielmehr prägt die sachliche Nüchternheit guter Proportionen die architektonische Szene.

Der gelbweiße Rüdersdorfer Backstein des unverputzten Sichtmauerwerks erinnert an Werkhallen der Industrie. Ein Traufgesims mit Attika verdeckt das flache Walmdach. Zwei lang gestreckte Natursteinbänder neben dem riesigen Portal sind nur gestockt, nicht zum Relief behauen. Ob das aus ästhetischer Absicht geschah oder weil der Bau nicht fertig wurde, ist unklar. Sie unterteilen die großen Flächen der Fassade und machen sie zu einer fast abstrakten Komposition. Erst mit den weit vorspringenden seitlichen Anbauten treten Fenster ins Bild. Sie haben ein länglich elegantes Format und sind von Natursteinrahmen eingefasst, wie auch Portal, Sockel und Traufe. Spröde Sachlichkeit formiert sich hier mit Repräsentativität zur eigentümlichen Mischung von Werkstatt und Ehrenhof.

Im Unterschied zum sachlichen Äußeren strahlten die Räume früher im Inneren mit lasierten Wänden, marmornen Fensterbänken und Steinholzboden einen splendiden Charakter aus. Die Südfassade war fensterlos, um das Schlaglicht der Sonne abzuhalten. Großzügig hingegen waren die Sprossenfenster zum Garten im Norden über die gesamte Breite und Höhe des Ateliers verteilt. Neun Meter misst die lichte Höhe der Haupthalle und der angrenzenden Seitenateliers. Westlich lag das Stein-

Übersichtsplan 1939 Montage Kahlfeldt Architekten
rechte Seite
Ansicht von Nordosten 1940
Ansicht von Südwesten 1940

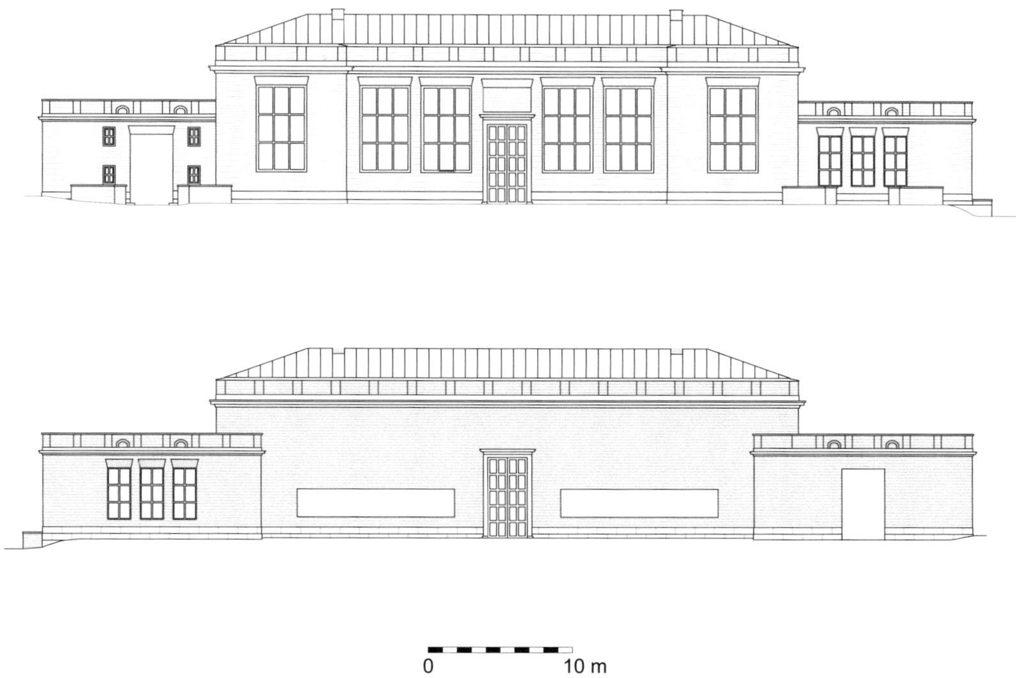

atelier und östlich Brekers Privatatelier. Im westlichen Seitenflügel schloss sich zur Straße die Gipsgießerei mit Leimküche an (die heute als Eingang und Kasse genutzt wird). Im Osten wurde die Hausmeisterwohnung von einer Durchfahrt abgetrennt. Haupt-, Stein- und Privatatelier waren durch Portaltüren zur repräsentativen Raumfolge verbunden und alle drei Ateliers mit Staubdecken versehen. Die zwischen zwei Glasdecken angebrachte Beleuchtung erlaubte das Arbeiten auch bei Nacht und lieferte bei Ausstellungen und Empfängen eine angemessene Ausleuchtung. Zur Ausstattung gehörten Kräne im Haupt- und Steinatelier sowie eine Drehscheibe in Letzterem.

Der Bildhauer Arno Breker hatte sich bei den olympischen Sommerspielen 1936 durch Monumentalplastiken im Olympiastadion neben Josef Thorak zum Lieblingsbildhauer Hitlers entwickelt. Geboren wurde Arno Breker 1900 in der Nähe von Düsseldorf als Sohn eines Steinmetzen. Er studierte an der dortigen Kunstakademie und zeigte rasch sein großes Talent. In den späten 1920er Jahren übersiedelte er nach Paris, wo er unter anderem über Auguste Rodin forschte und im Kontakt zu Aristide Maillol, Pablo Picasso und Constantin Brancusi stand. Der jüdische Kunsthändler Alfred Flechtheim nahm ihn unter Vertrag und förderte seine Karriere nach Kräften. Er vermittelte ihn auch an den Berliner Maler Max Liebermann, dem Breker noch 1935 die Totenmaske abnahm. Gegen Ende der 1920er Jahre wandte sich Arno Breker von der bis dahin gepflegten figürlichen Arbeit in der Tradition Maillols oder Rodins ab und einem radikalen Naturalismus durchgestylter Muskelpakete zu, der den Weg zu den Machtallegorien und heroischen Monumentalrecken der 1930er Jahre ebnete.

1932 erhielt Breker den großen Kunstpreis der Berliner Akademie der Künste, mit dem ein Aufenthalt in der Villa Massimo in Rom verbunden war. Dort besuchte ihn 1933 der frisch installierte Propagandaminister Joseph Goebbels. Daraufhin brach Breker den Aufenthalt ab und zog nach Berlin. Durch Goebbels protegiert, durchlief er eine rasante Karriere bis in den innersten Kreis Hitlers. Gegen Ende des Zweiten Weltkriegs gehörte er

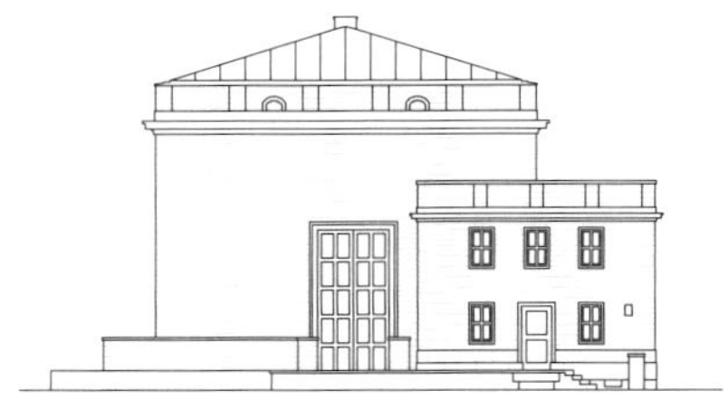

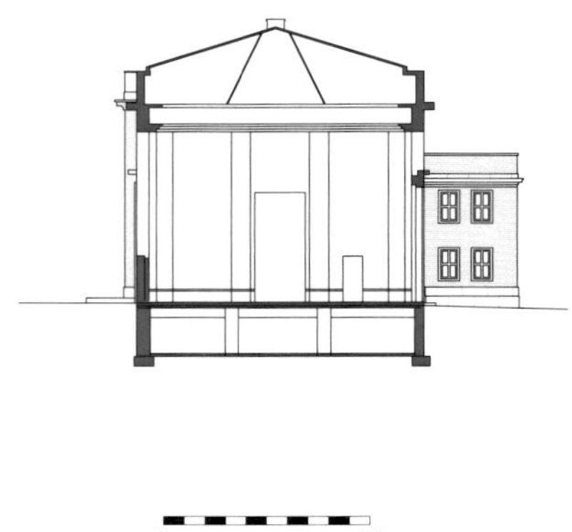

1944 zur kleinen Elite der „Unersetzlichen“ unter den „Gottbegnadeten“, die Hitler persönlich auf eine Liste gesetzt hatte. Dennoch wurde Breker nach dem Krieg nur als „Mitläufer“ eingestuft und von Schuld freigesprochen.

Er konnte im Nachkriegsdeutschland seine Karriere in der Bonner Republik um Düsseldorf, Köln, Essen und Duisburg erfolgreich fortsetzen. Weniger heraldisch, aber nach wie vor ausdrucksstark porträtierte er unter anderem Ludwig Erhardt, Salvador Dali und den Bankier Hermann Josef Abs. Breker verkörperte paradigmatisch die Ambiguität des Künstlers zwischen Kunst und Macht und dürfte vor allem von der Unbedingtheit des Willens zur Karriere getrieben worden sein.

Das große Atelierhaus im Käuzchensteig ist nur ein Fragment. Albert Speer plante an diesem Ort eine ganze Künstlerkolonie mit etwa 20 Ateliers. Vorgesehen waren sie für Künstler, Bildhauer und Architekten, die an der Umgestaltung Berlins („Germania“-Planung) beteiligt werden sollten. Realisiert wurde nur das Atelier Brekers. Aber auch dieses wurde 1943 nur zum Teil fertig. Zum einen plante der Architekt Hans Freese 1940 auf Wunsch Brekers und Geheiß Speers noch einen weiteren Atelierbau, der spiegelbildlich südlich des Käuzchensteigs entstehen sollte. Dann wäre ein gewaltiger Ehrenhof zwischen den Ateliers statt eines Wendehammers entstanden. Kriegsbedingt wurde der zweite Atelierbau gar nicht erst begonnen. Hingegen sollte neben dem Atelier auch noch eine Villa für Breker entstehen, deren Keller 1940 angefangen wurde. Nach dem Krieg errichtete der Berliner Architekt Werner Düttmann auf den Resten das Brücke-Museum (1967) als nachkriegsmoderner Flachbau in der Form eines bungalowähnlichen Hofhauses.

Der Architekt Hans Freese (1889–1953) aus Oldenburg hatte ab 1929 an der Technischen Hochschule Dresden Hochbau-Entwurf unterrichtet und in Düsseldorf das Rheinstadion (1925), in Heidelberg das (heutige) Max-Planck-Institut für Medizinforschung (1928) gebaut. Als Vertragsarchitekt Speers erhielt er 1941 eine Professur an der Technischen Hochschule Berlin. Nach dem Krieg war sein bedeutendster Auftrag der Entwurf des Auswärtigen Amts in Bonn (1953).

Das Atelier in Dahlem nutzte Breker wegen der nach 1943 stärker werdenden alliierten Bombenangriffe kaum. Überliefert sind Filmaufnahmen für die Wochenschau 1943 und repräsentative Anlässe wie den Besuch französischer Künstler 1941. Wegen der immer wieder durch Detonationen zerstörten Staubdecken hatte Breker sich auf sein Rittergut Jäckelsbruch zurückgezogen. Das im Krieg nur wenig zerstörte Gebäude wurde schon ab 1949 vom Bildhauer Bernhard Heiliger als Wohnung und Arbeitsort genutzt. Heiliger war ein herausragender Schüler Brekers und in das (östliche) Privatatelier Brekers eingezogen. Heiligers Werke stehen heute in großer Zahl in Berlin: In der Philharmonie, an der Deutschen Oper, am Ernst-Reuter-Platz, auf dem Ku'damm und anderswo repräsentieren sie das Kunstverständnis der Nachkriegszeit.

Lange Jahre war das Gebäude im Käuzchensteig von Wein und Efeu überrankt und der Öffentlich-

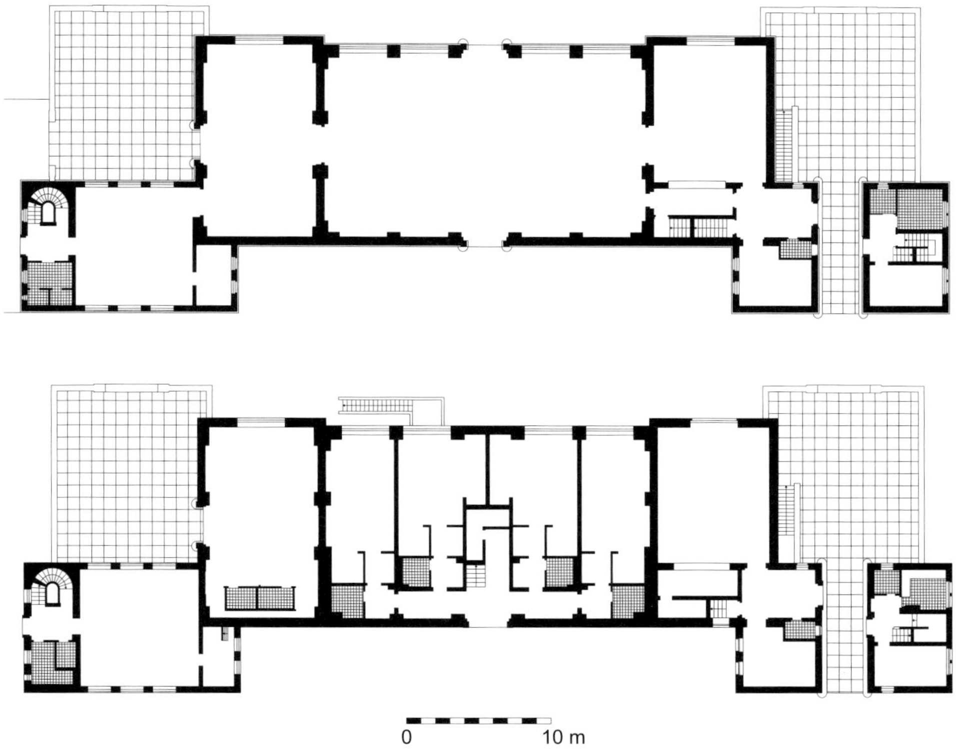

Erdgeschoss 1942, Atelier Arno Breker
Erdgeschoss 1986, Einzelateliers
linke Seite
Ansicht von Nordwesten 1940
Querschnitt 1940

keit weitgehend entzogen, weil es durch Ateliers des DAAD für Kunststipendien in Berlin genutzt wurde. In den 1960er Jahren etwa bezog der italienische Bildhauer Emilio Vedova – jedoch als Stipendiat der Ford Foundation – das Hauptatelier. Im Anschluss daran wurde es 1970 unterteilt. Durch eine installierte Zwischendecke konnten acht Künstlerapartments auf zwei Etagen untergebracht werden. Die Portaltüren nach außen und zwischen den Ateliers wurden verbaut. Während dreier Dekaden hielten sich hier Künstler wie Armando, Ouhi Cha, Jimmie Durham, Dorothy Iannone, Jean Ipoustéguy und Emmet Williams auf. Der Begründer der avantgardistischen Fluxus-Bewegung, Wolf Vostell, nutzte jahrzehntelang das (westliche) ehemalige Steinatelier und schuf hier unter anderem die Skulptur der Beton-Cadillacs, die auf dem Rathenauplatz aufgestellt wurden (1987). 2014 wurde ein neues Nutzungskonzept beschlossen. Um dem allgemeinen Publikum wieder Zugang zu verschaffen, sollte das Atelier als Museum für „Bildhauerkunst der Nachkriegsmoderne“ genutzt werden. 2015 übernahmen Kahlfeldt Architekten die Aufgabe, das Gebäude und seine Außenräume wieder für eine öffentliche Nutzung zu gestalten. In einem ersten Schritt wurde es von allen Einbauten und nachträglichen Überformungen befreit und faktisch auf seine historische Schicht zurückgebaut. Die riesigen Sprossenfenster zum Garten wurden durch Stahlfenster mit Isolierverglasung ersetzt, die Tore geöffnet, auch die Staubdecken mit Beleuchtung wieder eingefügt und die Fußböden nach denkmalpflegerischen Kriterien rekonstruiert. Schnell zeigte sich die formidable Substanz der bestehenden Architektur und ihr Vermögen, für die Kunstpräsentation einen beeindruckenden Raum zu schaffen.

Die einzige Neuerung gegenüber Hans Freeses Fassung von 1943 ist eine Galerie an der Südseite

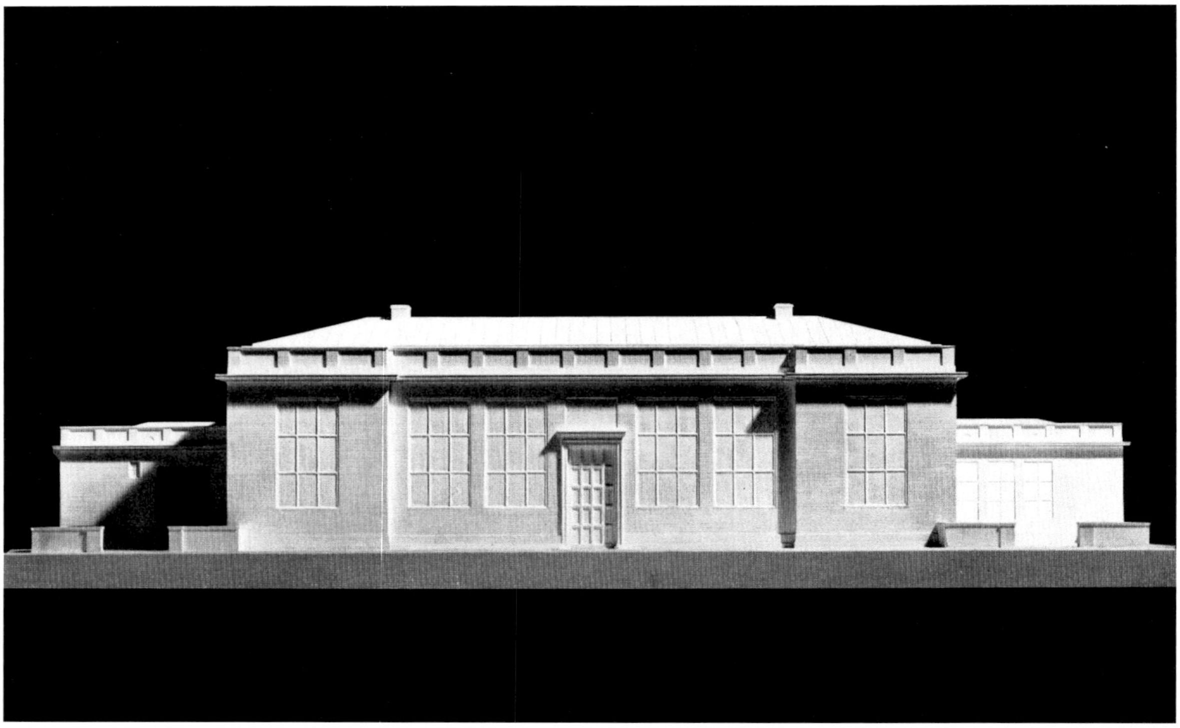

der großen Halle. Sie folgt dem Wunsch nach mehr Ausstellungs-, vor allem nach mehr Hängefläche für Skizzen, Zeichnungen und Bilder zu den Skulpturen. Die Galerie ist durchgängig aus Stahl und holt sich gestalterisch ihr Vorbild im Industriebau. Damit greifen Kahlfeldt Architekten das architektonische Motiv des Hauptateliers – die Werkhalle – auf und führen es in eigenständiger Gestaltung weiter. Hervorzuheben sind hier sowohl der geschwungene Treppenantritt der Galerie in der Halle wie die Fügepunkte der Sockel unter den Stützen sowie die dem Kräfteverlauf folgenden, sich verjüngenden Konsolen. Hier arbeitet eine architektonische Logik der Formen, die sich gegenüber den schnellläufigen gesellschaftlichen Nutzungsänderungen von Gebäuden beharrlich und leise widerständig behauptet. Nach einigen Widerständen konnte zwischenzeitlich im großen Skulpturengarten auch die Verbindung zwischen Brücke-Museum und Kunsthaus Dahlem wieder geöffnet werden.

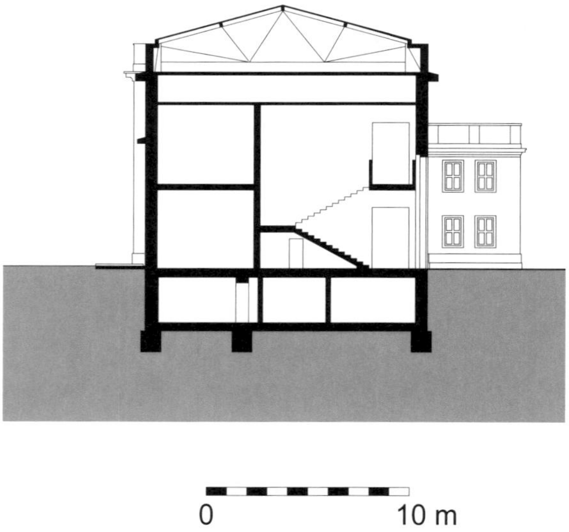

Modell 1940
Querschnitt 1986, Einzelateliers
rechte Seite
Ehemaliges Hauptatelier Brekers
nach Demontage der Einzelateliers 2014
Atelier Bernhard Heiliger 2014

LAGEPLAN 2015

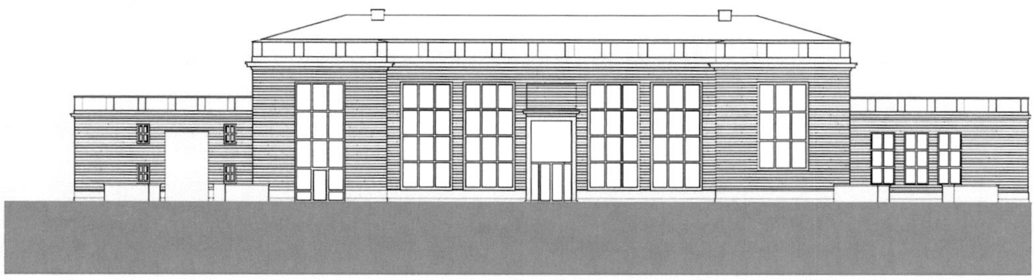

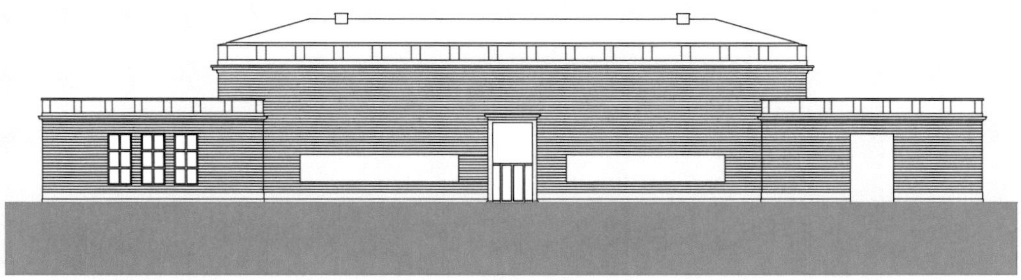

0 10 m

ANSICHT VON NORDOSTEN VON SÜDWESTEN 2015

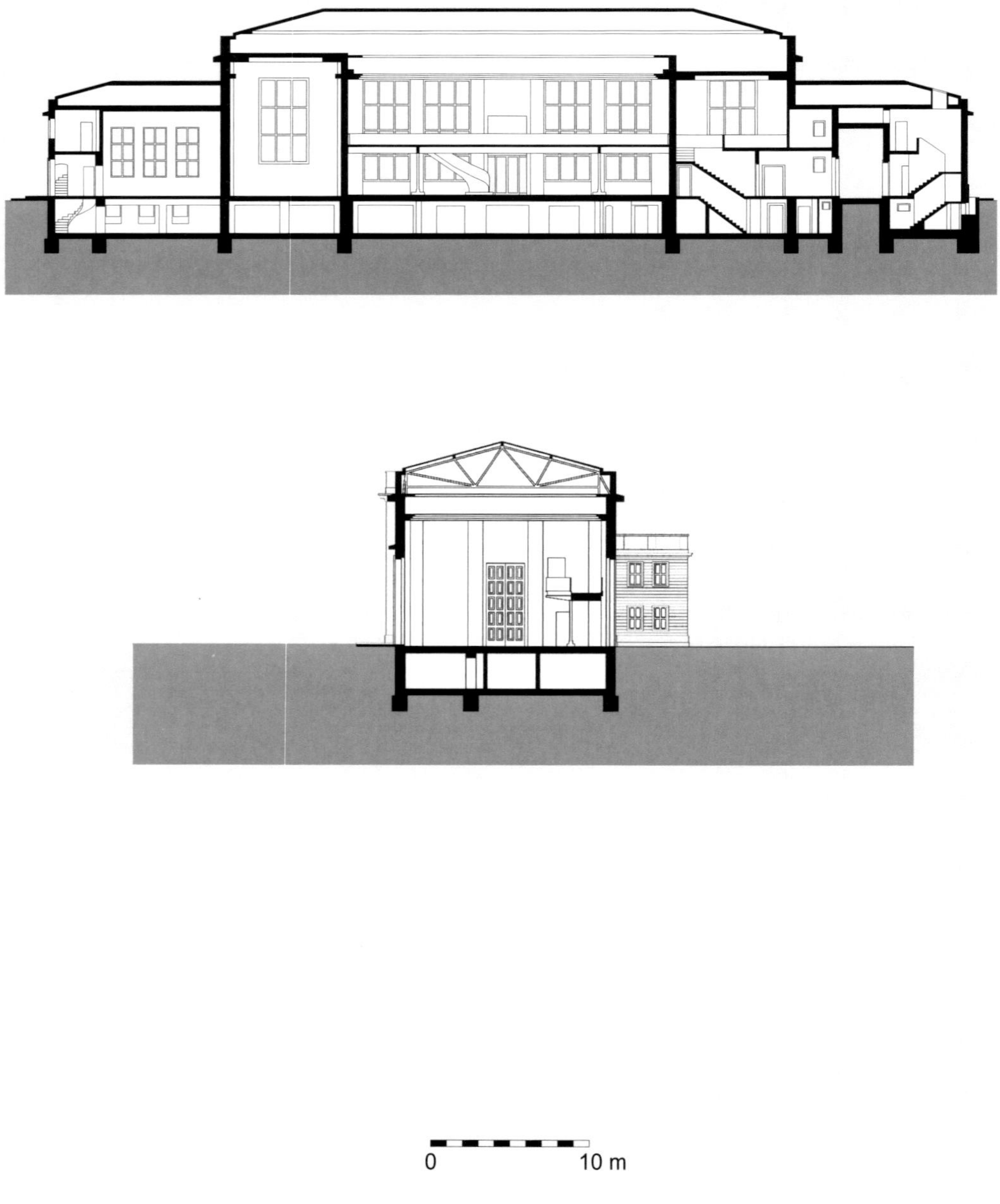

LÄNGSSCHNITT QUERSCHNITT 2015

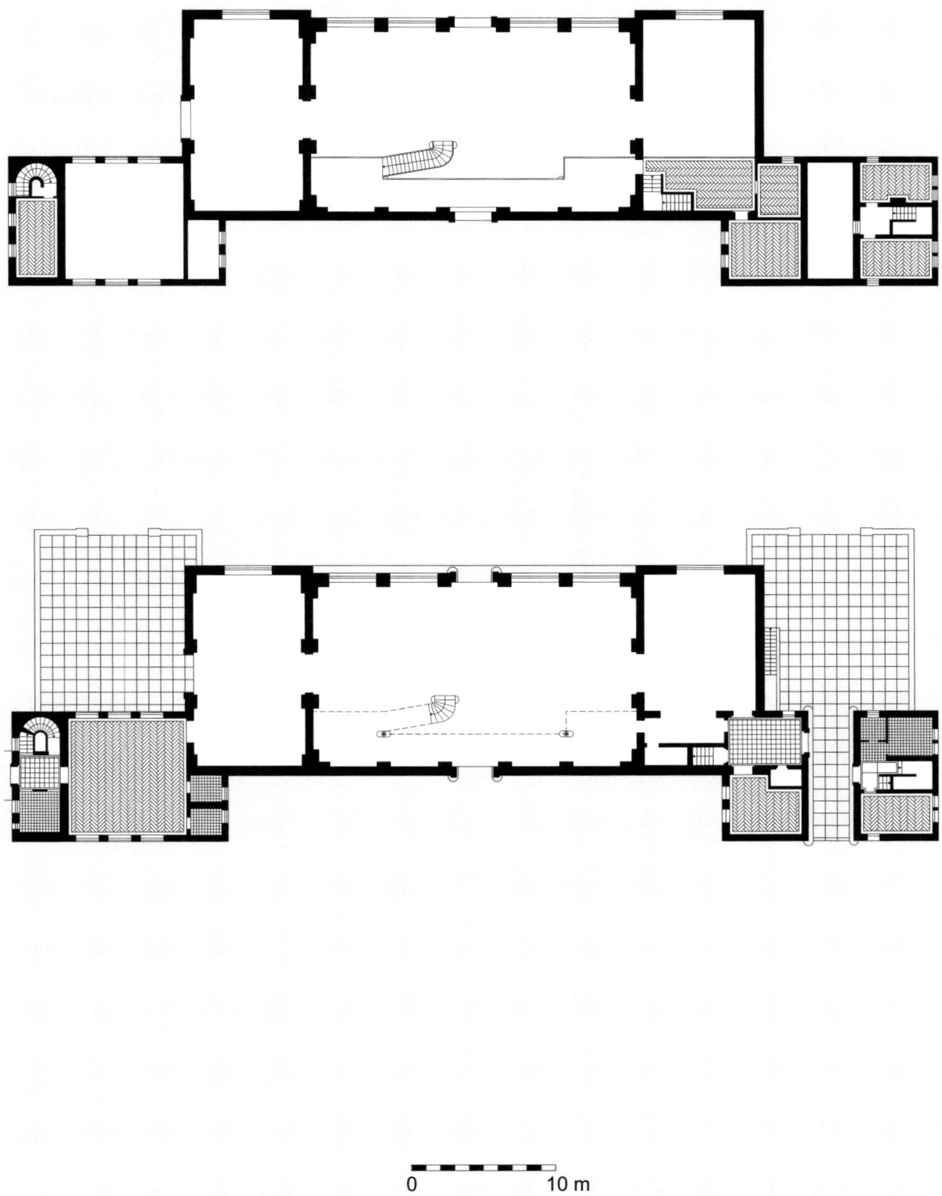

OBERGESCHOSS ERDGESCHOSS 2015

ANSICHT VON SÜDWESTEN VON NORDOSTEN 2015

AUSSTELLUNGSSÄLE 2015

NORDFLÜGEL PALAIS LANGEN

Das Palais Langen unweit des Kölner Doms war die architektonische Keimzelle, aus der sich der Gerling-Konzern im 20. Jahrhundert zu einem global agierenden, äußerst mächtigen Versicherungskonzern entwickelte. Robert Gerling, der Gründer des Konzerns, kaufte 1920 das spätklassizistische Palais, das 1880 von Hermann Pflaume errichtet worden war. 1930 beauftragte er den renommierten Berliner Architekten Bruno Paul mit der Erweiterung des Palais, erst mit einem Flügel nach Süden, wenig später desgleichen nach Norden. Den Impuls für den Ausbau des schließlich 45 Hektar großen Stadtareals zum Sitz des Konzerns gab Hans Gerling, Enkel des Firmengründers. Neben Geschick und globalem Erfolg als Unternehmer war seine zweite Leidenschaft die Architektur. Er beauftragte 1949 Kurt Groote, Helmuth Hentrich und Hans Heuser aus dem Arbeitsstab von Albert Speer mit dem Wiederaufbau des kriegsbeschädigten Palais Langen und seiner Anbauten sowie mit notwendigen Erweiterungen; auf dem Gelände wurde 1953 das erste Hochhaus Kölns errichtet. Als Berater fungierte ihm dabei Arno Breker, der die Innenausstattung betreute und im Treppenhaus des Palais ein Holzrelief mit der Bezeichnung „Den Opfern des Krieges" installierte.

Das Palais Langen wurde in diesem Zuge zum zentralen Eingang umgebaut, erhielt eine neue Fassadenbekleidung aus Muschelkalk und eine kolossale Pfeilerfront. Die beiden Flügel von Bruno Paul wurden architektonisch mit dem Palais vereinigt. Der Volksmund bezeichnete das entstandene Ensemble nicht zu Unrecht als „Kleine Reichskanzlei".

Ansicht Christophstraße 1940
rechte Seite
Ansicht Von-Werth-Straße 1952

Fast exakt 100 Jahre nach seiner Gründung 1904 fallierte das Unternehmen und der Gerling-Konzern verschwand vom Markt. Er ging in andere Unternehmen auf, und zurück blieb das Stadtfragment solider Bauten in gepflegtem Zustand. Das Gesamtareal wurde an einen Projektenwickler veräußert. Das lange Jahre nicht frei zugängliche Firmengelände ist heute mit etlichen Neubauten verdichtet und diversen Nachnutzungen für die Stadt geöffnet.

Das Palais Langen und die beiden Bruno-Paul-Flügel mussten dabei zu einzelnen Gebäuden mit individuellen Nutzungen separiert werden. Kahlfeldt Architekten entwarfen einen neuen Zugang von der Christophstraße in den Nordflügel, entwickelten einen neuen Erschließungskern und sanierten das gesamte Bürogebäude. Es wurde um einen zurückgesetzten Dachaufbau ergänzt und die Fassaden wurden im Bauzustand von 1951 denkmalverträglich erneuert. Eine Wiederherstellung der Gestaltung von Bruno Paul war nicht möglich.

Zum Klostergarten St. Gereon hin wurden die Bürobauten der sechziger Jahre entfernt und durch Wohnneubauten ersetzt. Kahlfeldt Architekten entwarfen das gegenüber dem historischen Archivgebäude (heute Hotel) gelegene Palais.

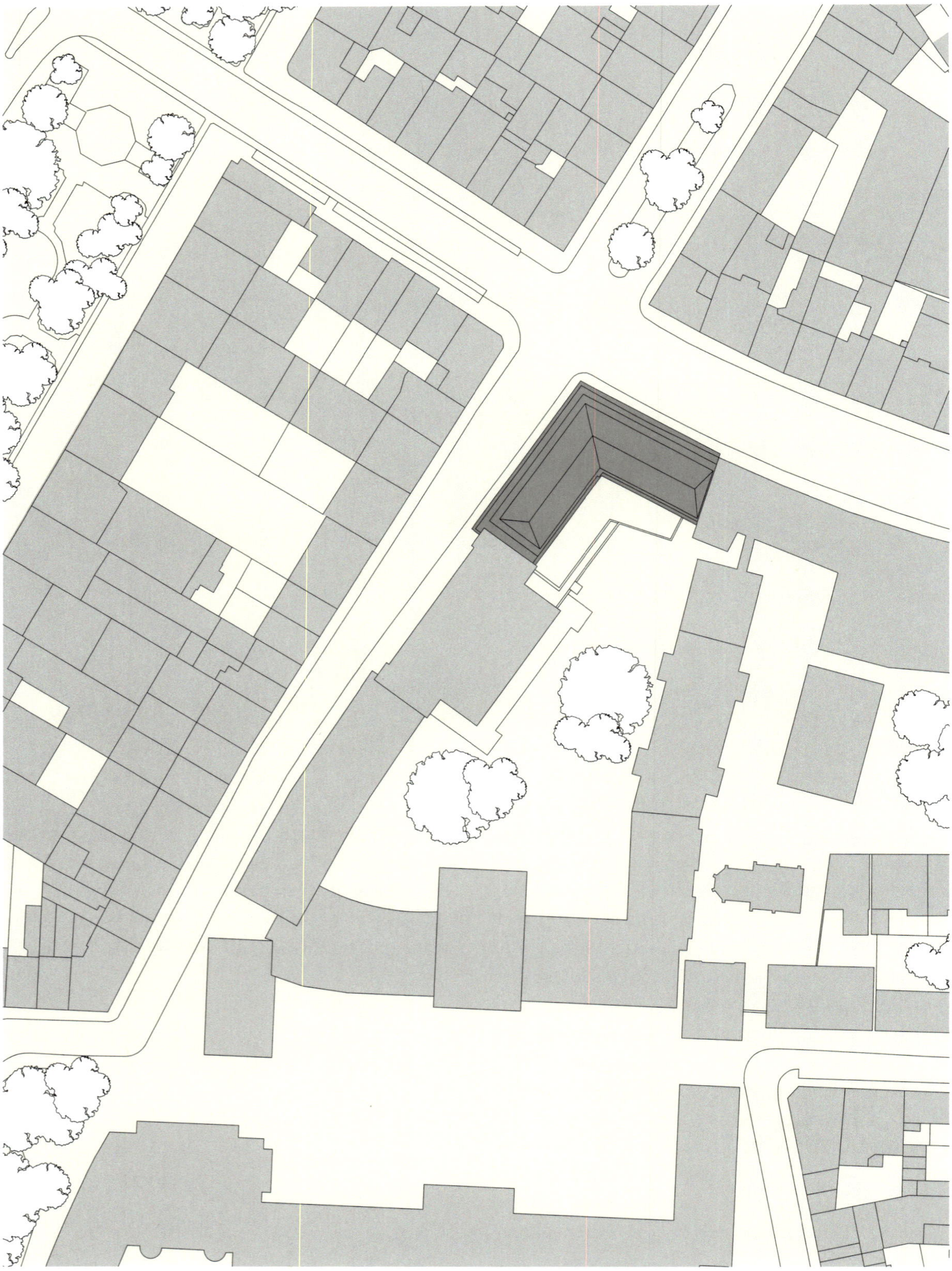

LAGEPLAN 2011

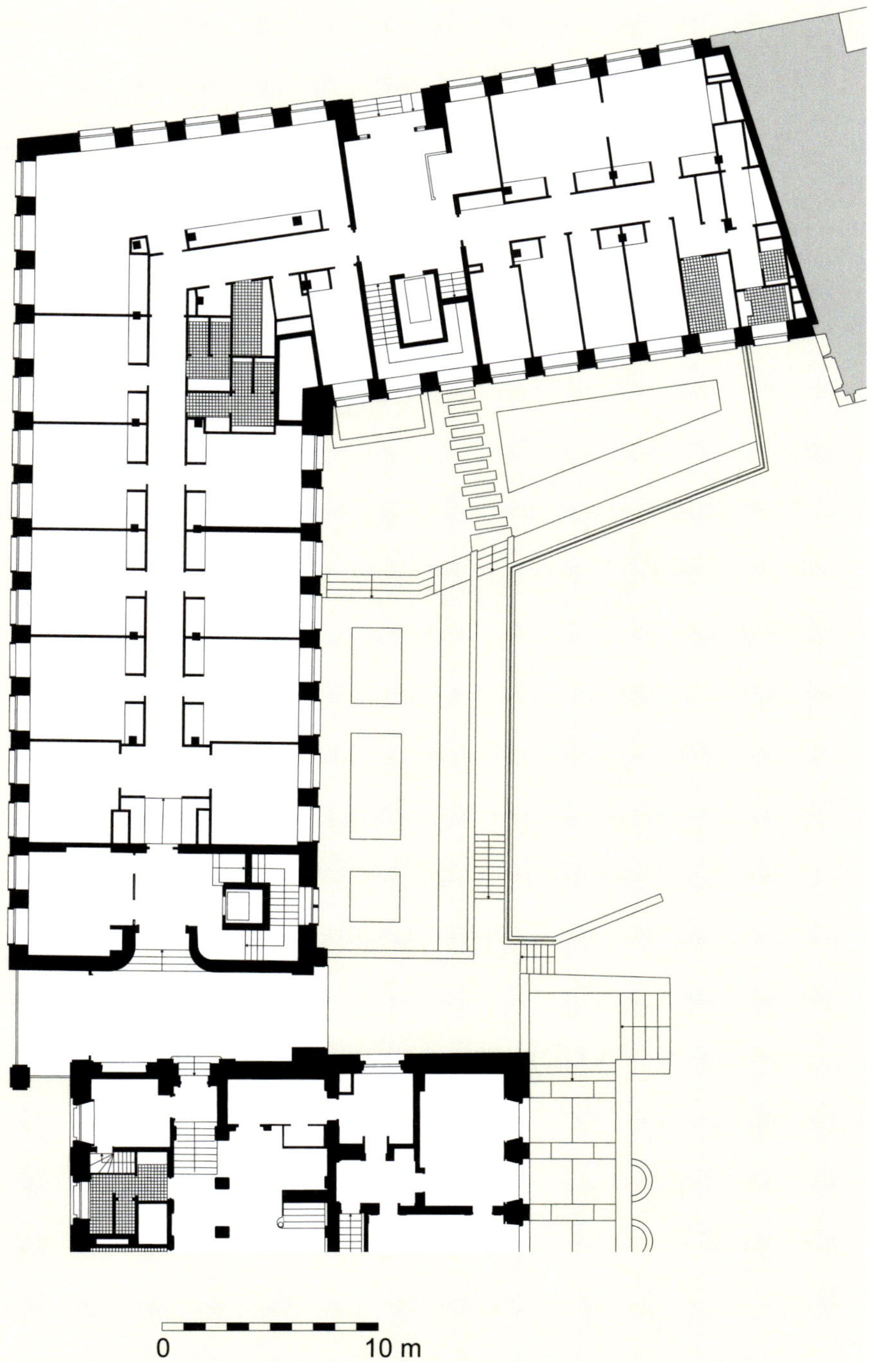

ERDGESCHOSS 2011

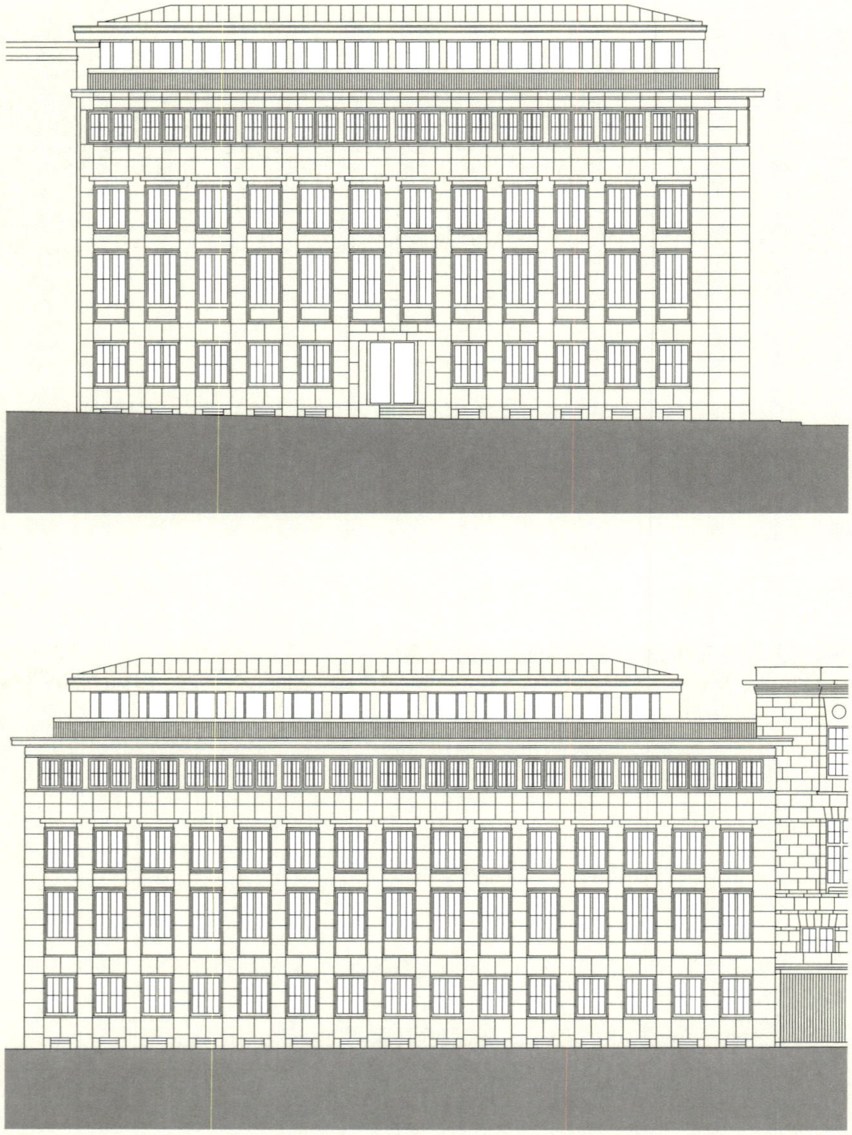

0 10 m

ANSICHT VON NORDEN VON NORDWESTEN 2011

ANSICHT VON NORDOSTEN VON NORDWESTEN 2013

BERLIN PAVILLON

Der Berlin Pavillon ist ein Überbleibsel der Internationalen Bauausstellung „Hauptstadt Berlin 1957". Sie war der Auftakt der städtebaulich und architektonisch konkurrierenden Entwicklungen von Ost- und West-Berlin, die als „Wettstreit der Systeme" in die Architekturgeschichte eingegangen sind. Während in Ost-Berlin die Karl-Marx-, ehemalige Stalinallee, und die leer geräumte Stadtmitte die verbliebenen Zeugen dieser Konkurrenz sind, so sind es im Westen das Kulturforum mit Philharmonie, Staatsbibliothek und Neuer Nationalgalerie sowie das Hansa-Viertel, das sich im Blickfeld des Berlin Pavillons erhebt. Im Berlin Pavillon wurden 1957 die Modelle und Pläne des neuen und modernen Berlin ausgestellt; nicht nur die Häuser, sondern auch die als avantgardistisch empfundenen Grundrisse der Maisonette-Wohnungen mit ihren auf- und absteigenden Treppen zu den Halbgeschossen und Wohnungsvorplätzen – kurz, das heiter skizzierte Leben am Hansaplatz, um den herum das Grün des Tiergartens üppig floss und strömte, wie die einschlägigen Metaphern lauteten. Zugleich aber auch das gründerzeitliche Haus Joseph-Haydn-Straße 1, das heute eine der wertvollsten Wohnadressen Berlins darstellt. Damals diente es als düsteres Menetekel der für überwunden geglaubten „Gemeinheiten" (Bruno Taut) der Jahrhundertwende, denen gegenüber die Architektur des Hansaviertels als transparentes Versprechen für das aufgeräumte Leben erstrahlen sollte.

Die Architektur des Berlin Pavillons stammt von Hermann Fehling, Daniel Gogel und Peter Pfankuch, den Gewinnern des Ideenwettbewerbs Hauptstadt Berlin 1957. Es ist eine unterspannte Stahlkonstruktion, die im Kontrast zur Bruchsteinmauer, von der sie getragen wird, leicht und schwebend wirkt. Die glänzende, holzverschalte Unterdecke und die expressiven Zacken der Fassade erinnern an Schiffsaufbauten. Der größte Teil der Wände besteht aus Glasflächen. Die geschlossenen und gläsernen Flächen fügen sich zu einer freien Komposition von Helligkeit und Transparenz. Das evozierte Grundrissbild ist organisch.

1980 und 1990 wurde der Pavillon von Daniel Gogel modernisiert, um ihn für gastronomische

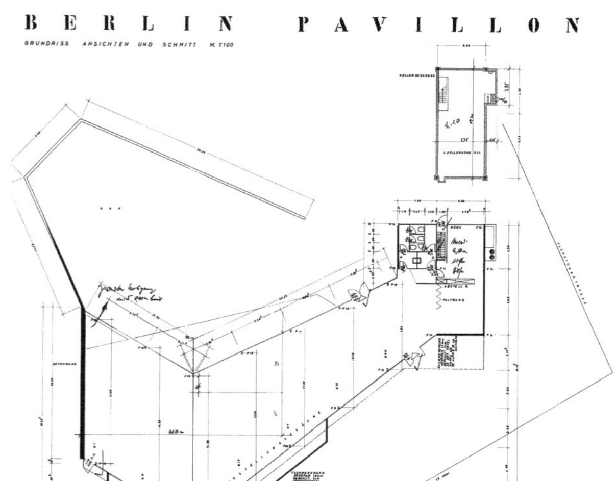

Ansicht von Norden 1957
Innenansicht 2005
Grundriss Erdgeschoss 1957

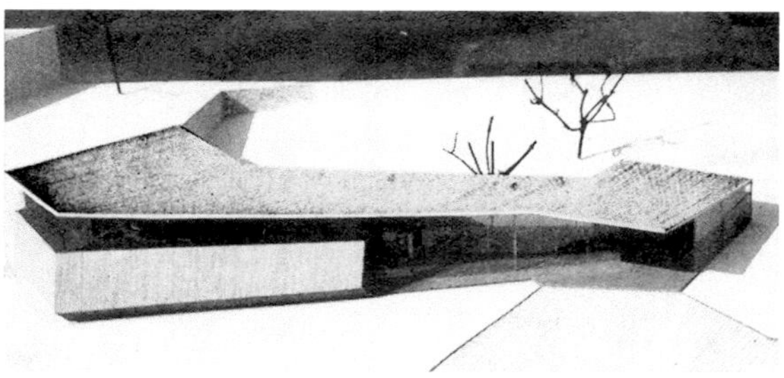

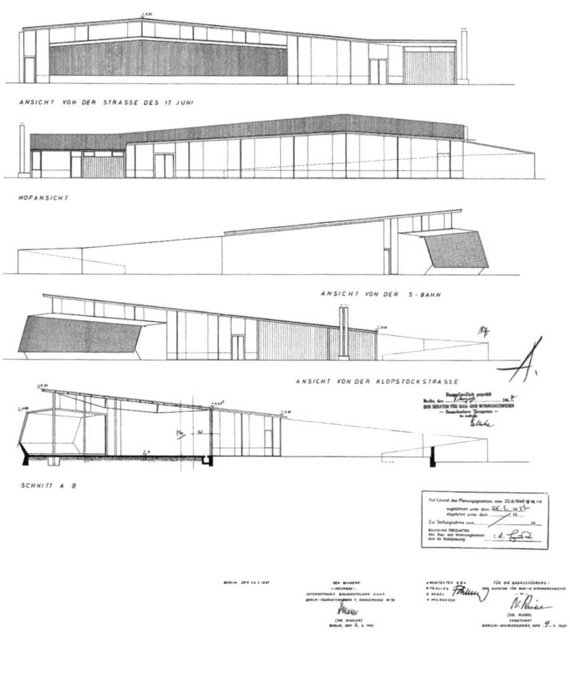

Ansicht von Süden 1957
Modell 1957
Ansichten und Schnitt 1957

Nutzungen tauglich zu machen; WC-Anlagen und Personalräume wurden angefügt. In den 1990er Jahren nutzte die Berliner Senatsbauverwaltung den Pavillon; ein Großteil des Berliner Architekturstreits jener Jahre hatte hier seinen Austragungsort. Doch die unwirtlichen Bedingungen in der temporär gedachten Architektur ließen sie anschließend selbst als Verkaufsraum für die Königlich Preußische Porzellanmanufaktur (KPM) nicht geeignet erscheinen.

Die amerikanische Fast-Food-Kette Burger King nahm sich des Pavillons an und erregte einen Proteststurm, weil die Schändung eines Denkmals der Nachkriegsmoderne befürchtet wurde. Doch es kam anders: Das Berliner Landesdenkmalamt zeichnete den Umbau in einer späteren Veröffentlichung als vorbildlich gelungen aus und dies, obschon nicht nur im Inneren erhebliche Baumaßnahmen zur Umnutzung notwendig waren. Ja, im Äußeren wurde sogar in Verbindung mit dem Parkplatz ein Drive-through mit Ausgabeschalter für Burger und Pommes realisiert. Die Entwurfsstrategie, die zum einen den dringend notwendigen Umbau ermöglicht und andererseits das Denkmal in seinem „So-Sein" nicht verändert, liegt im professionellen Vorgehen der Architekten. Die Bauglieder, die den Pavillon nach außen und innen konstituieren, verbleiben unverändert: keine Veränderungen am Rohbau, keine Veränderungen an der einfachverglasten Fassade, keine Veränderungen an der bauzeitlichen Nut- und Federdecke; sämtliche im Gastraum ergänzte Technik wird offen geführt. Alles andere wird klug in nicht raumwirksame Bereiche versteckt: die notwendige und in hohem Maße raumgreifende Technik für Küche und Lüftung, ferner Maßnahmen, die für den Arbeitsschutz zwingend zu erfüllen sind. In freier Form schlängelt sich eine Tischreihe durch den Raum. Material und Ästhetik orientieren sich bewusst an der amerikanischen Diner-Kultur der 1950er Jahre. So durchsichtig und transparent wie heute war der Pavillon mit seiner amerikanisch gedachten Architekturästhetik zu keinem Zeitpunkt seiner Existenz.

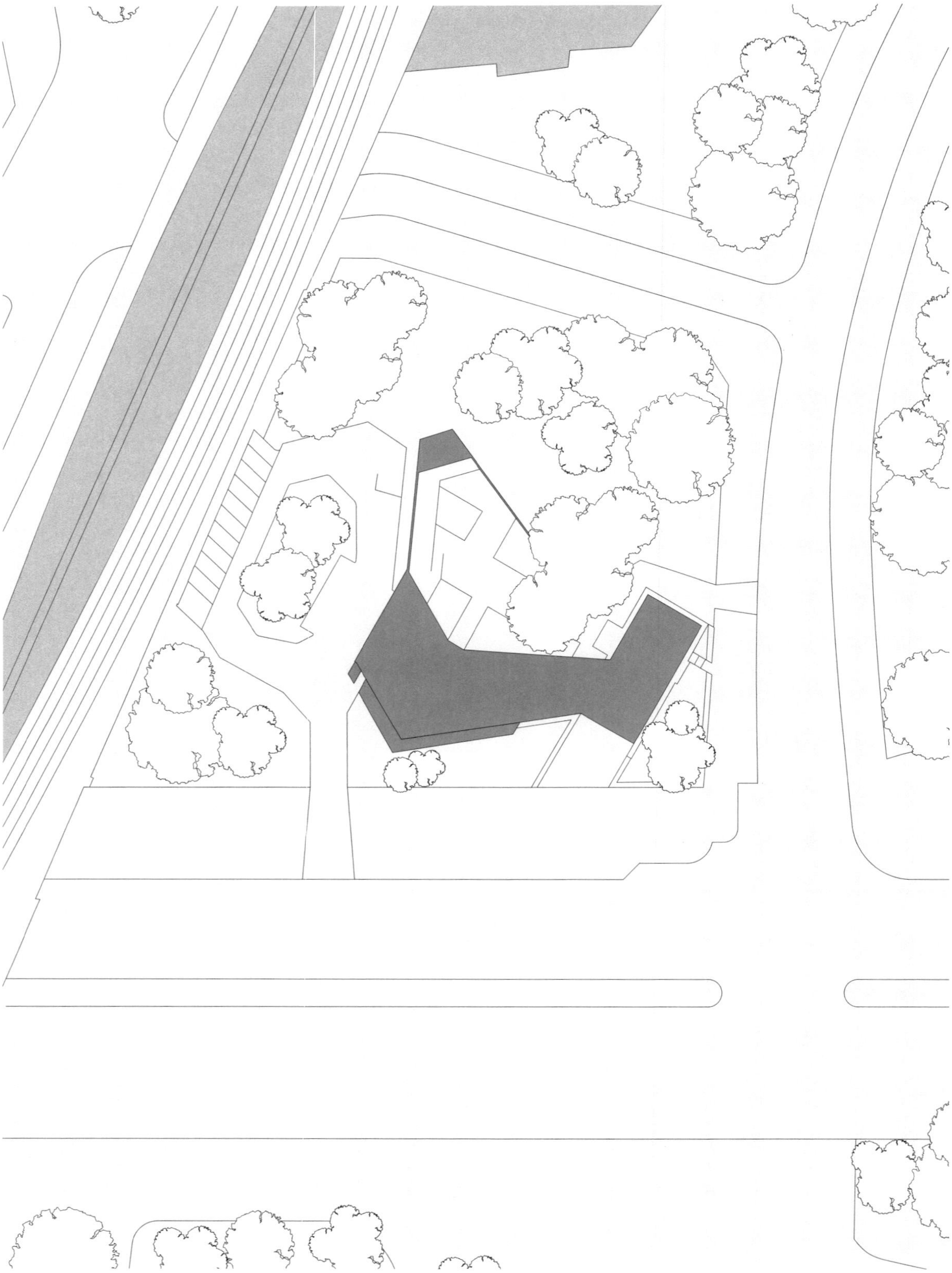

LAGEPLAN 2006

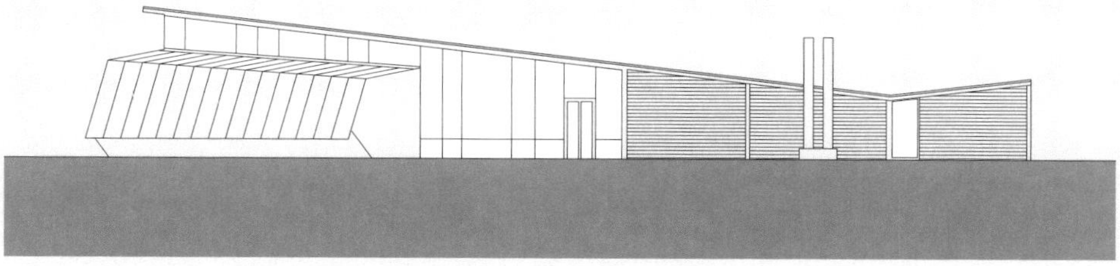

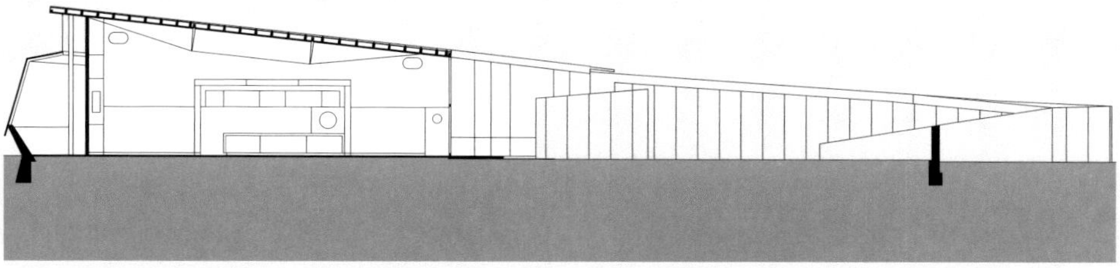

0 10 m

ANSICHT VON OSTEN SCHNITT 2006

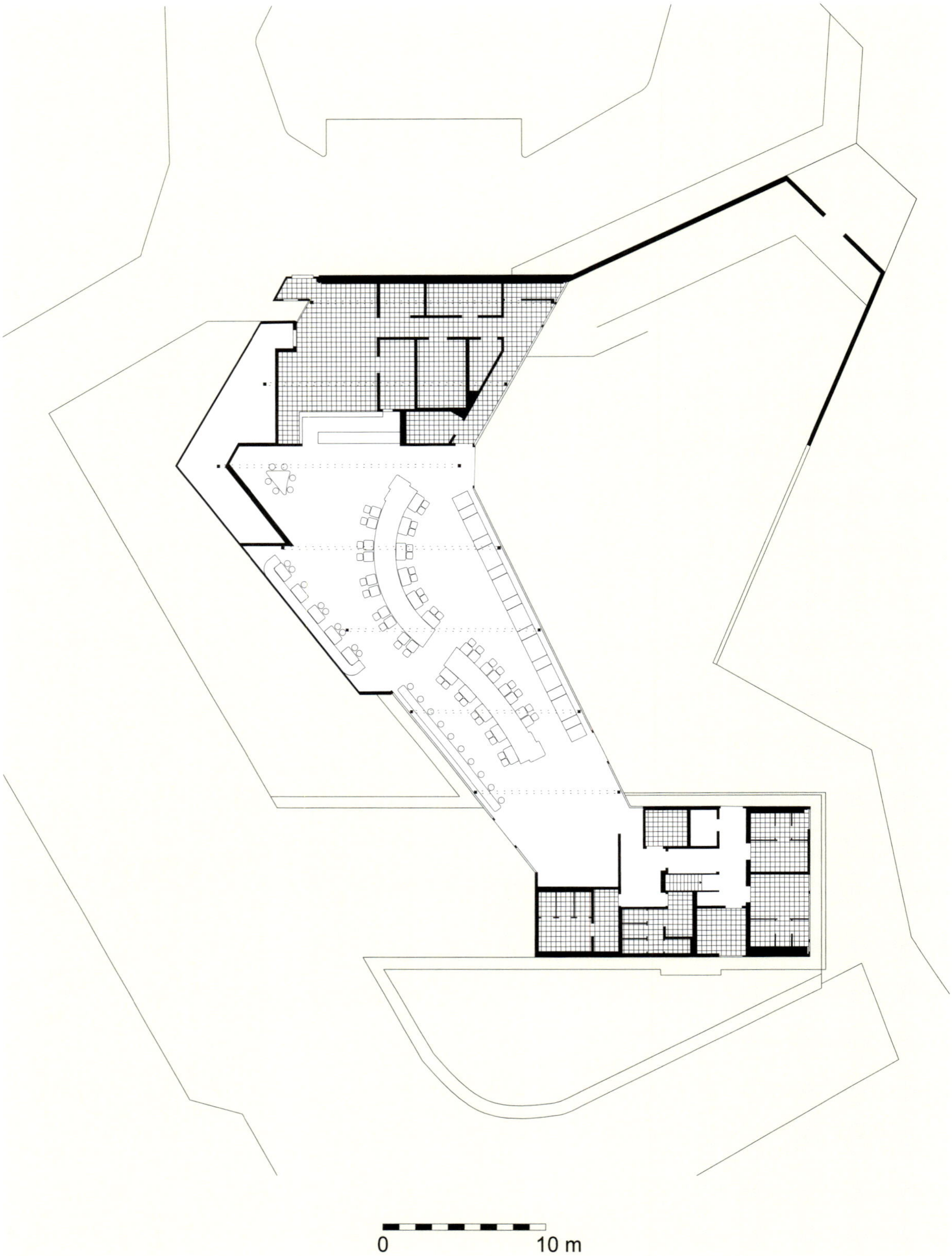

ERDGESCHOSS 2006

MÖBELDETAILS 2006

ANSICHT VON SÜDEN INNENANSICHT 2006

INNENANSICHTEN 2006

SALAMANDER HAUS STEGLITZ

Filigran, durchsichtig, aller Erdenschwere enthoben, so begriff sich die deutsche Nachkriegsarchitektur bevorzugt, und zumindest alle ambitionierte Architektur der Epoche folgte dieser Devise, wie es dem Berlin Pavillon im Tiergarten oder dem Hansaviertel insgesamt abzulesen ist. Ein herausragendes Beispiel dieser Baugesinnung ist auch das Salamander Haus in der Steglitzer Schloßstraße. Salamander ist eine Schuhfirma, deren Name die Epoche überstrahlte und Generationen von Kindern und Jugendlichen prägte. Lurchi, der gelbschwarze Salamander, erhob sich als Symbol über den Alltag und die Schuhgeschäfte stellten ein entscheidendes Element im Marketing der Firma dar.
1960 entwarfen die Architekten Klaus Hendel und Horst Haseloff das Haus in der Schloßstraße auch als programmatische Architektur der Nachkriegsepoche. Ursprünglich war der Sockel ganz aufgelöst, drei aus der Flucht leicht herausgerückte und aufgeständerte Vitrinen schienen das Gebäude zu tragen. Es wirkte eher schwebend als auf dem Boden gegründet. Ein großzügig weites Entree führte in das namengebende Schuhgeschäft hinein, darüber richtete sich eine streng funktionale Rasterfassade drei Stockwerke auf. Obenauf beschloss ein dünn-leichtes Flugdach auf sechs Stützen die Komposition aus Aluminium, Stahl und Glas. Zusammengehalten wurde diese schimmerleichte Konstruktion von zwei Natursteinbacken, deren eine nach Norden zur Ahornstraße aus grünem Anröchter Dolomit bestand. Ein quadratisches Fenster pro Geschoss signalisierte den jeweils dahinter liegenden Erschließungsgang. Die Natursteinwand inszenierte mit der durchsichtigen Straßenfassade einen Moderne-Dialog von Dauerhaftigkeit und Transparenz.
Ein Problem der schwebeleichten Architektur der Epoche war ihre Haltbarkeit. Stabilität und Dauerhaftigkeit gehörten nicht zu den Grundelementen dieser Architektur, die unmittelbar nach dem Krieg entstand. Ausdruck, Effekt und Wirkung standen weit höher im Ansehen. So auch bei diesem Haus, das versuchte, pflaumenfederartige Leichtigkeit in die Architektur eines Geschäftshauses zu bringen. Doch in den 1980er Jahren traten die Schäden an

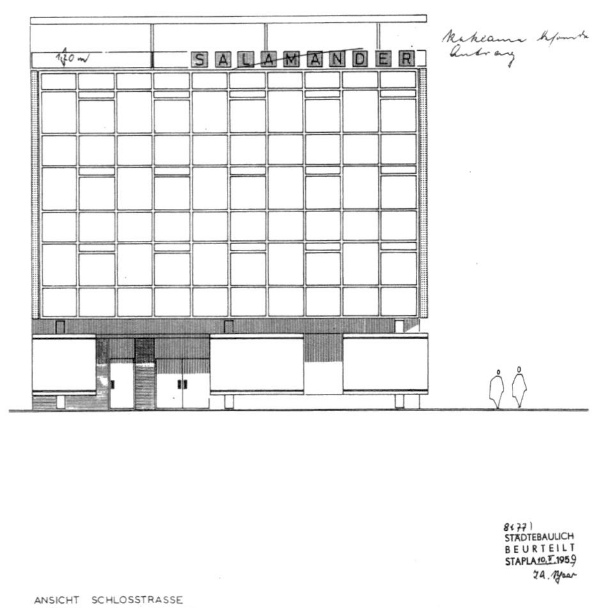

Modell 1958
Ansicht von Südosten 1958

der Aluminium-Glas-Konstruktion der Fassade deutlich in Erscheinung. Die Vorhangfassade zur Straße korrodierte an unübersehbar vielen Stellen, die zeittypischen, schönen Wendeflügelfenster waren mechanisch sehr anfällig. Der bauzeitliche Wandaufbau der Seitenwand aus Naturstein war insgesamt bauphysikalisch falsch, an vielen Stellen rissig und zeigte deutliche Abblätterungen.

Kahlfeldt Architekten nahmen sich der Sanierung des Denkmals 1998 an. Als Ziel der Arbeiten an diesem Zeugnis der Nachkriegsarchitektur galt es, einen langfristigen Erhalt der Gebäudesubstanz sicherzustellen. In Abstimmung mit der bezirklichen Denkmalpflege war dies lediglich durch einen vollständigen Rückbau der Pfosten-Riegel-Fassade möglich, mit anschließendem Neubau einer Fassadenkonstruktion, die deutlich bessere Dämm- und Schallschutzeigenschaften hatte, jedoch die Feingliedrigkeit der bauzeitlichen Konstruktionselemente nachzubilden vermochte. Die Brüstungsbänder wurden nach Vorbild des Originals wieder grün verglast und mit entsprechenden Dämmpaneelen versehen. Die Fensterbänder konnten nach langer Diskussion statt als Wendeflügel nun als Drehflügelfenster konstruiert und die Profilbreite von Blend- und Flügelrahmen konnte von außen aufgeklebt werden, womit sich die Ansichtsbreite auf ein Drittel reduzierte.

Auch für die Natursteinwand wurde eine neue solide Ausführung gefunden, die dem historischen Bild in wesentlichen Teilen folgte – mitsamt der Verkleidung des Anröchter Dolomits, von dem man wusste, dass er wieder nicht frostbeständig sein würde.

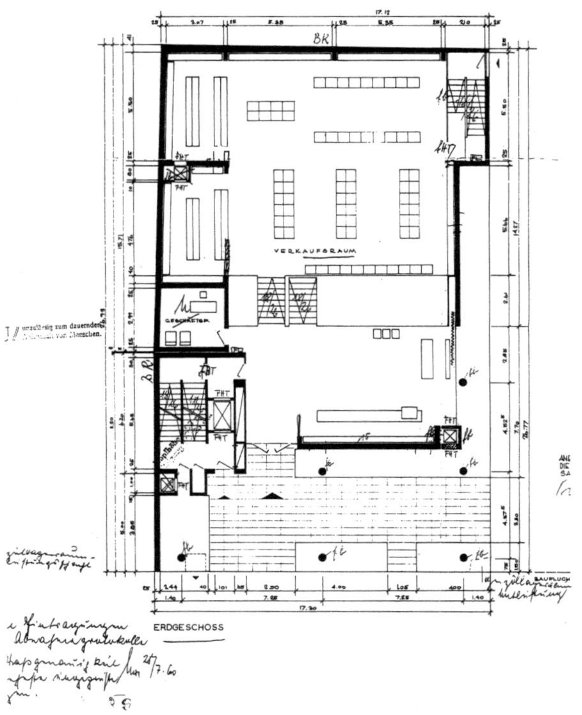

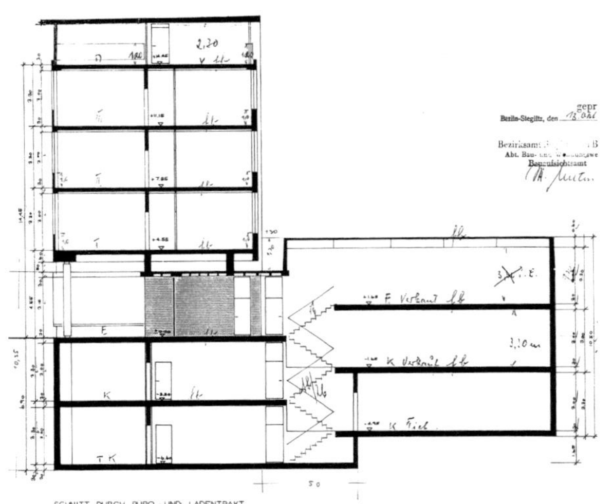

Erdgeschoss 1960
Schnitt 1959

LAGEPLAN 1998

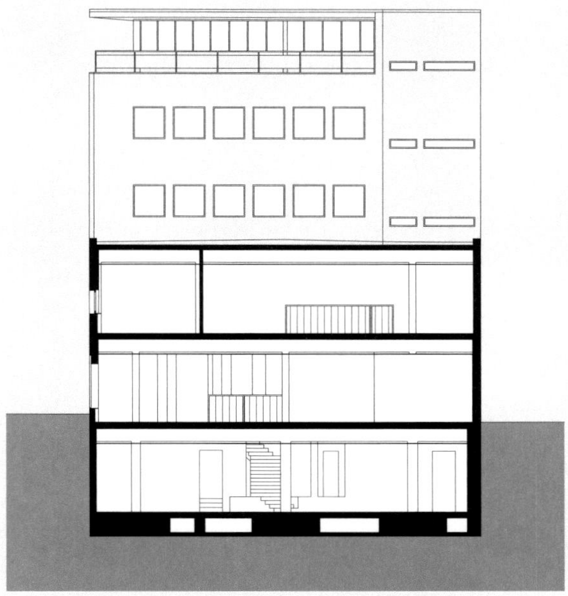

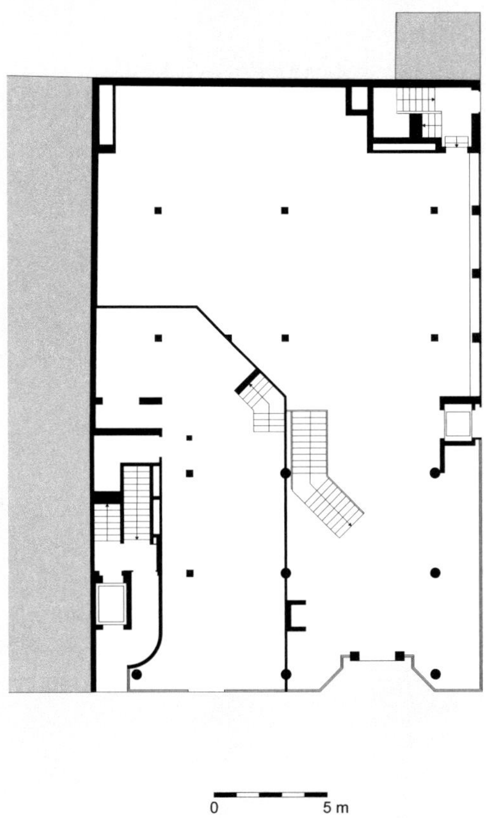

QUERSCHNITT ERDGESCHOSS 1998

ANSICHT VON SÜDOSTEN FASSADENDETAIL SCHAUFENSTER VON NORDOSTEN 1998

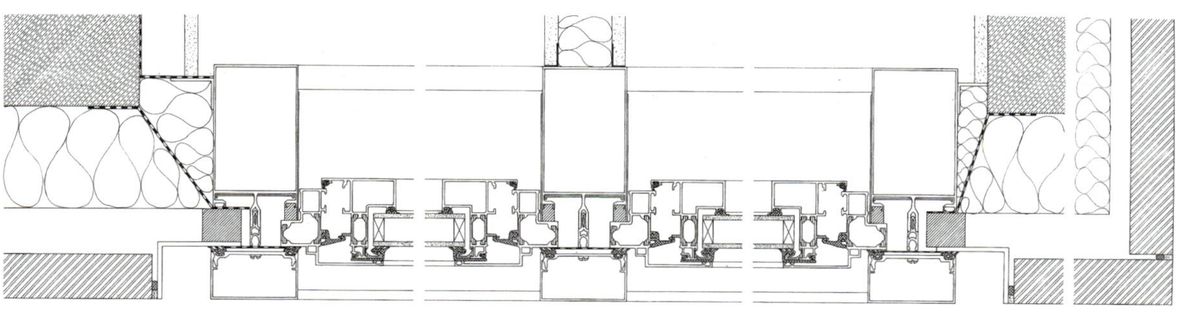

ANSICHT VON NORDOSTEN SCHNITT DURCH DIE HAUPTFASSADE 1998

C/O BERLIN AMERIKA HAUS

Das Amerika Haus in der Hardenbergstraße wurde 2006 nur knapp vor seinem 50. Geburtstag geschlossen und von den USA an den Senat von Berlin retourniert. Acht Jahre später wurde es 2014 saniert und architektonisch transformiert dem neuen Nutzer, der Foto-Stiftung C/O Galerie, übergeben. Glamourös wurde es in Anwesenheit von politischer wie kultureller Prominenz eröffnet – ein in mehrfacher Hinsicht symbolischer Akt. Beide Daten nämlich markieren epochale Paradigmenwechsel, die sich an der Architektur ablesen lassen. Das Ende der Systemkonkurrenz von Ost und West spiegelte sich darin ebenso wider wie die Überhitzung der Eventkultur in der historischen Mitte Berlins.

Das Amerika Haus war ein „nervöser" Ort in der politisch-kulturellen Beziehung zwischen den USA und West-Berlin nach dem Zweiten Weltkrieg. Es entstand als Haus der amerikanischen Freundschaft, das von den Berlinern geradezu enthusiastisch begrüßt wurde. Lange Schlangen bildeten sich vor dem Haupteingang, Zeitschriften und Bücher gab es kostenfrei oder unkompliziert auszuleihen. Die helle, einsichtige Bibliothek im Erdgeschoss war nicht groß, aber gut sortiert. Englischkurse wurden angeboten. Nach den Desastern der Nazi-Diktatur wurden diese liberal-großzügigen Gesten des modernen amerikanischen Lebensstils begeistert aufgenommen, die Filme aus den USA gierig gesehen. Im Übrigen gab es Lesungen, Vorträge, Diskussionen, zu denen prominente Schriftsteller ihrer Zeit wie Thornton Wilder oder John Steinbeck nach Berlin kamen.

Auch führende Politiker wie Robert Kennedy oder Richard Nixon besuchten das Amerika Haus, da es zum Kernbestand der Reeducation gehörte, mit der den Deutschen nach dem Dritten Reich schonend demokratisches Verhalten nahegebracht werden sollte. Das Berliner Amerika Haus war keineswegs das einzige seiner Art. Insgesamt gab es deutschlandweit 27 Amerika Häuser, unter anderem in Frankfurt am Main, Köln, Hamburg, Nürnberg, Hof und Heidelberg. Doch nur neun von ihnen wurden wie in Berlin als Neubauten errichtet.

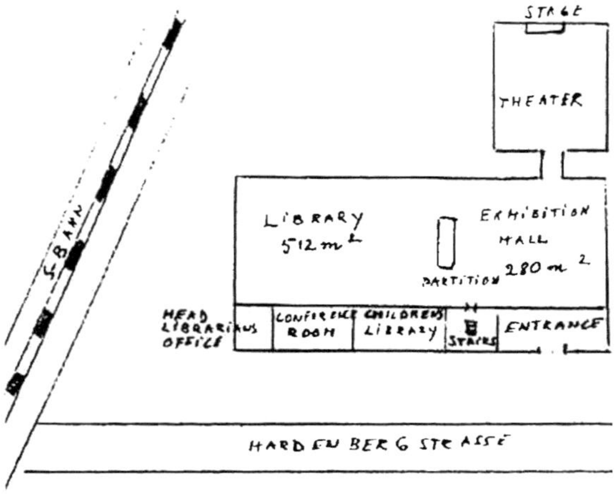

Skizze SOM 1952
Modell 1957
Ansicht von Südwesten 1957
rechte Seite
Obergeschoss 1957
Erdgeschoss 1957

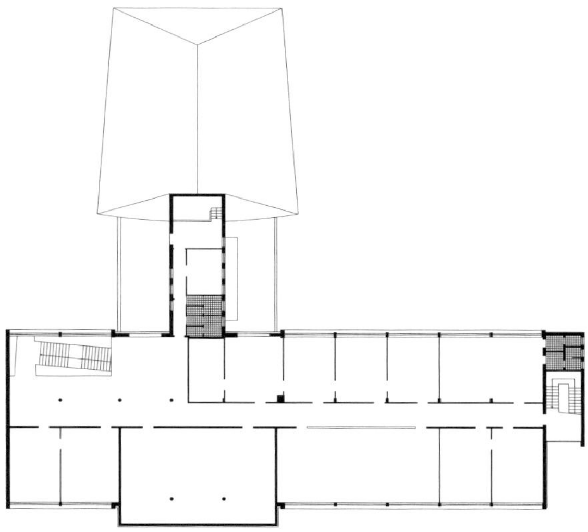

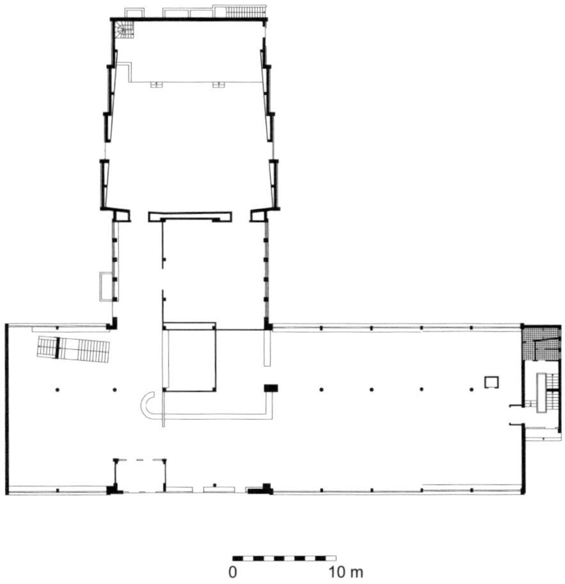

Gebaut wurde es mit Mitteln des Marshall-Funds im Kontext der Internationalen Bauausstellung Berlin 1957, auch wenn es nicht zum offiziellen Programm gehörte. Die Interbau 57 fand im nahe gelegenen Hansaviertel statt und gebar aus ihren städtebaulichen Träumen auch das Kulturforum. In der Interbau wurde die Architektur des Modernismus (International Style) für West-Berlin festgelegt, während im Ostteil der Stadt der traditionelle Baustil der Karl-Marx-, der damaligen Stalin-Allee, herrschte. Im architektonischen Kleid manifestierte sich darin der Kalte Krieg. Die fragile, helle, transparente Architektur des Amerika Hauses – fernab aller monumentalen Gesten – war bereits die ästhetisch-kulturelle Botschaft. Ebenso war der Ort sorgsam gewählt. Er musste nahe dem seinerzeit in Entstehung befindlichen West-Berliner „Zentrum am Zoo" (1957–1959) liegen, zum anderen aber den Ost-Berlinern mit der S-Bahn zwischen Alexanderplatz und Zoologischem Garten einen einfachen Zugang zum Amerika Haus gewähren. Bis zum Mauerbau 1961 wurde er stark genutzt, da dort eigens ein Ost-Lesesaal eingerichtet war.

Doch seit 1966 wuchsen vor dem Amerika Haus Sicherheitszäune und bewachte Abstandsflächen, da die Proteste gegen den Vietnamkrieg hier ihren symbolischen Ort fanden. Demonstrationen, Eier-, Farbbeutel- und Steinwürfe waren an der Tagesordnung. Stahlgitter und Plexiglasscheiben als Schutz vor den Steinen überkrochen die Transparenz und Offenheit der Fassade und setzten Zeichen einer transatlantischen Entfremdung. Selbst nach dem Abflauen der Anti-Vietnamkrieg-Kampagnen erholte sich das Amerika Haus institutionell nicht und konnte nicht wieder zum Gravitationszentrum des kulturellen Diskurses werden. Schließlich lag es nach dem Mauerfall 1989 komplett brach. Die weltpolitischen Polarisierungen mit den Anschlägen in Kenia (Nairobi 1998) und vor allem in New York (WTC 2001) veränderten die Sicherheitsarchitektur enorm. Das einst offene Haus wurde zum Bunker. 2006 wurde es von den USA an Berlin für einen symbolischen Euro übereignet. Allerdings wusste die Stadt lange nicht, was sie mit dem historisch kontaminierten Geschenk anfangen sollte.

Hier trat die Galerie C/O auf den kulturpolitischen Plan. Sie war und ist von Gründung und Mentalität her ein typisches Kind des Mitte-Hypes „Berlin nach dem Mauerfall" mit spontan entstehenden Clubs und wechselnden Treffpunkten, Teil einer Generation, die mit den Leerräumen und Brachflächen der Stadt virtuos spielte. Daraus leitete sie weitgehend ihr Selbstverständnis her. C/O wurde im Jahr 2000 auf einem ausgebauten Dachboden in der Linienstraße ins Leben gerufen und entwickelte sich rasch zu einer Institution, die der fotografischen Bildkultur ein Podium bot. Bald siedelte sie sich im ehemaligen Kaiserlichen Postfuhramt an der Oranienburger Straße an – aus dem verwahrlosten und heruntergekommenen architektonischen Reichtum der Jahrhundertwende gewann sie ihre spezielle Atmosphäre und den kulturellen Thrill. C/O war aus dem Improvisationstalent der „Zwischennutzer-Generation“ hervorgegangen, die den Einbruch der realen Immobilienwirtschaft 2013 erlebte, als das Gebäude zwecks Sanierung und Modernisierung aufgekauft wurde. Zur Bereitstellung eines Ersatzquartiers in Mitte sah sich die Stadt Berlin nicht in der Lage. Da bot sich die Gelegenheit des Amerika Hauses am Bahnhof Zoo. Die Gründer und Betreiber der Galerie konnten sich ihrerseits zunächst einen Umzug nach Charlottenburg-Wilmersdorf – in das alte West- Berlin – nicht vorstellen. Doch die Geschichte des Hauses, der unmittelbar an die Helmut Newton Stiftung und das Museum für Fotografie angrenzende Ort sowie die Architekturästhetik der 1950er Jahre arrondierten sich schließlich zu einem kulturpolitischen Glücksfall.

Der Architekt des Amerika Hauses war der Berliner Bruno Grimmek (1902–1969). Als Schüler von Hans Poelzig entwarf er in den 1930er Jahren im Stab des GBI Albert Speer Verwaltungsbauten in Berlin und war nach dem Zweiten Weltkrieg in der Berliner Bauverwaltung zuständig für Bauten auf dem Messegelände und an der Technischen Universität Berlin. Vor allem war er an den Plänen für die U-Bahnhöfe der Linien 6 und 9 beteiligt. Das Amerika Haus ist zweifellos sein meisterliches Hauptwerk. Er adaptierte dafür einen Typenentwurf des amerikanischen Architekten Gordon Bunshaft aus dem New Yorker Büro Skidmore Owens Merril (SOM), den dieser für alle Amerika Häuser weltweit angefertigt hatte. Die langgestreckte, fragile, leichte und transparente Struktur des International Style war die Grammatik, die Grimmek aufgegriffen hat. Seine Leistung bestand in der eleganten Materialisierung des luftig leichten Gebäudes, das zwischen zwei Wände aus gelben Klinkerriemchen gestellt war, die heute durch den (östlichen) Anbau des Parkhauses kaum mehr wahrzunehmen sind. Vor allem vermochte er

Eröffnungstag 5. Juni 1957
Ausstellung Bau der Berliner Mauer 1961
Demonstration gegen den Vietnamkrieg 1968

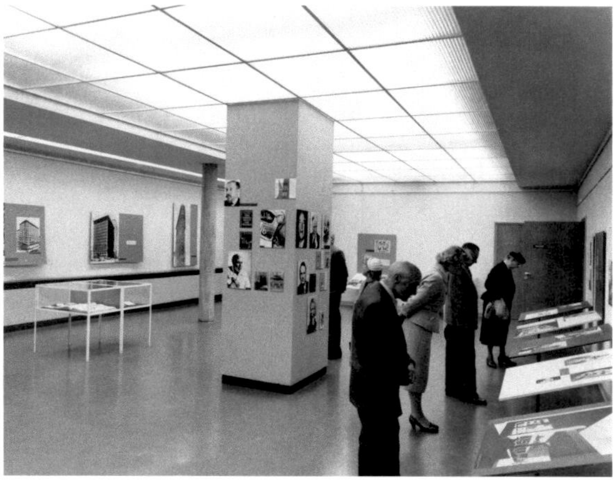

Oberlichtsaal Obergeschoss 1957
Ausstellungsfoyer Erdgeschoss 1957
Bibliothek Erdgeschoss 1957

dem sehr funktionalen Entwurf Bunshafts ein gewisses Pathos zu verleihen, indem er den Oberlichtsaal im Obergeschoss etwas aus der Fassadenflucht herausschob und mit einem Mosaik versah, das eine abstrahierte amerikanische Flagge zeigt. Der „Flaggen-Kubus“ beschirmt und betont den Haupteingang zugleich und prangte wie eine Ikone über und am Haus.

Die Sanierung des Amerika Hauses war aufwändig, da bei der Ertüchtigung des Hauses 1995 durch die amerikanischen Eigentümer außerordentlich viel Originalsubstanz der 1960er Jahre entsorgt wurde; eine eisblaue Bisazza-Mosaikwand im Flur zum Kinosaal beispielsweise. Auch sonst wurde durch Einbauten eine banale Büroatmosphäre hergestellt. Die heute im Foyer wieder verführerischen polygonalen Solnhofer Platten etwa – einst Bruchstein-Fliesen genannt – waren mit dicken Estrichschichten und Auslegeware bedeckt. Etliche Rigipskonstruktionen und Türanlagen mussten entfernt werden, um das ehemals elegante und raffiniert gefügte Raumkontinuum, die ursprüngliche Durchsichtigkeit und Helle des Gebäudes wiederherzustellen. Statt den luftigen, lichten Lesesälen einer Bibliothek braucht ein Ausstellungshaus Kunstlichtsäle. Die mit Kahlfeldt Architekten kooperierenden Ausstellungsgestalter Meyer Voggenreiter und Wolfgang Zeh aus Köln erfanden daher eine langgestreckte Wand, die parallel zur Straßenfassade aufgestellt ist. Vor ihr liegt im Erdgeschoss das Café wie ein Eisenbahnwaggon, aus dessen Fenstern die Besucher Passanten beobachten können, während sich dahinter der Ausstellungssaal für Fotos und Bilder erstreckt. Zu den eingreifenden Transformationen zählt außerdem die an den meisten Stellen offene Betonrippendecke. In den Rippen kann zwar die Beleuchtung gut untergebracht werden. Gegenüber den gestalterischen Intentionen und Gewohnheiten der Bauzeit ist das jedoch befremdlich, da die Decken damals stets glatt geschlossen wurden. Doch schlägt der Rohbau-Charme der offen liegenden Konstruktion eine paradoxe Brücke zwischen den heutigen Nutzern und ihren Großeltern, deren Jugend stets unter glatt verputzten flachen Decken stattfand. Ihre Ästhetik, ihre Lebenswelt eignen sie sich nun mit eigenem Akzent an.

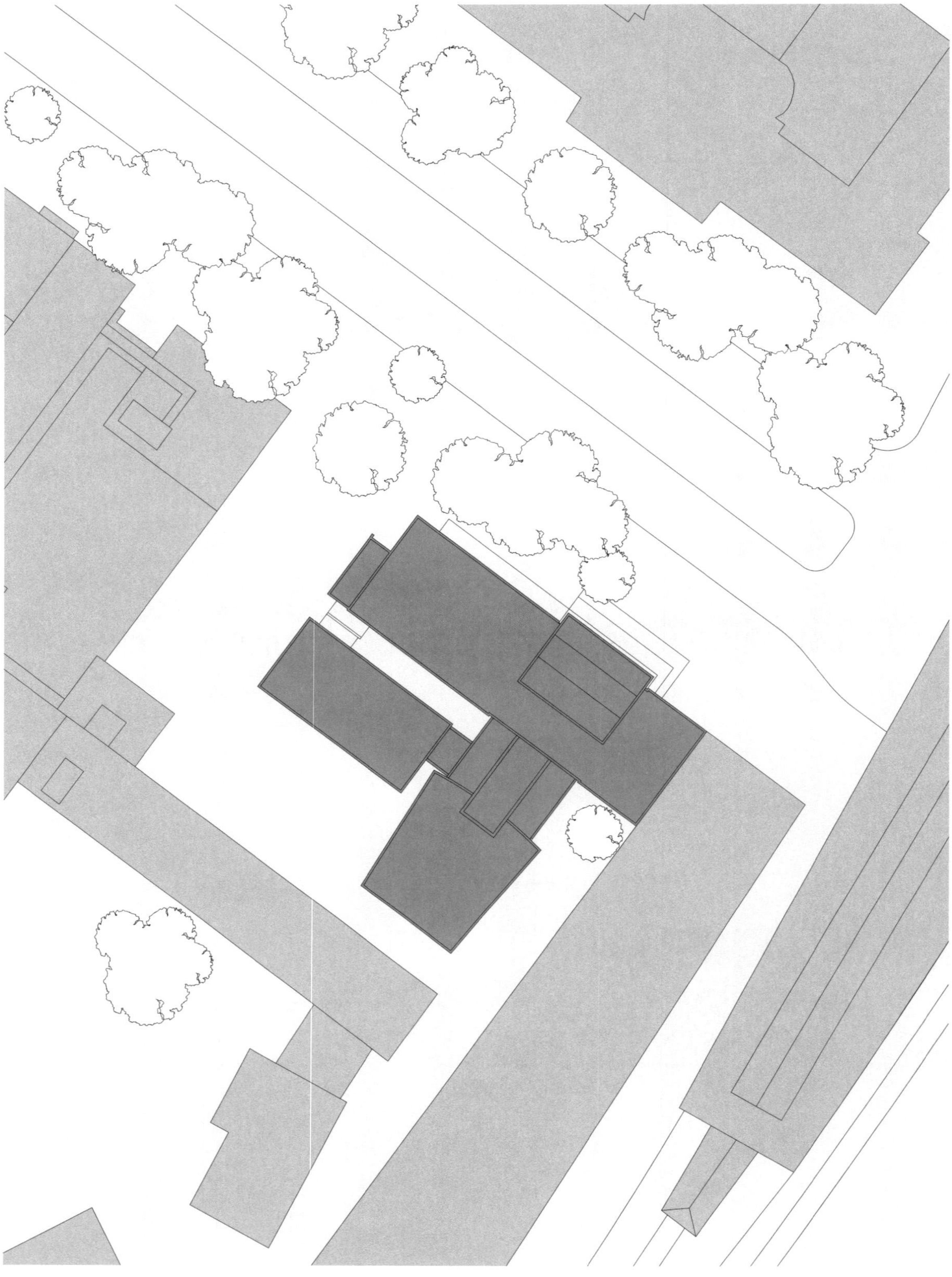

LAGEPLAN 2014

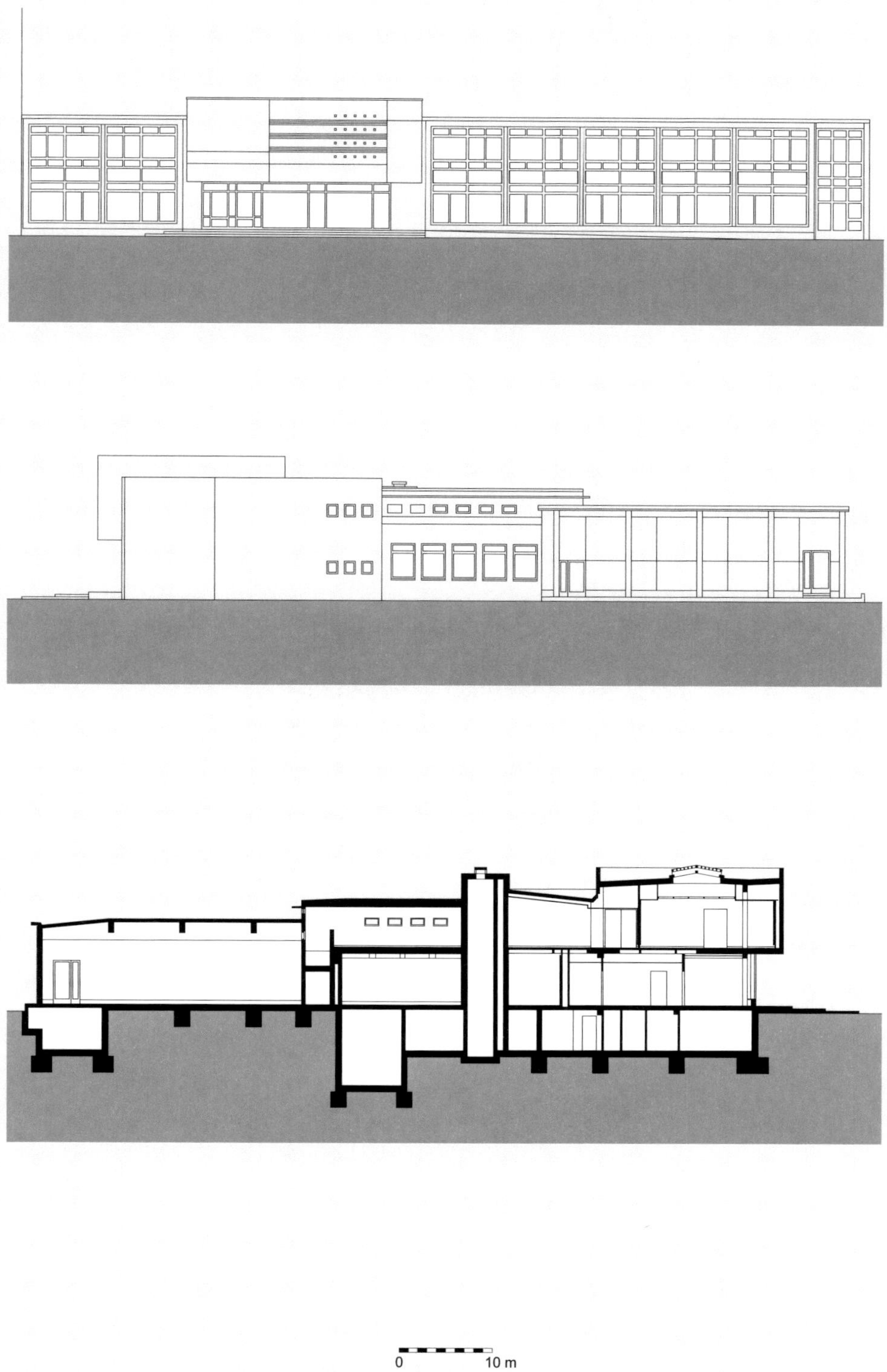

ANSICHT VON NORDOSTEN VON NORDWESTEN QUERSCHNITT 2014

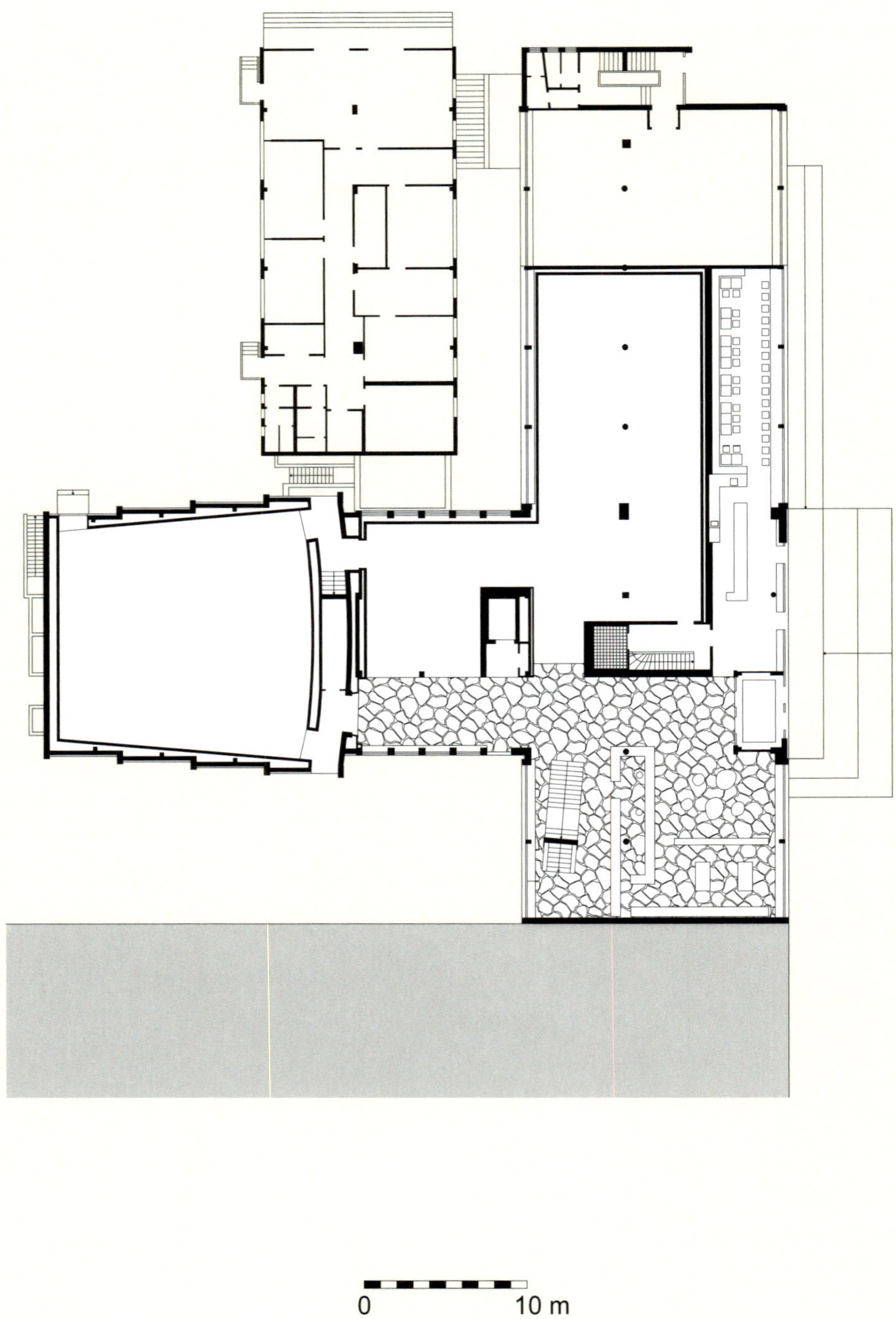

ERDGESCHOSS 2014

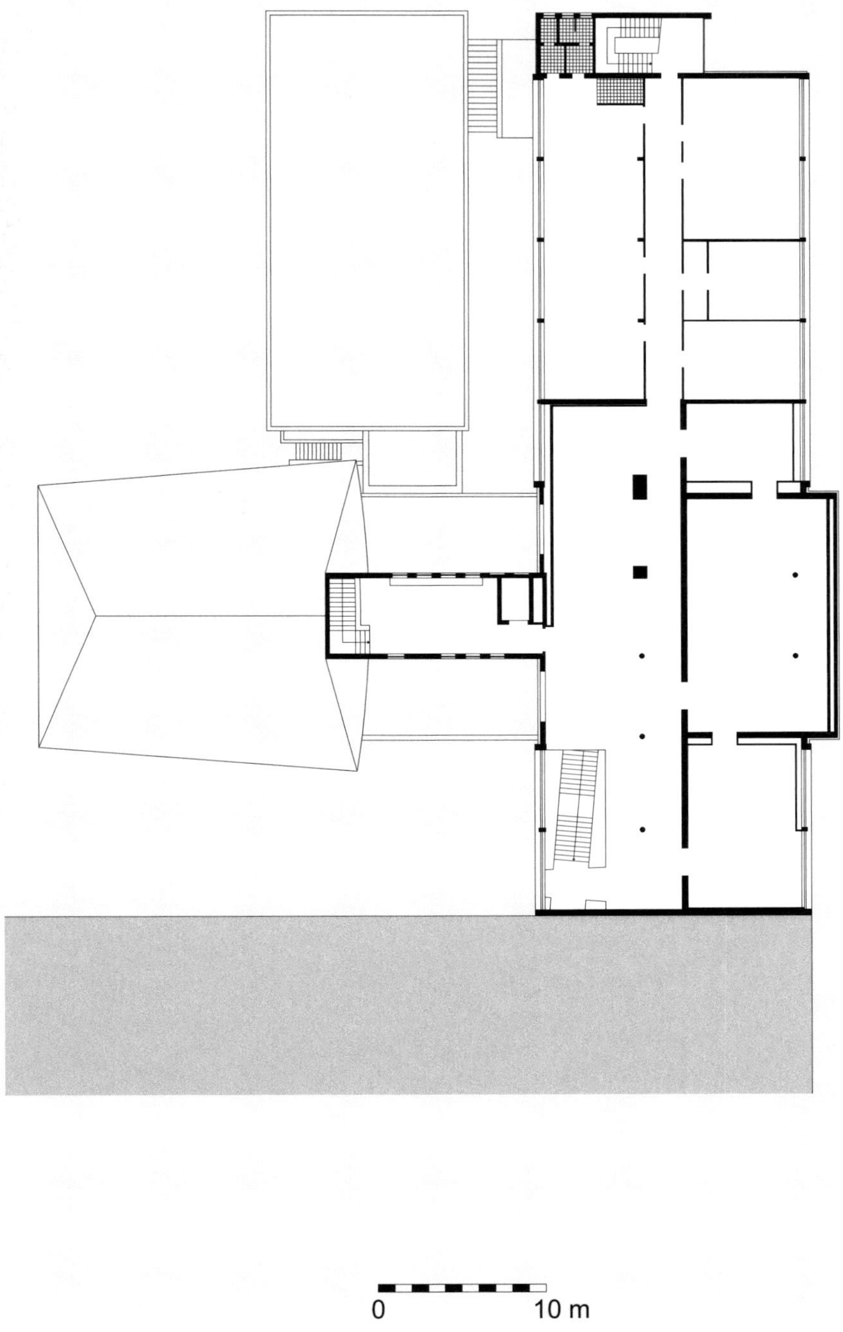

OBERGESCHOSS 2014

EINGANG HARDENBERGSTRASSE BIBLIOTHEK 2014

CAFÉ AUSSTELLUNGSFOYER ERDGESCHOSS 2014

BERLINER PHILHARMONIE

In den fünf Dekaden seit ihrer Eröffnung 1963 ist die Berliner Philharmonie zur Legende, ja zum Mythos geworden. Wer in der musikalischen Welt nicht nur reüssieren, sondern auf den Gipfel gelangen möchte, muss in diesem Haus aufgetreten sein. Aber nicht nur die Musik, auch die Architektur der Philharmonie war von Beginn an ein Zeichen, das im Kosmos der Weltarchitektur wahrgenommen wurde. Von Leipzig über Los Angeles und Tokio bis jüngsthin zur Elbphilharmonie in Hamburg wurde Hans Scharouns Bauwerk zum Vorbild. Kaum einer Architektur gelingt es, mit ihrer Fertigstellung sofort zum Typus zu werden, an dem Bauten gleicher Aufgabenstellung sich orientieren und messen lassen müssen. Das Kristalline der Emporen und Zuschauerblöcke, die Zeltform der Decke, das schwer zu begreifende Hängen und Schweben der Schwer- und Leichtgewichte des Saalkörpers versetzen jeden Besucher in einen Taumel von Begeisterung oder scharfer Kritik. Selten dürfte Arthur Schopenhauers Bemerkung von der „Architektur als gefrorener Musik" so treffend umgesetzt worden sein wie in diesem Bauwerk.

Heute haben Digitalisierung und Computerisierung unsere architektonische Bildwelt mit einer konstruktiven Normalität gefüllt, die noch vor 30 Jahren als verrückte und nicht baufähige Fiktion abgetan worden wäre. So muss es auch Hans Scharoun ergangen sein, der die Musizierenden in die Mitte des Konzertsaals rückte. Scharoun stand noch vor Brigaden von technischen Zeichnern, die seine mit dem dicken Bleistift hingeworfenen Skizzen in Maß und Proportion zu übersetzen hatten; vor Kohorten von Bauhandwerkern, die für die Schalung des Betons Hand und Lehrgerüste anlegen mussten, und vor Ingenieuren, die im Denkraum der euklidischen Geometrie aufgewachsen waren. Sie alle meldeten nicht zu Unrecht Sorgen an, ob denn das fraktale Gebilde voller Dynamik und ausdrucksstarker Vitalität, das sie auf den Zeichnungen sahen, überhaupt in eine stabile Realität aus Holz, Stahl und Beton zu überführen sei. Auf Scharouns Blättern schien das Dach lustig im Spiel der Winde zu flattern, das Orchesterpodium wirkte wie die Feuerstelle einer Urhorde im Zelt und ringsum rankten sich für das zwitschernde Publikum Nester, deren Befestigung nicht zu entdecken war. Dieser Entwurf musste für Menschen unvertraut sein, die ohne Computer, nur mit Reißschiene, Bleistift und Zirkel der lebhaften Phantasie des Architekten nachspüren konnten. Doch nur wenige Jahre später wurde das epochemachende Wunderwerk der modernen Baukunst an das Publikum und die Stadt übergeben und festlich mit Beethovens 5. Sinfonie unter Leitung Herbert von Karajans eingeweiht.

Natürlich ist auch ein architektonischer Mythos wie die Philharmonie dem physischen Prozess von Altern und Verschleiß, der Reparaturbedürftigkeit und Umsetzung energetischer Anforderungen unterworfen, zumal nach Jahrzehnten intensiver Nutzung. Das müssen nicht immer große Interventionen sein. Aber unter Beachtung und Berücksichtigung der Auflagen des Denkmalschutzes, die hier natürlich vorlagen, sind auch kleine Eingriffe mit höchster Sorgsamkeit vorzunehmen. Erhalt des Originals und moderne Erneuerung müssen in Übereinstimmung gebracht werden. Zeitgemäß war beispielsweise die bauzeitlich großflächige Verglasung des Hauptfoyers nur mit einfachen Gläsern erfolgt. Jetzt wurden sie durch Isoliergläser ersetzt, die zu enormen energetischen Einsparungen führen, aber dazu musste die gesamte Konstruktion neu geplant und errichtet werden, ohne dass man ihr die Änderungen ansieht.

Entscheidend bei Maßnahmen an einem solch herausragenden Gebäude ist die Haltung, mit der an die nötigen Arbeiten herangegangen wird. Beliebt ist gegenwärtig, mit einem kontrastierenden Vokabular vorzugehen, damit die Eingriffe deutlich sichtbar sind und dem heutigen Verfasser personell zugeordnet werden können. Kahlfeldt Architekten entschieden sich für den anspruchsvolleren Weg, hinter die Bestandsästhetik Hans Scharouns zurückzutreten und im Geist und Sinn der damaligen Gestaltung weiterzubauen, allerdings ohne epigonale Kopie, also nicht mit einer expressiven Designsprache auf Scharoun zu antworten und seine Phantasie damit gleichsam zu verdoppeln. Vielmehr fertigten sie mit dem selbstbewussten Respekt vor der historischen Leistung eigene, ästhetisch

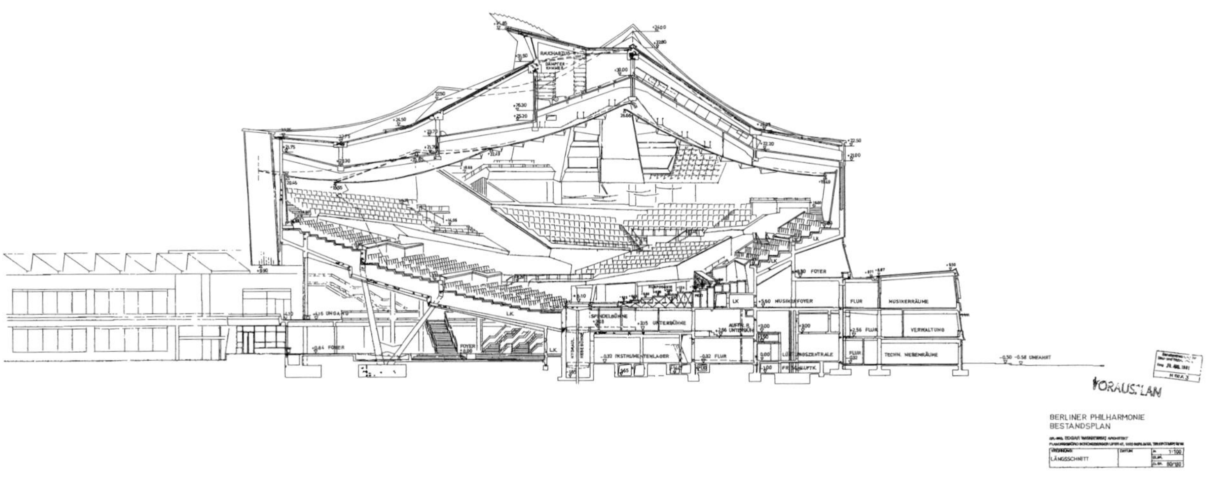

Ansicht von Nordwesten 1965
Längsschnitt 1963

angeschmiegte Entwürfe an, die gleichwohl erkennbar neu sind.
Das betrifft konkret das Konzept des „fließenden Grundrisses", des sich frei hinziehenden Hauptfoyers. Er zählt zu den berühmten Elementen nicht nur der architektonischen Moderne insgesamt, sondern speziell auch der Philharmonie. Unter der Saaldecke breitet sich das Foyer landschaftsartig mit kleinen Absätzen, Podien und Treppen aus; lebendig gefüllt bei Konzerten, summend vor Noblesse und Festlichkeit. Einbauten sollten hier nicht störend dazwischentreten und die freie Entfaltung des Publikums kanalisieren. Die zwischenzeitlich aufgestellten Verkaufs- und Informationsstände etwa wirkten provisorisch und ließen eine Gestaltung vermissen. Sie wurden zusammengefasst zu einem Verkaufsbereich, der sich mit einer zurückhaltend einfachen Glasfassade in die Nordostecke des Foyers fügt. Nötig wurde auch ein weiterer Getränketresen, da die Bestandsbar dem Ansturm der Gäste nicht mehr gewachsen war. Er wurde um die V-Stütze im Zentrum des Foyers gebaut, die den Saal trägt. Die orange beschichtete Holzkonstruktion nimmt das vorherrschende Farbspektrum auf und birgt in sich die nötigen Funktionen von Kühlen und Lagern. Im gleichen Duktus, aber in Gelb, wurden auch die beiden Informationsstände gestaltet, der eine direkt am Eingang neben der Kassenanlage, der zweite beim Zugang zum Foyer. Sie alle sind von rational nachvollziehbarer Konstruktion, ohne dass sie mit der expressiven Ästhetik des Raums kontrastieren. Eine räumliche Bereicherung ist eine neue Lounge, die im ehemaligen Presseraum eingerichtet wurde, der jahrelang bloß als Abstellkammer genutzt worden war. Hier können Dinners oder Empfänge veranstaltet werden; ein Zusatzangebot, das im Lauf der Jahre immer wichtiger geworden ist.
Die Philharmonie war ursprünglich der Nukleus des neuen Kulturforums, das Berlin im Tiergarten einrichten wollte. Es war Teil eines die gesamte Stadt überspannenden Plans der Neuorganisation Berlins nach dem Zweiten Weltkrieg, den Hans Scharoun selbst 1947 in seinem Kollektivplan hatte. Diese Utopie blieb Fragment, nur das Hansaviertel und das Kulturforum zeugen noch von ihr. Neben der Neuen Nationalgalerie von Ludwig Mies van der Rohe (1968) gehörte auch der Kammermusiksaal als kleinerer Zwilling der Philharmonie dazu, den Scharouns Büronachfolger Edgar Wisniewski 1987 errichtete–gut doppelt so groß wie von Scharoun konzipiert. Über lange Jahre lag das Kulturforum im äußersten östlichen Zipfel West-Berlins und wurde durch die Berliner Mauer begrenzt. Der verheißungsvolle Fall der Mauer 1989 hatte im unmittelbaren städtebaulichen Umfeld des Kulturforums zur Folge, dass die Brachflächen des Potsdamer und des Leipziger Platzes nun wieder bebaut wurden. Für die Philharmonie hieß das, dass sie – obwohl von ihrem Entwurfsprinzip her richtungslos–auf einmal eine Rückseite hatte, auf die Besucher und Publikum stießen, wenn sie aus der Mitte der Stadt kamen. Der alte Haupteingang zum Tiergartenpark im Nordwesten des Gebäudes bedurfte einer Ergänzung auf der städtischen Seite der Philharmonie.
Der neue Osteingang wurde 2008 dort eingerichtet, wo die Foyers von Kammermusiksaal und Philharmonie aufeinanderstoßen. Er liegt benachbart dem seit je vorhandenen Eingang für Musiker und Verwaltung. Kahlfeldts widerstanden der Versuchung, das weit vorgezogene Baldachindach des Haupteingangs der Philharmonie zu kopieren. Stattdessen entschieden sie sich, an den Sockelbau eine Konstruktion zu montieren, die aus drei komplett verkleideten Stahlträgern besteht. Der Grundriss dieses Bauteils ist kristallin unregelmäßig, ohne einer expressionistischen Geste zu folgen. Eine weitere Maßnahme zog die Fensterfront des Foyers unter dem neuen Dach so vor die Fassadenflucht, dass ein großzügig einheitlicher Raum zwischen den Foyers von Kammermusiksaal und Philharmonie entstand. Die Aufschrift und die einladenden gelben Farben sagen hier nun „Eingang", ohne dass sie als baulicher Fremdkörper in Erscheinung treten.

Eingang Ostseite vor Umbau 2006
Modell 2006
Pflanzeninsel Foyer vor Umbau 2003
Chorsaal vor Umbau 2003
Presseraum vor Umbau 2005

PHILHARMONIE

PHILHARMONIE

LAGEPLAN 2010

ERDGESCHOSS 2010

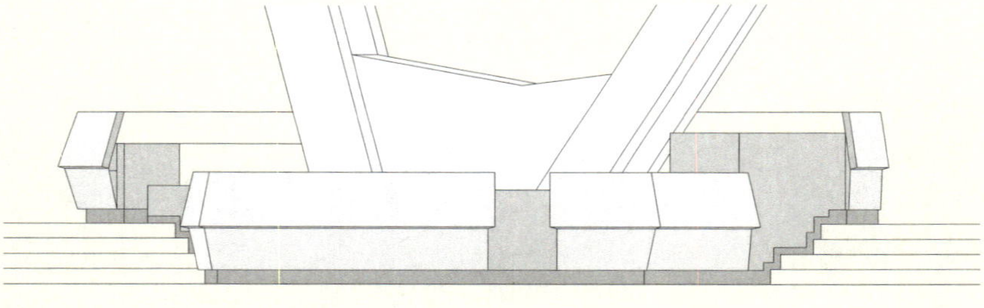

ANSICHT VON OSTEN   TRESEN IM FOYER   2011

OSTEINGANG VON AUSSEN VON INNEN 2011

FOYERLANDSCHAFT 2004

ORCHESTERPROBESAAL 2004

PROJEKTVERZEICHNIS

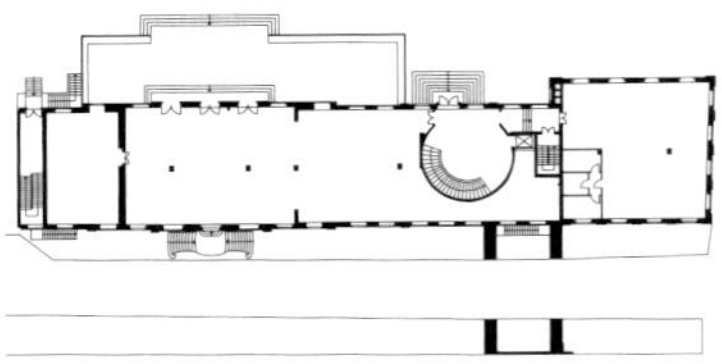

Prinzessinnenpalais
Unter den Linden 5
Berlin-Mitte

Fertigstellung 1733
Architekt Friedrich W. Diterichs
Bauherr General von Becheffer

Umbau 1 1811
Architekt Heinrich Gentz
Bauherr König Friedrich Wilhelm II.

Umbau 2 1963
Architekt Richard Paulik
Bauherr Magistrat Stadt Berlin

Umbauplanung 2008
Architekt Petra und Paul Kahlfeldt
Abkürzung: PPK
Bauherr Treuhand Liegenschaften Berlin

Das sogenannte Prinzessinnenpalais, geschaffen für die Töchter Friedrich Wilhelms III., entstand mit seiner Ausrichtung zu den Linden durch die Verbindung zweier Gebäude am Festungsgraben mit einem eingefügten Mittelrisalit und gehört zu den wenigen Bauten an diesem Straßenzug, deren äußere Gestaltung mehr oder weniger originalgetreu nach dem Kriege wiederhergestellt wurde. Der Innenausbau berücksichtigte dagegen keinerlei historische Vorgaben. In Vorbereitung des Auszugs des historischen Operncafés 2008 wurden denkmalverträgliche Nutzungsszenarien in weitentwickelten Planungen erarbeitet und mit den Behörden abgestimmt.

Wohn- und Geschäftshaus
Brandenburger Straße 34
Potsdam

Fertigstellung 1734
Architekt N. N.
Bauherr N. N.

Umbau 1 1886
Architekt Albert Höller (Zimmerermeister)
Bauherr Buchhändler Buchholz

Umbau 2 1901
Architekt August Erxleben Baugeschäft
Bauherr Familie Buchholz

Umbauplanung 2015
Architekt PPK
Bauherr Massih Grundstücksgesellschaft

Das im Zuge der zweiten Potsdamer Stadterweiterung von 1773 errichtete Haus nahe dem Bassinplatz entspricht bis heute dem strikt typisierten und von Friedrich Mielke katalogisierten Wohnhaus: In der Ansicht gleichen sie sich bis auf wenige Details. Alle Häuser sind zweigeschossig, von fünf Achsen Breite, der Eingang mittig, der Grundriss abhängig von der Lage der internen Treppe.

Die Erforschung der Bau- und Reparaturgeschichte war ebenso Teil der Entwurfserarbeitung wie die denkmalverträgliche Umgestaltung des Erdgeschosses mit rückwärtiger Remise für eine Handelsnutzung sowie der Ausbau des Dachgeschosses.

Hauptverwaltung der Berliner Stadtreinigung und Berufsinformationszentrum
Ringbahnstraße 96
Berlin-Tempelhof

Fertigstellung 1866
Architekt C. Bernhardt
Bauherr Garde-Train-Bataillon

Umbau 1999
Architekt PPK
Bauherr BSR

Viel historische Bausubstanz ist von den Gebäuden der ehemaligen Eisenbahnregimenter auf dem heutigen Gelände der Hauptverwaltung der BSR in Tempelhof nicht erhalten geblieben. Der Abbruch eines erhaltenen Verwaltungsgebäudes war bereits 1972 beschlossen, wurde aber nicht ausgeführt, und so konnte 1999 hier der neue Sitz der Firmenzentrale entstehen. Dazu erfolgten eine Dachaufstockung und die umfängliche Sanierung des baulichen Bestandes,

die auch die Schaffung eines neuen repräsentativen Haupteingangs vorsah.

Die bauzeitlichen Pferdeställe aus der militärischen Nutzung des Areals wurden zu einem Ausbildungszentrum der BSR umgebaut, wobei ein Erschließungsflur als Stahl-Glas-Konstruktion fassadenseitig außen ergänzt wurde.

Schultheiß Brauerei Moabit
Stromstraße 11–17
Berlin-Moabit

Fertigstellung 1874
Architekt Friedrich Koch
Bauherr Actien-Brauerei-Gesellschaft Moabit

Umbau 1 um 1899
Architekt G. Lüdicke
Bauherr Actien-Brauerei-Gesellschaft Moabit

Umbauplanung 2014
Architekt PPK
Bauherr Stromstraße 11–17 GmbH & Co KG, HLG Münster

Das seit 1826 als Brauereigelände genutzte große Areal an der Turm-, Strom- und Perleberger Straße ist ein gut erhaltener Gebäudekomplex, der die Entwicklung des Brauereiwesens in Berlin dokumentiert. Seine Fassadengestaltung im mittelalterlich wehrhaften Burgenstil, die als Markenzeichen für die solide, deutsche Qualität des hier gebrauten Bieres stehen sollte, gehört zu den markantesten Bauwerken Moabits. Ziel der Entwurfsplanung war die Erarbeitung eines tragfähigen denkmalverträglichen Entwurfskonzepts, um die seit 1980 leerstehenden großflächigen Gebäudeanlagen in eine Nutzung als Einkaufszentrum zu überführen.

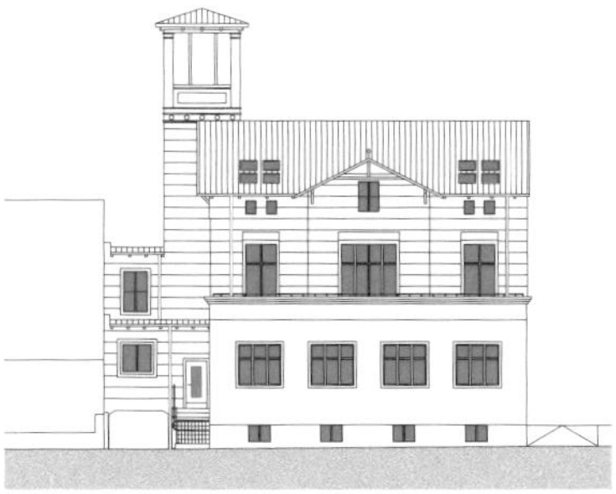

Geschäftshaus Villa Ilse
Fasanenstraße 78
Berlin-Charlottenburg

Fertigstellung 1874
Architekt H. Sobotta Maurermeister
Bauherr Leopold Ilse

Umbau 1 1922
Architekt Ernst Schröter Maurermeister
Bauherr Ernst Walterstein

Umbau 2 1993
Architekt Wolf-Rüdiger Borchardt
Bauherr Bankhaus Löbbecke

Umbauplanung 2018
Architekt PPK
Bauherr Fininvest GmbH

Villa Ilse, benannt nach ihrem Bauherrn, dem Geheimen Preußischen Expeditionssekretär Leopold Ilse, die wir heute als einzeln stehendes Gebäude kennen, war vormals Teil einer symmetrischen Doppelhausbebauung, weswegen sie an ihrer Südfassade bis heute keine Fassadenöffnung aufweist. Die meisten an und in der Villa vorgenommenen Veränderungen, bis hin zu dem rückwärtigen Geschäftshausanbau, haben wenig zur optischen Integrität der Villa beigetragen. Im Zuge der denkmalgerechten Neufassung wurden Ergänzungen in der stofflichen Eigenheit des Gebäudes vorgeschlagen.

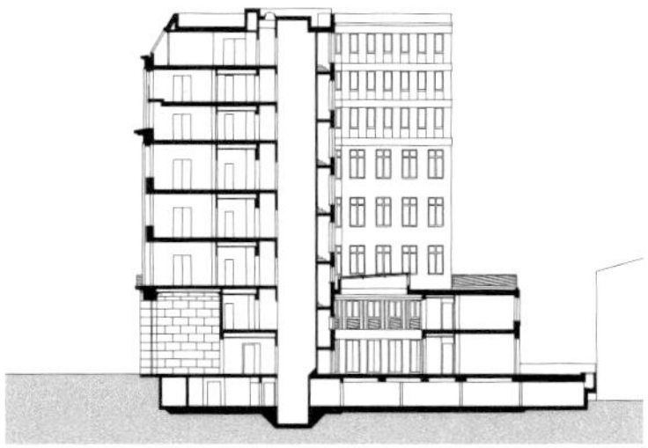

Bürogebäude
Taubenstraße 23
Berlin-Mitte

Fertigstellung 1885
Architekt N. N.
Bauherr N. N.

Umbau 1 1924
Architekt Paul Zucker
Bauherr Bankhaus Lehmann
Wettbewerbsgewinn 2002

Umbau 2004
Architekt PPK
Bauherr Dr. Wilhelm Winterstein

Das bauzeitliche Gebäude, im historistisch-eklektischen Stil gebaut, hatte, wie viele Häuser am Hausvoigteiplatz, in seinen Etagen seit 1875 Konfektionsbetriebe aufgenommen, bis es 1924 im Auftrag einer Großbank durch den Architekten Paul Zucker um zwei Etagen aufgestockt und mit einer Fassade im Stil der Neuen Sachlichkeit umgebaut wurde. Als Teil der Akademie der Wissenschaften der DDR waren erhebliche Umbauten für dienende Nutzungen wie Wäscherei und Großbäckerei durchgeführt worden. Mit Gewinn des Architekturwettbewerbs, der den Erhalt der Straßenfassade mit einem dahinterliegenden Neubau vorsah, konnte die strukturelle Eigenheit der bauzeitlichen Fassung mit der Zucker'schen Fassade harmonisch zu einem Ganzen gefügt werden.

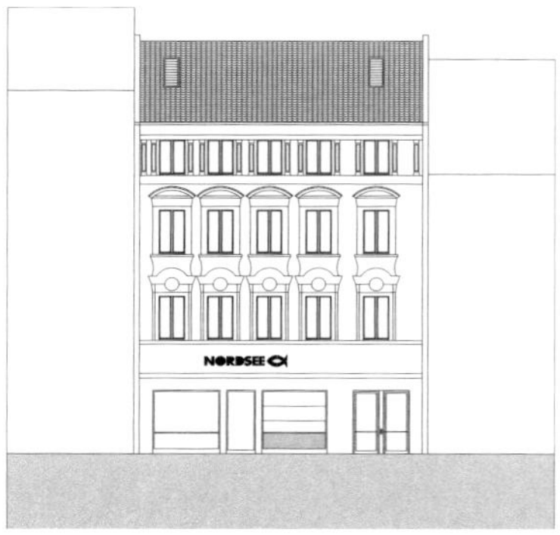

Wohn- und Geschäftshaus
Schloßstraße 23
Berlin-Steglitz

Fertigstellung 1888
Architekt N. N.
Bauherr N. N.

Umbau 2003
Architekt PPK
Bauherr Nordsee GmbH

Im Zuge der Umgestaltung und Vergrößerung der Ladeneinheit für die Fischhandlung Nordsee im Erdgeschoss des kaiserzeitlichen Hauses wurden die darüber liegenden Wohnungen umfassend instandgesetzt und erhielten hofseitig neue Balkone. Die gut erhaltene gründerzeitliche Straßenfassade wurde saniert und farblich neu gefasst.

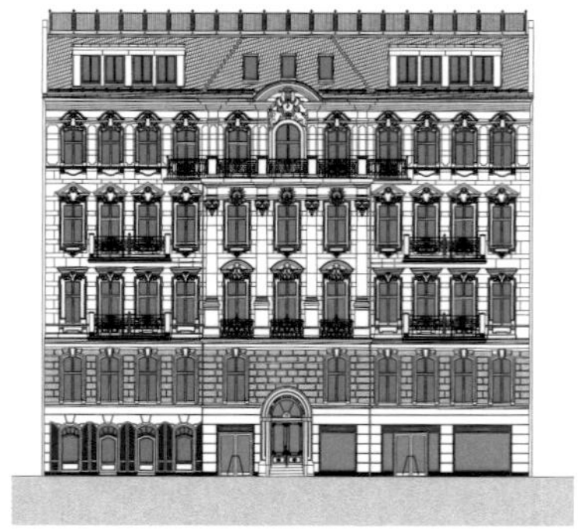

Büro- und Geschäftshaus
Kurfürstendamm 15
Berlin-Charlottenburg

Fertigstellung 1889
Architekt Richard Beyme
Fassade Alfred Messel
Bauherr Richard Beyme

Umbau 2020
Architekt PPK
Bauherr Centrum Berlin

Richard Beyme war sowohl Bauherr als auch Architekt dieses Wohnhauses mit Luxuswohnungen, dessen Fassadengestaltung er an seinen Kollegen Alfred Messel übertrug. Mit seinen neubarocken Formen und einer außergewöhnlich hohen künstlerischen Ausstattung ist das Haus ein typisches Beispiel für die Mietshausprachtbauten des Boulevards. Nach dem Krieg durch eine Hotelnutzung baulich stark überformt, werden mit dem Umbau zu einem Bürogebäude und zwei Läden im Erdgeschoss die bauzeitlichen großbürgerlichen Raumdimensionen, Materialien und Oberflächen wiederhergestellt.

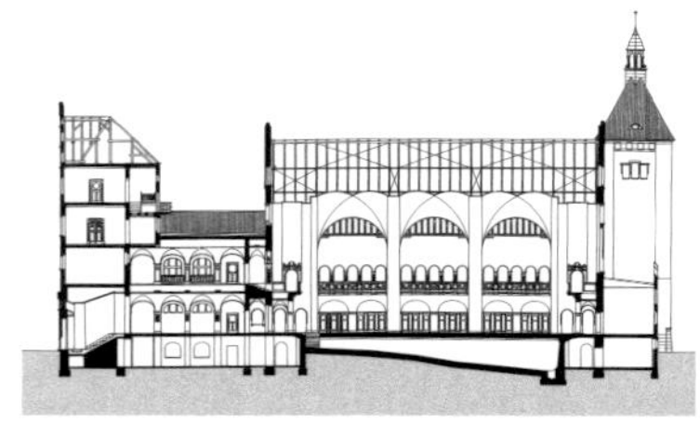

Stadtbad Prenzlauer Berg
Oderberger Straße 58
Berlin-Prenzlauer Berg

Fertigstellung 1902
Architekt Ludwig Hoffmann
Bauplastischer Schmuck Otto Lessing
Bauherr Stadt Berlin

Umbauplanung 2001
Architekt PPK
Bauherr Artprojekt, Th. Hölzel

84 Jahre konnte die Volksbadeanstalt Prenzlauer Berg in der Oderberger Straße ihren sanitären und sozialen Aufgaben als wichtiger Bezugspunkt in der hochverdichteten Stadt nachkommen, bis sie 1986 aus Sicherheitsgründen nach unsachgemäß ausgeführten Ergänzungsbauten geschlossen werden musste.
Der Umplanungsentwurf von PPK sah eine Hotelplanung für die geschossweise organisierten Gebäudeteile sowie auf dem unbebauten Nachbargrundstück vor. Die räumlich und von Ihrer architektonischen Gliederung und Ausstattung spektakuläre Schwimmhalle war kultureller Nutzung vorbehalten.

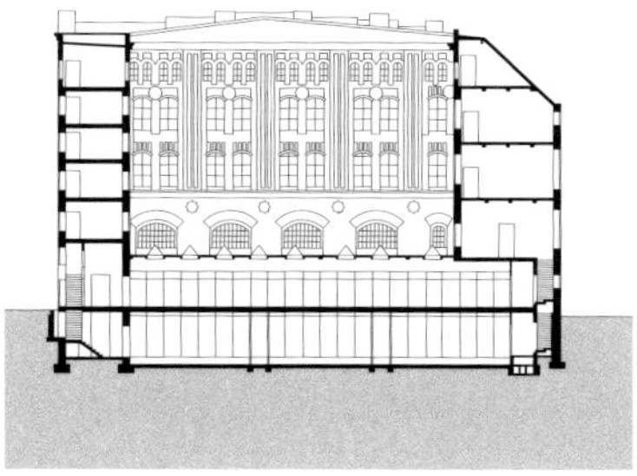

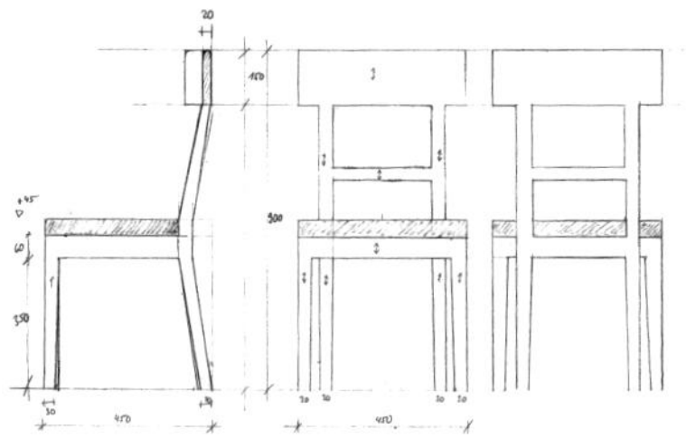

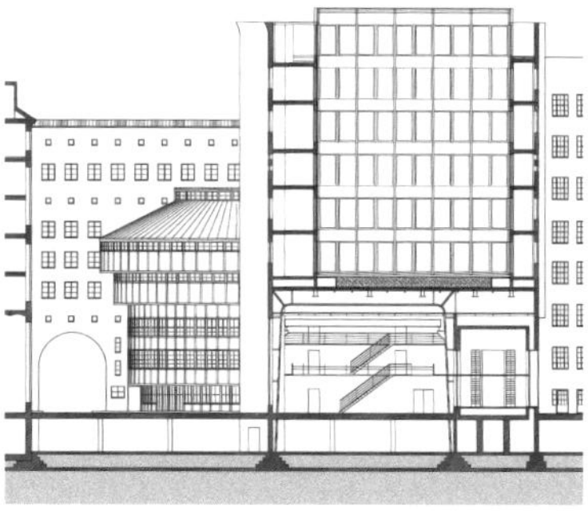

Umspannwerk Koppenplatz
Auguststraße 56–57 / Koppenplatz 3–4
Berlin-Mitte

Fertigstellung 1. Bauabschnitt 1906
Architekt Franz Heinrich Schwechten
Bauherr Bewag

Fertigstellung 2. Bauabschnitt 1926
Architekt Hans Heinrich Müller
Bauherr Bewag

Instandsetzung Fassaden 2015
Architekt PPK
Bauherr Vattenfall Berlin

Zunächst wurde das Umspannwerk 1906 in der Auguststraße durch Franz Schwechten errichtet, 20 Jahre später ein zweiter Bauteil durch Hans H. Müller, der sich von der Auguststraße bis zum Koppenplatz durchsteckt. Beide Straßenfassaden wurden aus Backstein mit kleineren Putzflächen errichtet, wobei Schwechten die technische Funktion seines Gebäudes thematisiert, Müller dagegen eine formale Anlehnung an die benachbarten Stuckfassaden sucht. Ziel der Fassadeninstandsetzung beider Bauteile war die Sanierung und Wiederherstellung der bauzeitlichen Fassadenfassungen.

Haus Schröder
Königsberger Straße 24
Berlin-Lichterfelde

Fertigstellung 1906
Architekt Adolph Born
Bauherr Familie Renthin

Umbau 2007
Architekt PPK
Bauherr Kondius AG

Im späten 19. Jahrhundert begannen Terrainentwickler die Felder der Dörfer im Berliner Umland zu kaufen, zu entwickeln und zu parzellieren, um sie siedlungsartig mit Villen und Landhäusern für die Berliner zu bebauen, die der Stadt entfliehen wollten. So entstand ein vielfältig interpretierter Wohnhaustypus, der heute auch in Lichterfelde zu finden ist.
Bei dem bereits gewerblich genutzten Landhaus galt es, die historischen Raumzusammenhänge und -ausstattungen wieder freizulegen sowie Änderungen und Ergänzungen mit hohem gestalterischen Anspruch so vorzunehmen, dass alle Schichten unter einer gemeinsamen Entwurfshaltung zu einem neuen, zeitgemäßen Ganzen zusammengeführt werden konnten.

Abspannwerk Buchhändlerhof
Mauerstraße 80
Berlin-Mitte

Fertigstellung Gleichrichterwerk 1906
Architekt Otto Springmann
Bauherr Städtische Electrizitäts-Werke

Fertigstellung Abspannwerk 1928
Architekt Hans Heinrich Müller
Bauherr Bewag

Umbauplanung 1999
Architekt PPK
Bauherr SPM Technologies

Auf dem Standort in der historischen Mitte Berlins befand sich ursprünglich das erste Kohlekraftwerk mit einer Vielzahl von baulichen Nebenanlagen. Nach Verlagerung des Kraftwerks an einen anderen Standort erfolgten in den 20er Jahren Um- und Neubauten zu einem Stromverteilungsschwerpunkt. Nach kriegsbedingten Beschädigungen und provisorischer Reparatur wurde die Gebäudeanlage vom VEB Energie bis 1989 genutzt. Im Zuge der Erneuerung und Zusammenführung der Stromversorgung von West- und Ostberlin verlor die Anlage ihre Notwendigkeit und der Techno-Club E-Werk zog ein. Nach Erwerb des Areals durch ein Technologieunternehmen erfolgte die Planung zu einem Büro- und Verwaltungsgebäude. Die Umsetzung erfolgte durch ein Ingenieurbüro.

Büro- und Geschäftshaus
Kurfürstendamm 56–58
Berlin-Wilmersdorf

Fertigstellung 1907
Architekt Hans Toebelmann, Henry Groß
Bauherr Carl Toebelmann

Umbau 1 1936
Architekt Fassade Albert Speer
Bauherr Feldmühle Papier- und Zellstoffwerke AG

Umbau 2000–2010
Architekt PPK
Bauherr Paxmann Vermögensverwaltung

Den ganzen nördlichen Block am Kurfürstendamm zwischen Wieland- und Leibnizstraße haben sie gebaut: Carl Toebelmann als Bauherr, Hans Toebelmann und Henry Groß als Architekten und die Baufirma Toebelmann und Groß als bauausführende Firma.
Die fünfgeschossigen Häuser enthielten hochherrschaftliche Wohnungen von 8–11 Zimmern und die Fläche des heutigen Walter-Benjamin-Platzes war ihr dazugehöriger Tenniscourt.
Zur Olympiade 1936 wurden die Fassaden modernisiert und bis zum 1. Obergeschoss mit römischem Travertin bekleidet.
In einer über zehn Jahre andauernden Instandsetzung aller Etagen in allen drei Häusern wurden die bauzeitlichen Raumzuschnitte wiederhergestellt und für eine zeitgemäße Büronutzung gestaltet.

Bürodienstgebäude
Krausenstraße 38
Berlin-Mitte

Fertigstellung 1911
Architekt Hermann Dernburg, Albert Bohm
Bauherr A. Vensky, H. Brecht

Umbau 1 1937
Architekt N. N.
Bauherr Alfred Hugenberg

Umbau 2 1950
Architekt N. N.
Bauherr Landwirtschaftsakademie der DDR

Umbauplanung 1999
Architekt PPK
Bauherr Wert-Konzept, Reinhard Müller

Das Gebäudeensemble sollte als Projekt einer „Public Private Partnership" zum Dienstsitz des Landeskonservators und Sitz des Landesdenkmalamts Berlin ausgebaut werden. Die weitgehend fertiggestellten Umbauplanungen wurden nicht realisiert, da sich das Land Berlin schlussendlich nicht zu solch einem Verfahren entschließen konnte.

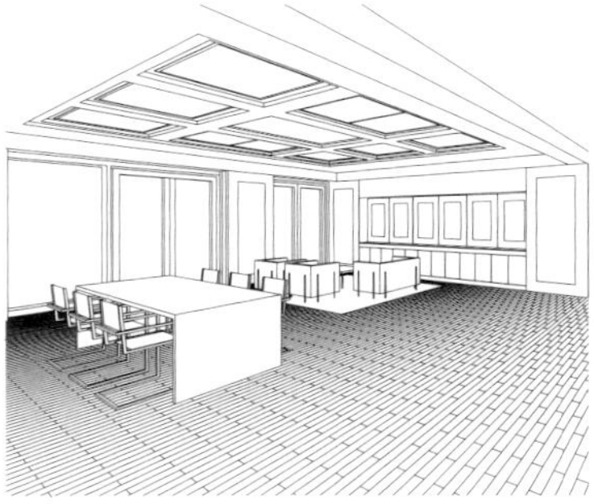

Römischer Hof
Verlagsräume Condé Nast
Unter den Linden 10
Berlin-Mitte

Fertigstellung 1912
Architekt Kurt Behrendt, A.F.M. Lange
Bauherr Grundstücks- und Baugesellschaft U. d. Linden 39

Umbau 1 1935
Architekt Friedrich Mellin
Bauherr Deutsche Verkehrs- und Kreditbank AG

Umbau 2 2005
Architekt Axthelm Frinken
Bauherr VIVICO

Umbau 2007
Architekt PPK
Bauherr Condé Nast Verlag GmbH

Es war nur der zur Charlottenstraße gelegene Teil des Büro- und Geschäftshauses, der bei einem schweren Luftangriff 1943 beschädigt wurde. Über alle unterschiedlichen Nutzungen zur DDR-Zeit hinweg wurden die Kriegsschäden erst im Jahr 2005, dafür dann aber einhergehend mit einer Totalentkernung des Hauses, beseitigt.
Im 5. und 6. Obergeschoss erfolgte der mietereigene Ausbau der Redaktionsräume für den amerikanischen Verlag Condé Nast für die Redaktionen der Zeitschriften Architectural Digest und Vanity Fair.

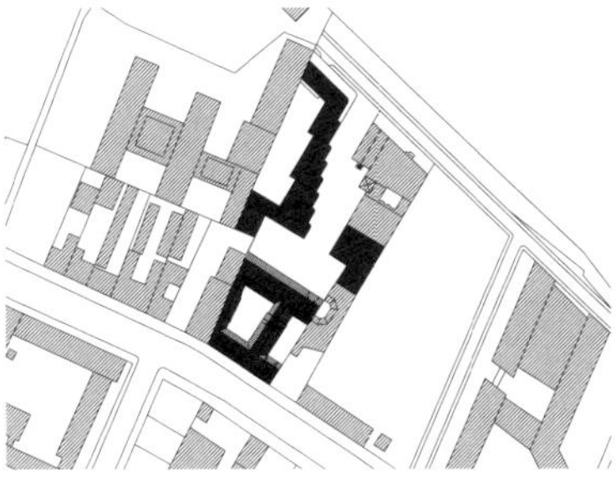

Eisfabrik Berlin
Köpenicker Straße 40/41
Berlin-Kreuzberg

Fertigstellung Wohnhäuser 1909,
Eisfabrik und Kühlhäuser 1922
Architekt Albert Biebendt,
Bauunternehmung
Bauherr Norddeutsche Eiswerke AG,
Carl Bolle

Umbauplanung ab 2009
Architekt PPK
Bauherr TLG Immobilien AG

Das Gebäudeensemble zwischen Köpenicker Straße und Spree besteht aus einem straßenseitigen Wohnblock, dem durch einen Brand ein Teil fehlt, einem direkt daran anschließenden Bürogebäude, mehreren Kühlhäusern und der eigentlichen Eisfabrik an der Spree.
Mit der Umbauplanung wurden das Wohnhaus mit einem Neubauteil, das Bürogebäude und die Eisfabrik für ein berlintypisches gemischtes Nutzungsszenario denkmalverträglich überplant; die ehemaligen Kühlhäuser mussten wegen großmaßstäblich eingebrachter Schadstoffe in Form von teergebundenen Korkblöcken als Wärmedämmung dekontaminiert und abgetragen werden.

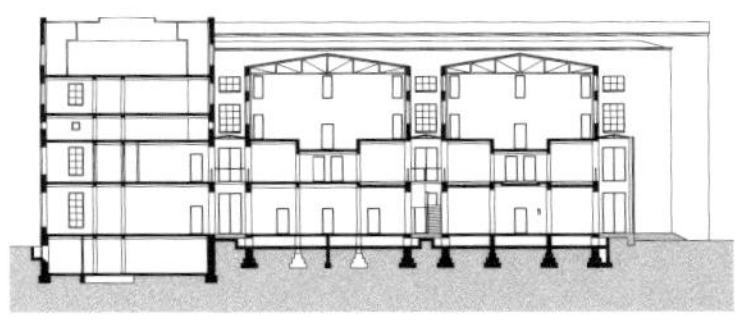

Abspannwerk Uklei
Am Juliusturm 2–8
Berlin-Spandau

Fertigstellung 1928
Architekt Hans Heinrich Müller
Bauherr Bewag

Umbau 2021
Architekt PPK
Bauherr Stromnetz Berlin

Das Abspannwerk mit einem angegliederten Wohnhaus für Mitarbeiter war bis zum Jahr 1984 in Betrieb. Nach dem seinerzeit erfolgten Ausbau der Technik stand das Werk leer und wurde als Lagergebäude genutzt.
Seit 2018 wird das Werk im Rahmen der Neuorganisation der Stromverteilung Berlins zu einem Verwaltungsgebäude umgebaut, wobei die denkmalgeschützten Bauvolumina und die Fassaden erhalten bleiben. Unter Erhalt der bauzeitlichen Erschließungswege wurden die ehemaligen Schaltebenen durch Neubaudecken ersetzt.

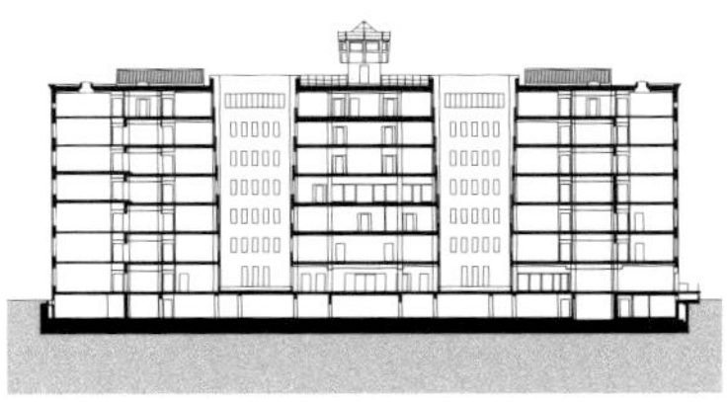

Vattenfall Kundenzentrum
Sellerstraße 16
Berlin-Wedding

Fertigstellung 1928
Architekt Hans Heinrich Müller
Bauherr Bewag

Umbau 2006
Architekt PPK
Bauherr Rosco Projektmanagement

Das Großabspannwerk Scharnhorst wurde als Bestandteil des seit 1924 gültigen Stromverteilungskonzeptes für Groß-Berlin realisiert. Technische Veränderungen erforderten 1982 die Abschaltung dieser großen Industrieanlage. Wie für alle Großabspannwerke wählte der Chefarchitekt der Bewag Hans H. Müller zur Gliederung der Baumassen für den geschlossenen, kompakten Baukörper historische Referenzbauten. Hier waren es Einflüsse persischer Architektur.
Im Zuge der denkmalverträglichen Transformation zu einem Verwaltungsgebäude für 650 Mitarbeiter wurden die schmalen Entrauchungsschlitze zu innenliegenden Lichthöfen vergrößert, das Stahlskelett in den Ausbau integriert, die Fensteranlagen insgesamt erneuert.

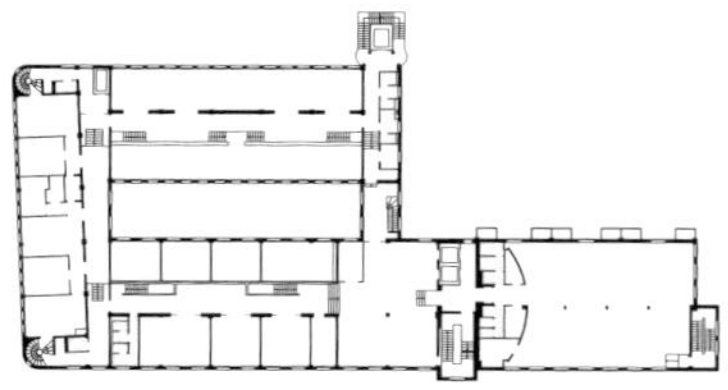

MetaHaus
Leibnizstraße 65
Berlin-Charlottenburg

Fertigstellung 1928
Architekt Hans Heinrich Müller
Bauherr Bewag

Umbau 2002
Architekt PPK
Bauherr MetaDesign / Jahr Vermögensverwaltung

Hans H. Müller hatte für den Block südlich der Bahn bis zur Niebuhrstraße einen blockähnlichen Palazzo geplant, der jedoch als Teil des 1. Bauanschnitts 1924 nicht ganz realisiert wurde. Technische Veränderungen erforderten 1984 die Abschaltung dieser großen Industrieanlage, die nach dem Krieg 1951 mit einem nördlichen Anbau Richtung Bahntrasse erweitert wurde. Im Zuge der denkmalverträglichen Transformation zu einem Verwaltungsgebäude für 350 Mitarbeiter der Firma MetaDesign wurden zeitgenössische Belange nach Haustechnik, Brandschutz, Schallschutz und Wärmeverhalten der Bauteile strikt dem konzeptionellen Erhalt des industriellen Gebäudecharakters untergeordnet.
Für die Komplettierung der Bauform, wie Müller sie entwarf, ist die Baugenehmigung im Jahr 2020 erteilt worden.

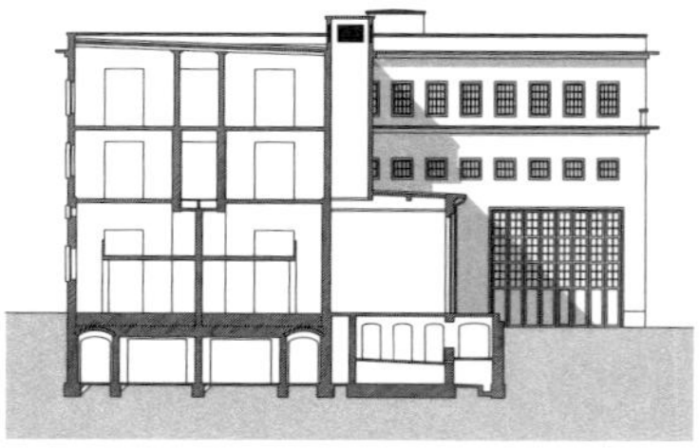

30-kV-Umspannwerk Steglitz
Birkbuschstraße 40–44
Berlin-Steglitz

Bauteil 1 Fertigstellung 1929
Architekt Egon Eiermann
Bauherr Bewag

Bauteil 2 Fertigstellung 1939
Architekt Bauabteilung Bewag
Bauherr Bewag

Bauteil 3 110-kV-Anlage
Fertigstellung 1979
Architekt Bauabteilung Bewag
Bauherr Bewag

Umbau 2020
Architekt PPK
Bauherr Stromnetz Berlin

Die Um- und Abspannanlagen befinden sich auf dem großflächigen Areal des ursprünglichen Kraftwerks Steglitz und unterliegen ständigen Anpassungen an veränderte technische Anforderungen. Die historischen Bauten aus den Jahren 1929 und 1939 wurden in den 80er Jahren des 20. Jahrhunderts teilweise abgeschaltet und in den Neubau der 110-kV-Anlage integriert. Alle bauzeitlichen Fassaden wurden ab 2016 umfassend saniert und instandgesetzt. In Planung und Realisierung ist der Umbau des 30-kV-Gebäudes, in das ab 2020 ein Museum der Energie einziehen wird.

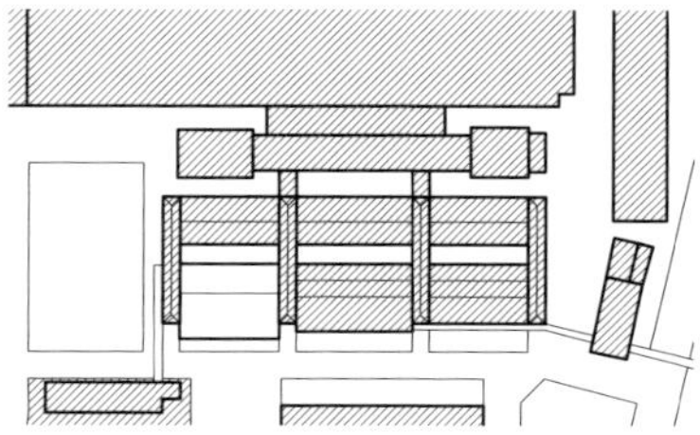

Umspannwerk Reuter
Otternbuchstraße 11
Berlin-Siemensstadt

Fertigstellung 1929
Architekt Hans Hertlein
Bauherr Bewag

Umbau 2009
Architekt PPK
Bauherr Vattenfall Berlin

Das 1929 von Hans Hertlein errichtete Umspannwerk war ein beeindruckendes Backsteingebäude, das bauzeitlich über einen prägnanten Volumenrhythmus aus sich zurückstaffelnden Schaltebenen mit schlanken, ohne Versatz emporragenden Treppenhäusern gegliedert war. Bereits mehrfach grundlegend umgebaut, folgt

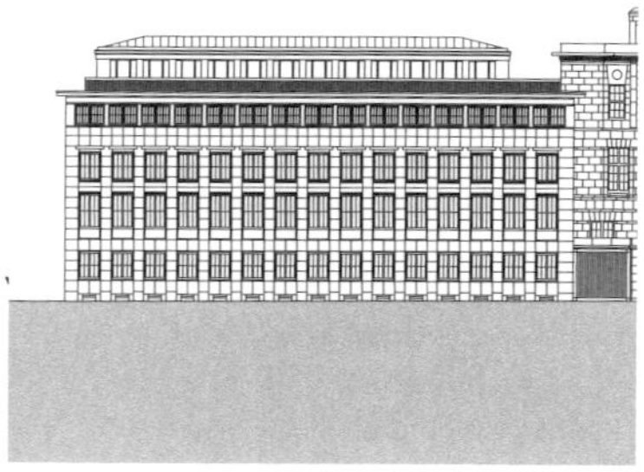

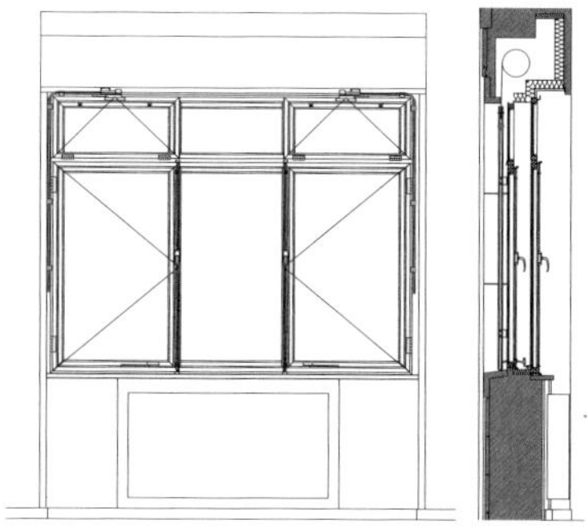

Ehem. Reichsknappschaftsgebäude
Rüdesheimer Straße 54–56
Berlin-Wilmersdorf

Fertigstellung 1932
Architekt Max Taut, Franz Hoffmann
Bauherr Reichsknappschaft Berlin

Umbauplanung 2017
Architekt PPK
Bauherr Bauabteilung Freie Universität Berlin

Als Bürogebäude für die Reichsknappschaft 1932 errichtet, ist das Gebäude heute Sitz der Bauabteilung und des Lateinamerika-Instituts der FU Berlin. Charakteristisch für den Baukörper ist die bauzeitlich erhaltene elegante Fassadenbekleidung mit Siegerdorfer Keramikplatten und die Fensterausbildung mit schlanken Stahlprofilen. Die Glashalteleiste ist aus Eichenholz. Ziel der Sanierungsplanung war eine Förderung der Behaglichkeit in den Büro- und Seminarräumen, die Behebung der Tauwasserproblematik im Fensterbereich und eine energetische Verbesserung unter größtmöglichem Erhalt der denkmalgeschützten originalen Bausubstanz.

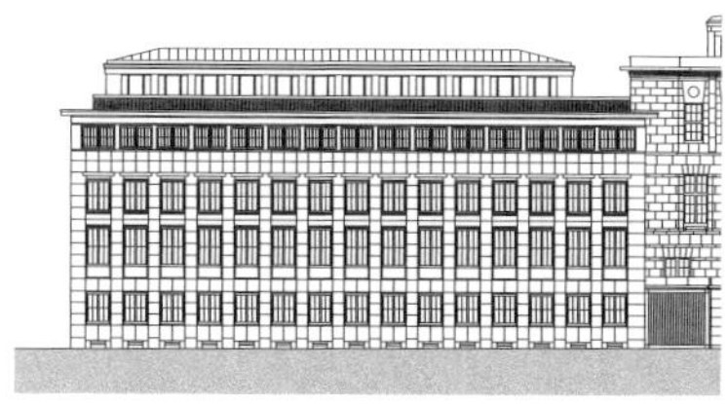

Nordflügel des Palais Langen
Christophstraße 15
Köln-Neustadt

Fertigstellung 1937
Architekt Bruno Paul mit Weber und Satink
Bauherr Hans Gerling

Umbau I 1951
Architekten Kurt Groote, H. Hentrich und H. Heuser
Bauherr Hans Gerling

Umbau 2011
Architekt PPK
Bauherr Frankonia Eurobau / Immofinanz Köln

Aus der architektonischen Keimzelle des sogenannten Palais Langen (errichtet 1880) entstand durch die Anbauten eines Südflügels 1931 und eines Nordflügels 1936 durch Bruno Paul eine symmetrische, dreiteilige Baugruppe für den Gerlingkonzern. Nach dem Krieg hat Kurt Groote 1951, unter Mitwirkung Arno Brekers für den Innenausbau, das Langen'sche Palais weitgehend neu errichtet, die Flügelbauten damit räumlich verbunden und in einer architektonischen Neufassung zugespitzt. Mit Verkauf des gesamten Gerlingareals 2006 wurde der Nordflügel mit eigener Erschließung, Aufstockung und Gesamtsanierung in eine eigenständige Büronutzung überführt.

Ehemaliges Offizierskasino
Am Maselakepark 8
Berlin-Hakenfelde

Fertigstellung 1942
Architekt Siemens Bauabteilung
Bauherr Luftfahrtministerium / Siemens Apparate und Maschinen GmbH

Umbau I 1955
Architekt N. N.
Bauherr Städtisches Hospital Spandau

Umbauplanung 2016
Architekt PPK
Bauherr ZBI AG Erlangen

Auf dem Gelände zwischen Havelufer und Streitstraße entstand zwischen 1938 und 1942 der Komplex des Luftfahrtgerätewerks, das Siemens im Auftrag des Reichsluftfahrtministeriums nach dem Entwurf Hans Hertleins ausführte.
Teil der Gesamtanlage war ein Offizierskasino, das nach dem Krieg zum Schwesternwohnheim des Hospitals Spandau umgebaut wurde. Im Zuge der geplanten Wohnsiedlung Carossaquartier wurde der Umbau des Denkmals zu einer Kultur- und Begegnungsstätte sowie zu einer Kindertagesstätte planerisch untersucht.

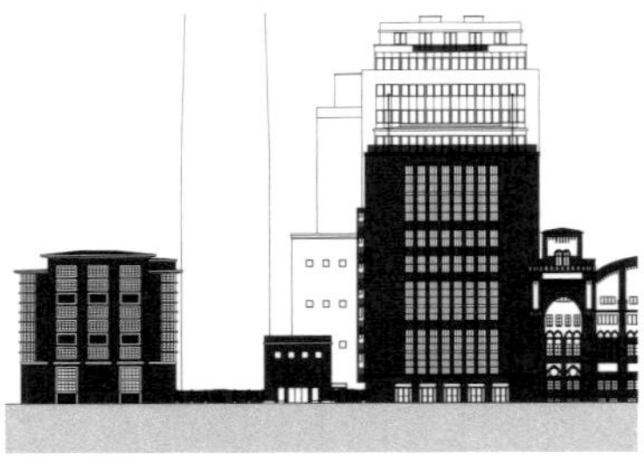

Kesselhaus Heizkraftwerk Charlottenburg
Am Spreebord 5
Berlin-Charlottenburg

Fertigstellung 1955
Architekt Baudirektor Willi Rathge
Bauherr Bewag

Umbauplanung 2019
Architekt PPK
Bauherr Vattenfall Berlin

Das Kraftwerk Charlottenburg liegt direkt an der Spree und wurde seit 1900 von der Stadt Charlottenburg in mehreren Baustufen errichtet. Ein erstes Kesselhaus (Architekt: Georg Klingenberg) wurde 1960 abgebrochen und durch den heute noch hoch aufragenden kubischen Hallenbau in dunklem Backstein ersetzt.
Mit der Umbauplanung soll das Kesselhaus für eine öffentliche und kulturelle Nutzung hergerichtet werden. Dazu werden Geschoßdecken und Treppenhäuser eingebaut. An die ehemalige Nutzung des Gebäudes als Kesselhaus des Kraftwerks wird durch die Anlage von mehrgeschossigen Hallenräumen an den ursprünglichen Standorten der Kesseleinrichtungen erinnert.

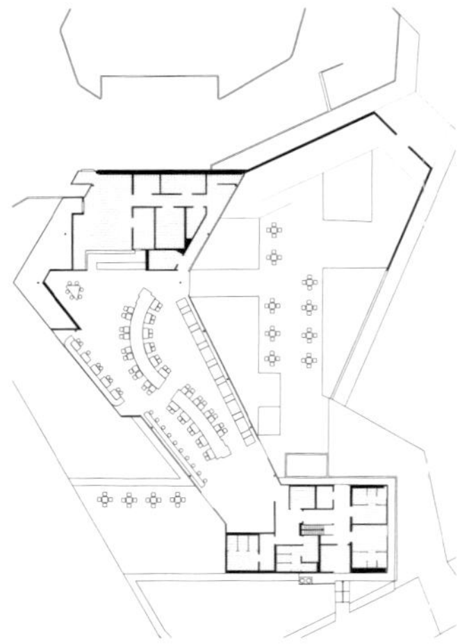

Berlin Pavillon
Straße des 17. Juni 100
Berlin-Tiergarten

Fertigstellung 1956
Architekt H. Fehling, D. Gogel, P. Pfankuch
Bauherr Land Berlin

Umbau I 1987
Architekt Daniel Gogel
Bauherr Senatsbauverwaltung Berlin

Umbau 2005
Architekt PPK
Bauherr Sagro GmbH

Im Zuge der Internationalen Bauausstellung 1957 wurde an der Straße des 17. Juni ein temporäres, eingeschossiges Informations- und Eingangsgebäude in dem Quartier erbaut, das auch zentraler Gegenstand der Interbau war: der Wiederaufbau des Hansaviertels von 53 Architekten aus 13 Ländern.
Die architektonische Besonderheit des Gebäudes besteht in der freien Komposition von geschlossenen und geöffneten Fassadenflächen und der Transparenz und Leichtigkeit der Konstruktion. Unter Einhaltung der geltenden Vorschriften für die Errichtung eines Restaurants und weitgehendem Verzicht auf bauphysikalische Standards wurde ein denkmalgerechter Umbau realisiert, der von der Berliner Denkmalpflege als vorbildlich bewertet wird.

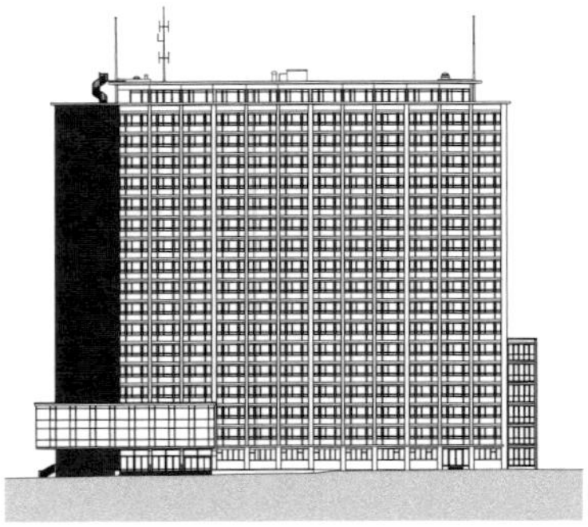

Bürodienstgebäude Senatsverwaltung für Stadtentwicklung
Württembergische Straße 6
Berlin-Wilmersdorf

Fertigstellung 1956
Architekt Prof. Werry Roth
Mosaiken Prof. Herrmann Kirchberger
Bauherr Land Berlin, Senatsbauverwaltung

Umbau I 2010
Architekt Burckhardt Fischer
Bauherr BIM SIBL Berlin für die Senatsverwaltung für Stadtentwicklung und Umwelt

Umbau 2024
Architekt ARGE Kahlfeldt Obermeyer
Bauherr BIM SIBL Berlin für die Senatsverwaltung für Stadtentwicklung und Wohnen

Der seinerzeit größte Behördenneubau und zugleich das höchstes Gebäude Berlins entstand 1954–1956 am Fehrbelliner Platz, der ein geschlossen erhaltenes Zeugnis nationalsozialistischen Städtebaus ist. In bewusster Abkehr von den Leitbildern dieser Ära in Städtebau, Gebäudehöhe und -gliederung, in Konstruktion und Materialwahl erschuf Werry Roth ein Gebäudeensemble, das auf die gegliederte und aufgelockerte Stadt der 50er Jahre verweist. Der architektonische Anspruch, der im Zuge der Generalsanierung des denkmalgeschützten Bürodienstgebäudes einzulösen war, galt dem Erhalt der in der Architektur eingeschlossenen Ideale und des Optimismus der 50er Jahre in Raumfiguren, Bauelementen, Gliederungen, Farben und Materialien – allen notwendigen technischen Anforderungen zum Trotz.

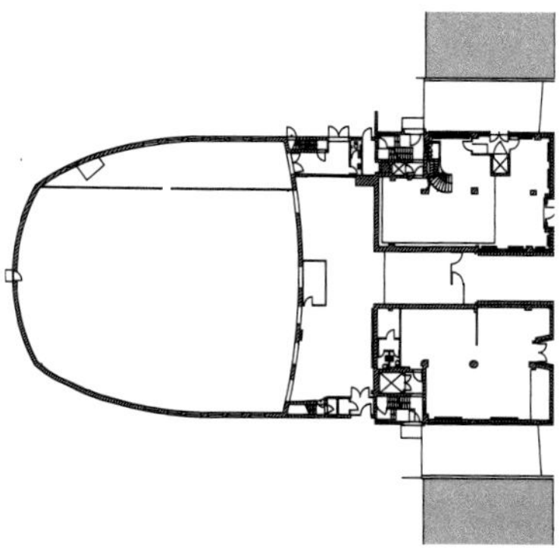

Büro- und Geschäftshaus
Turmstraße 72–73
Berlin-Tiergarten

Fertigstellung 1958
Architekt K. Weber
Bauherr Familie Paxmann

Umbau 2003
Architekt PPK
Bauherr Paxmann Vermögensverwaltung

Anlass des Umbaus war die Herrichtung des ursprünglichen Kinosaals für einen Lebensmittelmarkt an der belebten Moabiter Turmstraße. In diesem Zuge wurde die für die 50er Jahre typische Fliesenbekleidung der Straßenfassade erneuert und die Metallfenster wurden aufgearbeitet. Entsprechend der neuen Einkaufsnutzung wurde die hofseitige Kinofassade im Erdgeschoss mit einer grafischen Gestaltung aufgewertet.

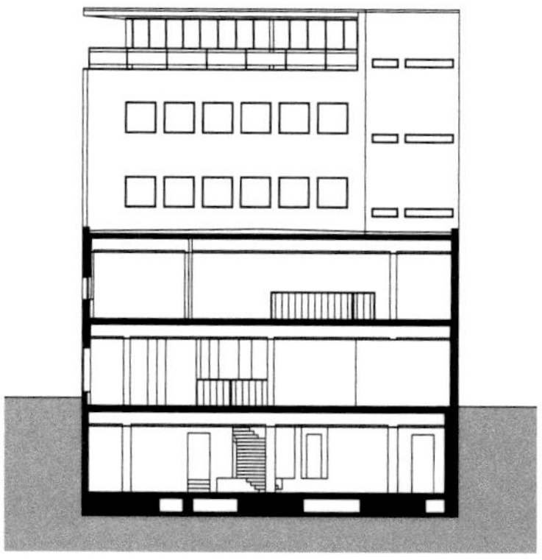

Salamander Haus Steglitz
Schloßstraße 21
Berlin-Steglitz

Fertigstellung 1960
Architekt Klaus Hendel, Horst Haseloff
Bauherr Salamander AG

Umbau 1998
Architekt PPK
Bauherr Salamander AG

Das Salamander Haus ist durch die typischen strengen Bauformen der 50er Jahre gekennzeichnet. Der Erdgeschossbereich ist nahezu völlig in Glas aufgelöst, in den darüberliegenden Geschossen zeigt sich das filigrane Raster der vorgefertigten Aluminium-Glas-Vorhangfassade. Typisch für seine Bauzeit sind ein auf sechs Stützen ruhendes Flugdach sowie seine geschlossene Fassade zur Ahornstraße, die es bauzeitlich an die skandinavische Architektur anbindet.
Mit der notwendigen Fassadensanierung galt es, die gestaltprägende Gliederung der Fassade, die Dimensionierung der Bauglieder, die Materialität und Farbgebung zu erhalten und zugleich zu ertüchtigen.

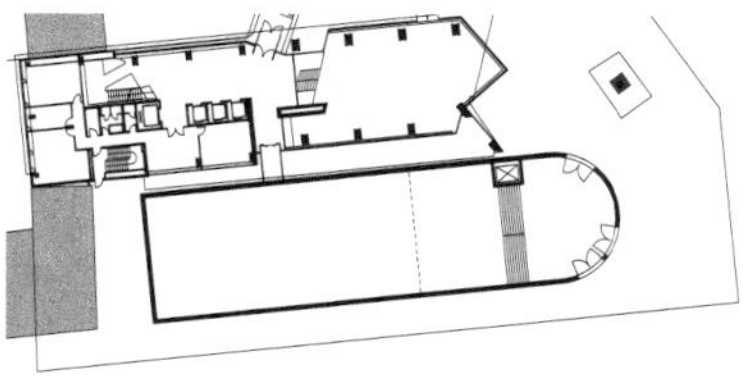

IBM Hochhaus
Ernst-Reuter-Platz 2
Berlin-Charlottenburg

Fertigstellung 1961
Architekt Rolf Gutbrot
Bauherr IBM Deutschland

Umbauplanung 2015
Architekt PPK
Bauherr Ideal Versicherung Berlin

IBM stand in den 60er Jahren für die elektronische Moderne per se. Mit dem Bau einer Niederlassung in Berlin an einem der „modernsten“ Plätze der Frontstadt legte der Konzern ein beherztes zeittypisches bauliches Zeugnis ab. Vielgelobt wurden die Dynamik der Eckbebauung, der gläserne doppelgeschossige Gebäudesockel mit öffentlicher Nutzung, die Eleganz der Fassaden. Die zur Schillerstraße hin angelagerte Parkpalette auf zwei Ebenen stellt jedoch einen stadträumlichen Unort dar, der bei der Umplanung entfernt und durch einen städtisch belebten zwei- und dreigeschossigen Geschäftsbau ersetzt wurde.

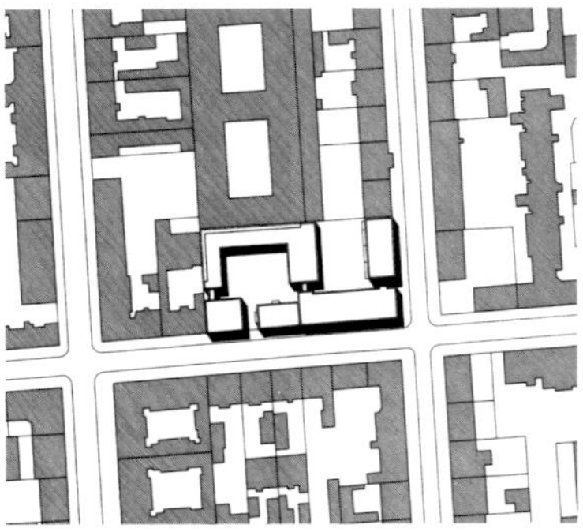

Verwaltungsgebäude
Danckelmannstraße 9
Berlin-Charlottenburg

Fertigstellung 1965
Architekt N. N.
Bauherr Engelhardt Brauerei Berlin

Umbau 1995
Architekt PPK
Bauherr Brau und Brunnen Dortmund

Seit 1884 war die Fläche zwischen Sophie-Charlotten-, Christ- und Dankelmannstraße ein Brauereistandort auf ausgedehntem Terrain. Mit Schließung der Brauerei 1983, Grundstücksteilung, Verkauf der Liegenschaft an unterschiedliche Investoren und großflächigem Abbruch der Gebäudeanlagen blieben einzig die Brauersvilla, erbaut 1890, und ein Verwaltungsbau aus den 1960er Jahren stehen. Mit Neubau der „Engelhardt-Höfe" 1995 wurden die beiden sehr unterschiedlichen, aber unbedingt erhaltenswerten Bestandsgebäude in das neue Höfe-Ensemble baulich integriert und umgebaut.

Verwaltungsgebäude Degewo
Potsdamer Straße 60
Berlin-Tiergarten

Fertigstellung 1967
Architekt degewo
Bauherr degewo

Umbau 2009
Architekt PPK
Bauherr degewo

Im Zuge der Sanierung zur Verbesserung des Wärmeschutzes wurde die Straßenfassade des Bürogebäudes der Deutschen Gesellschaft zur Förderung des Wohnungsbaus (degewo) insgesamt neu gestaltet.
Auf dem Gebäudesockel, nunmehr Erd- und 1. Obergeschoss zusammenfassend und mit einem hellen Naturstein belegt, ruhen die Obergeschosse. Diese sind mit einem außenliegenden Wärmedämmsystem ertüchtigt, mit sandfarbenem Putz belegt und mit horizontalen Gesimsen gegliedert. Die neuen Fensteranlagen wurden in Lage, Gliederung und Farbgebung den bauzeitlichen Fenstern angepasst, damit der bauliche Ausdruck des 60er-Jahre-Gebäudes erhalten bleibt.

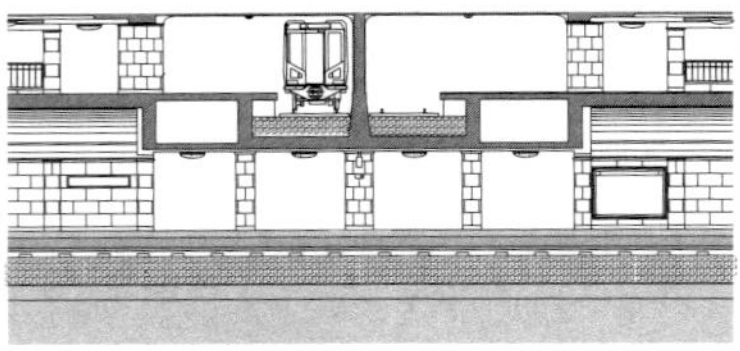

U-Bahnhof Bismarckstraße
Berlin-Charlottenburg

Fertigstellung 1978
Architekt U7 Rainer G. Rümmler
Bauherr Land Berlin

Umbau 2020
Architekt PPK
Bauherr BVG Berlin

Mit der Realisierung der U-Bahnlinie 7 1978 wurde der Neubau eines Umsteigebahnhofs in Höhe Bismarckstraße / Wilmersdorfer Straße zur älteren Linie 2 realisiert. Dazu wurde die gesamte Bestandskonstruktion im Kreuzungsbereich abgerissen, in einer komplett geschlossenen Stahlbetonrahmenbauweise erneut errichtet und der Umsteigebahnhof als Turmbahnhof ausgeführt. Wurde der untere Teil, die U7, vom Leitenden Baudirektor Rümmler gestaltet, so blieb der obere Kleinprofilbahnsteig der U2 ohne weitere Gestaltung.
Neben den Aspekten der Barrierefreiheit, des Brandschutzes, einer besseren Orientierung und Wegeführung zwischen den beiden Bahnhofsebenen galt es für den Umsteigebahnhof 40 Jahre nach seiner Errichtung ein anspruchsvolles architektonisches Gesamtkonzept zu entwickeln und umzusetzen.

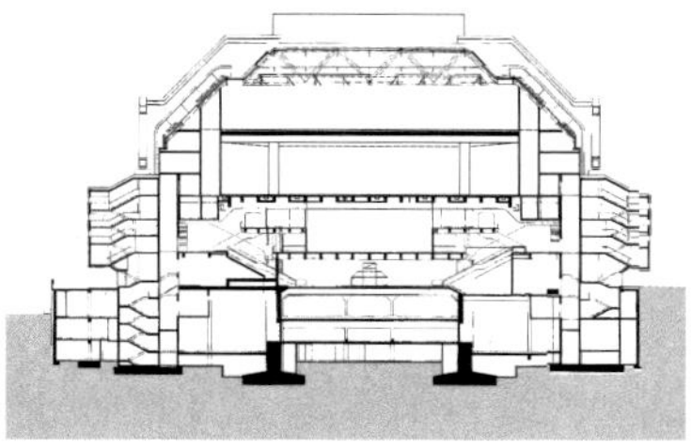

Internationales Congress Centrum ICC
Messedamm 22
Berlin-Charlottenburg

Fertigstellung 1979
Architekt Ursulina Schüler-Witte, Ralf Schüler
Bauherr Land Berlin

Umbauplanung 2015
Architekt PPK
Bauherr Land Berlin

Nach vierjähriger Bauzeit war der spektakulärste, größte und teuerste Bau der Superlative West-Berlins in optimaler Verkehrslage fertiggestellt: das ICC am Messedamm. Stilikone Herbert von Karajan dirigierte das Eröffnungskonzert, nachdem er mit seinem silbernen Mercedes direkt vor das Dirigentenpult vorgefahren wurde. Ein Raumschiff, das 2014 seine Türen schloss. Abrissüberlegungen wurden zum 40. Geburtstag von der Denkmalbehörde gestoppt. Die Planung eines Nachnutzungskonzepts sollte Antworten auf die dringendste Fragestellung finden: Wie könnte das Bauwerk von zwei potenziellen Nutzern aktiv bespielt werden, um auf diese Weise die Kosten für Instandsetzung und Unterhalt aufzuteilen?

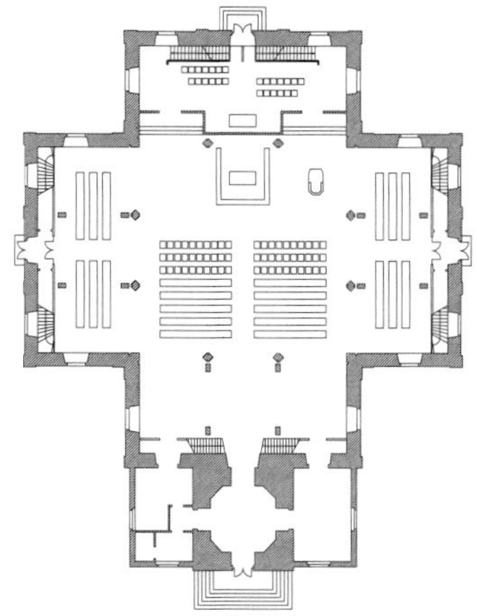

Luisenkirche Charlottenburg
Gierkezeile 4
Berlin-Charlottenburg

Fertigstellung 1716
Architekt Philipp Gerlach
Bauherr Evangelische Luisen-Kirchengemeinde

Umbauplanung 2013
Architekt PPK
Bauherr Evangelische Luisen-Kirchengemeinde

Nach der Grundsteinlegung 1712 wurde die Luisenkirche 1716 geweiht. Der Barockarchitekt Gerlach entwarf einen Zentralbau im griechischen Kreuz mit gleichschenkligen Seitenschiffen. 1826 wurde die Luisenkirche von K. F. Schinkel umgebaut und um den Glockenturm erweitert. Bei zwei Luftangriffen 1943 wurde sie stark beschädigt und brannte vollständig aus. Erst zehn Jahre später wurde das Gebäude unter Leitung des Berliner Landeskonservators Hinnerk Scheper wiederaufgebaut. 2013 erfolgten eine Umbauplanung durch Kahlfeldt Architekten zum Einbau von vier unterschiedlich großen und unterschiedlich klingenden Orgeln des belgischen Orgelbauers Collon auf den Emporen sowie der Ausbau eines Orchester- und Chorprobenraumes im Dachgeschoss der Kirche.

Gutspark Neukladow
Neukladower Allee 12
Berlin-Kladow

Fertigstellung 1800
Architekt N. N.
Bauherr Anastasius Ludwig Mencken

Umbau 1 1911
Architekt Paul Schultze-Naumburg
Innenausbau Alfred Grenander
Bauherr Johannes Gutmann

Umbau 2 1951
Architekt N. N.
Bauherr AWO Müttergenesungsheim

Umbauplanung 2016
Architekt PPK
Bauherr Bürgerstiftung Gutspark Neukladow

Die in exponierter Aussichtslage 15 Meter erhöht über dem Havelufer gelegene Gutsparkanlage Neukladow hat in ihrem großen Park vier Gebäude aus unterschiedlichen Bauphasen in seinem heutigen Bestand: das halbrunde Torhaus, das Gutshaus, das Inspektorenhaus und das Kasinogebäude. Darüber hinaus sind etliche Gebäude verloren gegangen, die im Zuge der Generalinstandsetzung der Gesamtanlage wieder errichtet werden sollen. Für den von Schultze-Naumburg entworfenen, leider zerstörten Gartenpavillon mit angrenzender, den ehemaligen Rosengarten umfassenden Pergola sowie für das Inspektorenhaus wurden Entwürfe erarbeitet, um die Baudenkmale wieder in eine qualitätvolle und dem Ort angemessene Nutzung zu bringen.

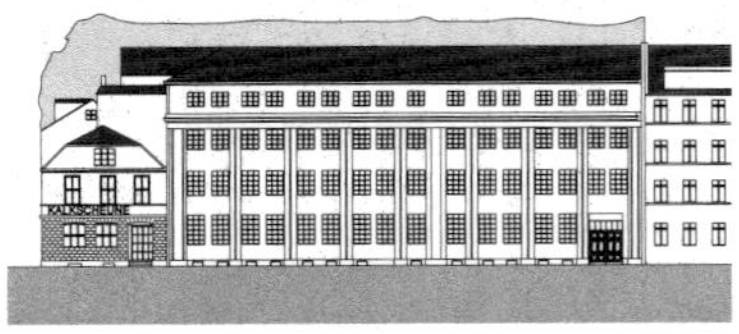

Kalkscheune Berlin
Johannisstraße 2
Berlin-Mitte

Fertigstellung 1804/1831
Architekt N. N.
Bauherr Caspar Hummel

Umbau 1925
Architekt Wilhelm Keller
Bauherr N. N.

Umbauplanung 2019
Architekt PPK
Bauherr DPV München

Außerhalb der Stadtmauer gelegen, war der Bereich im 18. Jahrhundert in Höhe der Weidendammer Brücke nördlich der Spree dem Transport und der Lagerung von Materialien für den Bau des aufstrebenden Berlins vorbehalten: Holz, Backsteine, Kalk. Mit der Entwicklung der Spandauer Vorstadt wurden die Flächen mit Fabriken, später mit Wohnhäusern bebaut. Das Ensemble der so benannten Kalkscheune besteht aus drei in unterschiedlichen Zeiten und für unterschiedliche Nutzungen errichteten Häusern, die, über einen gemeinsamen Hofraum verbunden, den typischen Nutzungsmix der Spandauer Vorstadt bis heute zeigen. Im Zuge der Planungen wird die bauzeitliche Höhe der straßenseitigen Maschinenfabrik wiederhergestellt, die übrigen Flächen werden einem nutzungserhaltenden Umbau unterzogen.

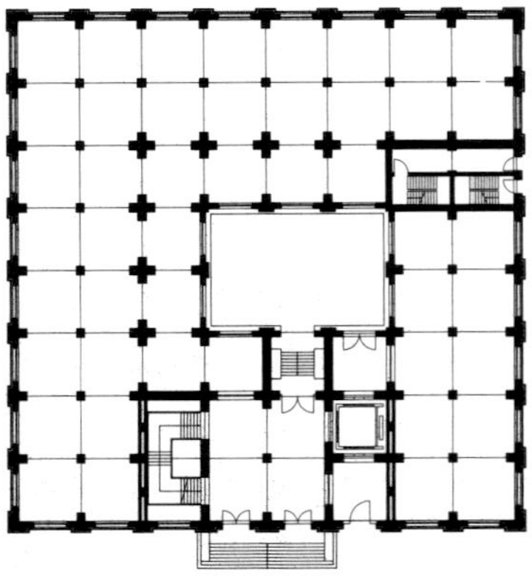

Berliner Bauakademie
Schinkelplatz 1
Berlin-Mitte

Fertigstellung 1836
Architekt Karl Friedrich Schinkel
Bauherr Oberbaudepartement

Umbauplanung 2003
Architekt PPK
Bauherr Verein Internationale Bauakademie

Das 1836 nach Plänen des Architekten K. F. Schinkel fertiggestellte Gebäude brannte 1945 bei Bombenangriffen ab, wurde 1956 anfänglich wiederaufgebaut, um 1962 doch abgebrochen zu werden. Zur Neugründung der Bauakademie durch J. P. Kleihues entstand 2001 der Verein Internationale Bauakademie unter der Teilnahme von Kahlfeldt Architekten. Ziel war es, an diesem Ort die 14 architekturrelevanten Berliner Sammlungen unter einem Dach zusammenzubringen. In der Folge wurde ein Bauantrag zum Wiederaufbau eingereicht und die Baugenehmigung erteilt. 2016 bewilligte der Haushaltsausschuss des Bundestags 62 Millionen Euro für den Bau des Gebäudes, das bis 2024 als Architekturzentrum errichtet werden soll.

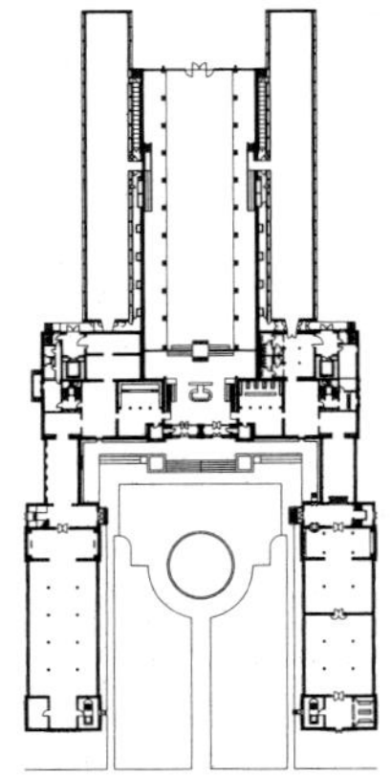

Hamburger Bahnhof
Einbau eines Kassentresens
Invalidenstraße 50–51
Berlin-Moabit

Fertigstellung 1846
Architekt Friedrich Neuhaus, Ferdinand Wilhelm Holz
Bauherr Berlin-Hamburger-Eisenbahngesellschaft

Umbau I 1996
Architekt Josef Paul Kleihues
Bauherr Staatliche Museen zu Berlin

Umbau 2008
Architekt PPK
Bauherr Staatliche Museen zu Berlin

Das Gebäude wurde 1846 nach Plänen der Architekten Friedrich Neuhaus und Ferdinand Wilhelm Holz fertiggestellt und war Ausgangspunkt der Berlin-Hamburger Bahn.
Im Jahr 1996 wurde das ehemalige Empfangsgebäude dieses einzigen noch erhaltenen großen Berliner Kopfbahnhofs nach Plänen des Architekten Josef Paul Kleihues zum Museum für Gegenwart umgebaut. Das Museum für Gegenwart gehört zur Nationalgalerie Berlin.
In der Eingangshalle des denkmalgeschützten Gebäudes wurde 2008 ein freistehender Kassen- und Informationstresen eingebaut.

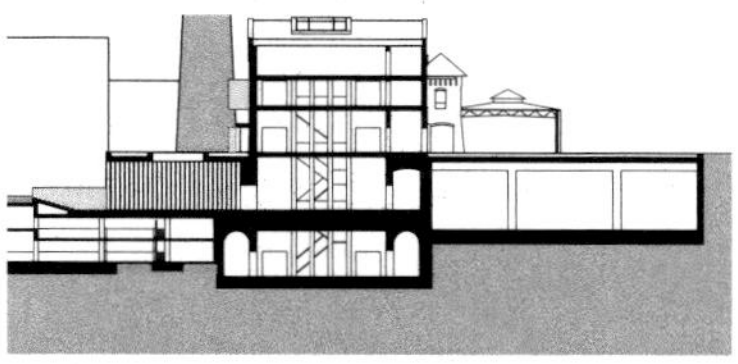

Tivoli Kreuzberg
Methfesselstraße 28
Berlin-Kreuzberg

Fertigstellung 1862/1891
Architekt Chr. A. Hannemann,
Gustac Junghahn
Bauherr Tivoli Brauerei / Schultheiß
Brauerei

Umbauplanung 2006/2011
Architekt PPK
Bauherr Baywobau

Die Höhenlage des Geländes südlich des Kreuzbergs war besonders gut für die Anlage einer Brauerei 1857 geeignet: Die erforderlichen Tiefkeller waren ohne Gefahr von eintretendem Grundwasser zu nutzen. Die Ausführung aller bauzeitlichen Gebäude erfolgte mit rotem Backstein und gelben Klinkerstreifen. Für das Herzstück der Anlage, das große Saalgebäude, wurden von Kahlfeldt Architekten in verschiedenen Jahren und Projektphasen mehrere Nutzungsszenarien entworfen.

Dorfkirche Vehlgast
Vehlgast bei Havelberg

Fertigstellung 1867
Architekt N. N.
Bauherr Evang. Kirchenkreis Prignitz
Umbau 2020
Architekt PPK
Bauherr Evang. Kirchenkreis Prignitz

Nach dem Brand der alten Kirche 1863 wurde die neue einschiffige Kirche 1867 als ein Backsteinbau 20,5 Meter lang, 10,8 Meter breit und mit einem 26 Meter hohen Turm fertiggestellt.
In der DDR drohte sie wegen unterlassener Instandsetzungsarbeiten einzustürzen. Unterhaltungsarbeiten fanden nur vereinzelt und partiell statt. Von 2010 bis 2020 wurde, in drei Bauabschnitte unterteilt, der Dachstuhl erneuert, das Dach neu gedeckt, die denkmalgeschützte Innenausgestaltung auf der Grundlage der historischen Wandbemalung rekonstruiert, die Kirchenfenster repariert, die Westfassade mit Turm und Kirchturmspitze saniert.

Exil-Museum Berlin
Fasanenstraße 24
Berlin-Charlottenburg

Fertigstellung 1871
Architekt L. Mertens
Bauherr Herrmann Schirmer
Mauermeister

Umbau 1911
Architekt Breslau und Salinger
Bauherr N. N.

Umbau 1986
Architekt Jürg Steiner, Uli Böhme
Bauherr Stiftung Bernd Schulz
in Erinnerung an Hans Pels-Leusden

Umbauplanung 2018
Architekt PPK
Bauherr Bernd Schulz

In den 1960er Jahren drohte der Abbruch einiger der ältesten Häuser im unteren Teil der Charlottenburger Fasanenstraße, um einer Verkehrsschneise von der Lietzenburger- bis zur Hardenbergstraße zu weichen. Privatem Engagement war es zu verdanken, dass dieses Gebäudeensemble mit Villa Grisebach, Literarturcafé und heutigem Käthe-Kollwitz-Museum, samt ihren denkmalgeschützten gärtnerischen Anlagen, erhalten werden konnten.
Für ein neu in Berlin zu gründendes Exilmuseum wurden Planungsstudien in diesem historischen Wohnhaus ausgearbeitet, das seit 1986 das Käthe-Kollwitz-Museum beherbergt.

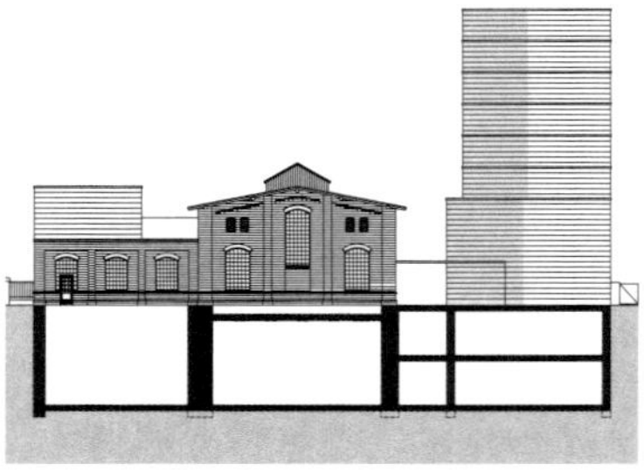

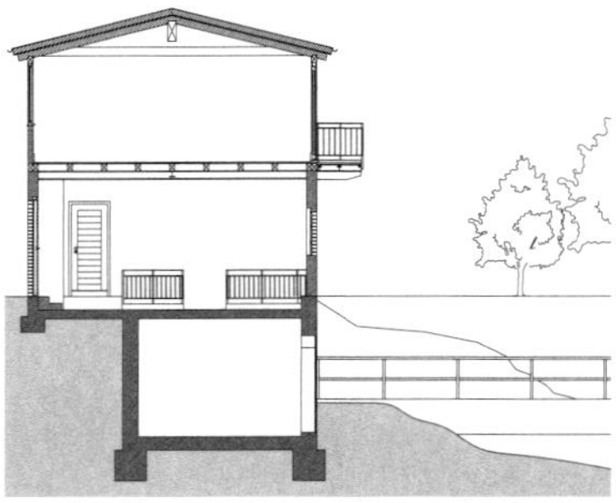

The American Academy Berlin
Am Sandwerder 17–19
Berlin-Wannsee

Fertigstellung 1886
Architekt Johannes Otzen
Bauherr Familie Oppenheim

Umbau 1 1927
Architekt Ernst Lessing, Max Bremer
Bauherr Familie Arnhold

Umbau 2 1989
Architekt N. N.
Bauherr US Forces

Umbau 2006
Architekt PPK
Bauherr The American Academy Berlin

Die Villa wurde 1886 nach dem Entwurf von Johannes Otzen für den AGFA-Chemiker Franz Oppenheim erbaut. 1927 erwarb der Bankier Hans Arnhold die Villa und ließ sie durch die Architekten Lessing und Bremer im Stil der Neuen Sachlichkeit umbauen. 1989 wurden Villa und das umgebende Gelände durch die US Forces komplett renoviert. Zehn Jahre später erfolgte die Widmung des Gebäudeensembles zum Hans Arnhold Center, das seither von der American Academy Berlin genutzt wird. Damit es seiner Funktion als Veranstaltungsort gerecht werden kann, entstand 2006 ein Erweiterungsbau, der die Merkmale des Hauptgebäudes in Geometrie und Detaillierung aufnimmt.

Radialsystem VIII Abwasserpumpwerk
Alt-Moabit 70
Berlin-Moabit

Fertigstellung 1890
Architekt Baumeister Netzung
Bauherr Stadtgemeinde Berlin

Umbauplanung 2017
Architekt PPK
Bauherr Wohncompanie Berlin

Von der Anlage, die ursprünglich aus Maschinen- und Kesselhaus sowie Beamtenwohnhaus und hohem Schornstein bestand, sind nur noch die beiden erstgenannten Bauten erhalten. Dieses Radialsystem trägt die Nummer VIII von insgesamt XII, ist Teil des von James Hobrecht ab 1869 entwickelten Abwasserbeseitigungssystems und deckte den Ortsteil Moabit ab. Das Denkmal im städtischen Eigentum der Berliner Wasserbetriebe fristet bereits seit Jahren ein kümmerliches Dasein als Musik-Location. Die Umbauplanung zu einem neuen, hochprofessionell ausgestatteten Konzertraum im Untergeschoss des Hauses wurde durch die Entscheidung des Abgeordnetenhauses gegen einen Verkauf an einen privaten Investor vereitelt.

Altes Schöpfwerk Vehlgast
Vehlgast bei Havelberg

Fertigstellung 1900
Architekt Baurat Lühning
Bauherr Damerow-Vehlgaster Deichverband

Umbau 2019
Architekt PPK
Bauherr Altes Schöpfwerk Vehlgast e.V.

Ein Schöpfwerk – eine der ältesten von Menschen geschaffenen technischen Anlagen – ist eine Hebevorrichtung für Wasser, um auch bei höherem Wasserstand die Wiesenflächen entwässern zu können.
Das Alte Schöpfwerk Vehlgast wurde 1900 im Deichdamm stehend mit eingeschossigen Fachwerksbauten mit Ziegelausfachung und flachem Satteldach auf hoher Substruktion für die Saug- und Druckrohre errichtet.
Betriebsbedingt wurde das Werk mehrfach umgebaut, erhalten blieb einzig das Maschinenhaus samt Schöpfwerkstechnik. Diese steht seit 1989 unter Denkmalschutz.
Die Bauglieder der baulich bescheidenen Gebäudehülle wurden 2019 umgebaut und mit einem zweiten Geschoss versehen, um die Technik im Erdgeschoss zu schützen und Raum für eine Ausstellung zur Geschichte dieses Technikdenkmals zu ermöglichen.

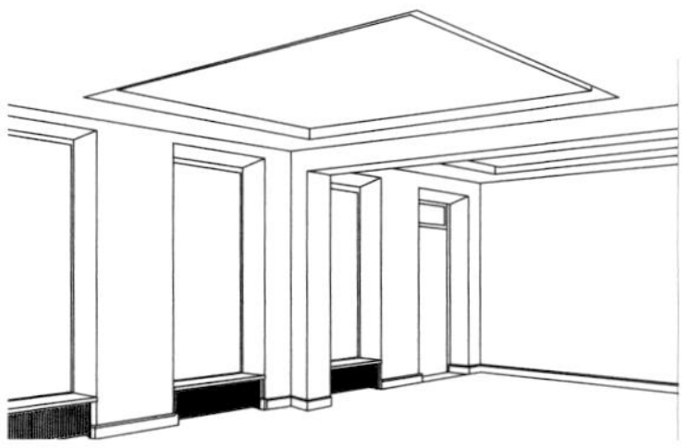

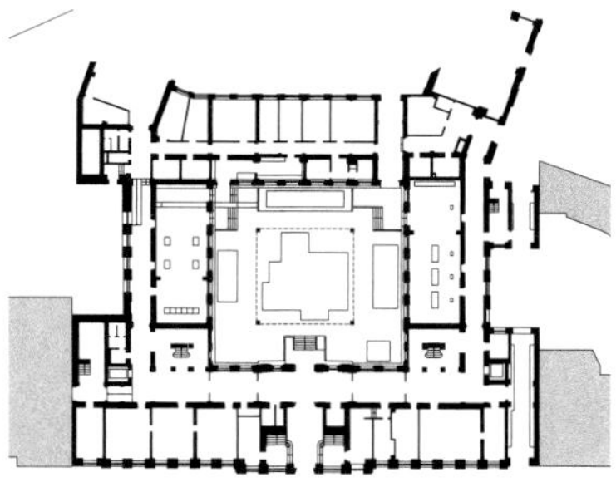

Werkbund Galerie
Goethestraße 13
Berlin-Charlottenburg

Fertigstellung um 1900
Architekt N. N.
Bauherr N. N.

Umbau 2011
Architekt PP mit ModersohnFreiesleben
Bauherr Deutscher Werkbund Berlin

Der Deutsche Werkbund Berlin, eine Interessensgemeinschaft von Künstlern, Literaten, Gestaltern, Architekten und anderen kulturschaffenden Vertretern, hat seine Geschäftsräume seit Mitte der 80er Jahre im Erdgeschoss eines kaiserzeitlichen Wohnhauses.
Mit der Wahl eines neuen Vorstands im Jahr 2010 sollte durch die gestalterische Neufassung der Galerieräume ein Zeichen gesetzt werden, das zum Ausdruck bringt, wofür die Werkbundidee steht: Zusammenarbeit der im Werkbund vertretenen Personen, Unternehmen und Handwerksbetriebe für qualitätvolle Gestaltung und gemeinschaftliche Verwirklichung dieses Anspruchs.
Im Ergebnis der fertiggestellten Räume zeigt sich modellhaft der Anspruch, dass gute Gestaltung auch heute die Voraussetzung für eine dauerhafte Qualität bildet.

Saal der Berliner Stadtmodelle
Am Köllnischen Park 3
Berlin-Mitte

Fertigstellung 1904
Architekt Alfred Messel
Bauherr Landesversicherungsanstalt

Umbau 2006
Architekt PPK mit Frank Strobel
Bauherr BIM SIBL Berlin
für die Senatsverwaltung für Stadtentwicklung und Umwelt

Das Verwaltungsgebäude mit seiner markant langen und geschlossenen Fassadenfront steht dem Märkischen Museum gegenüber. Mit dem Einzug der Senatsverwaltung für Stadtentwicklung 2005 ergab sich die Notwendigkeit, einen der Innenhöfe zur Aufstellung der teilweise sehr großflächigen Berliner Stadtmodelle zu überdachen.
Der unmittelbar zur Eingangsseite der Behörde gelegene, nahezu quadratische Innenhof wurde mit einer Überdachung aus Stahl und Glas in Höhe der Decke über dem Erdgeschoss überbaut. Um eine adäquate und erforderliche Raumhöhe im Modellesaal zu erreichen, wurde das Hofniveau abgesenkt, sodass der Eingangsbereich wie eine Aussichtsplatform über den Modellen steht.
Die dreiseitig an den Hof angrenzenden Räume im Erdgeschoss wurden ebenso wie der Modellesaal selbst in die neue Nutzung einbezogen und gestaltet.

Berliner Dom
Einbau Kassentresen und Pförtnerloge
Am Lustgarten 1
Berlin-Mitte

Fertigstellung 1905
Architekt Julius Raschdorff
Bauherr Haus Hohenzollern

Fertigstellung Wiederaufbau 1984
Architekt Dombaumeister R. Hoth (verantwortlich)
Bauherr DDR

Umbau 2011/2013
Architekt PPK
Bauherr Oberpfarr- und Domkirche zu Berlin

Der Berliner Dom wurde ab 1905 nach Plänen des Architekten Julius Raschdorff fertiggestellt und 1944 schwer beschädigt. Anschließend blieb er jahrzehntelang als Bauruine stehen, wurde ab 1975 in seinem Äußeren stark vereinfacht wiederaufgebaut und nach Fertigstellung des Innenausbaus 1993 wieder feierlich eingeweiht. Im Jahr 2011 erfolgte der Einbau des Kassentresens im kaiserlichen Treppenhaus. Ohne Eingriffe in die Gebäudesubstanz und harmonisch an die Farben des Umfelds eingepasst, bietet der Tresen Platz für drei Mitarbeiter. 2013 erfolgte der Einbau einer neuen Pförtnerloge. Sie integriert sich formal und materiell in den bestehenden Ort der langen Westgalerie der größten Kirche Berlins.

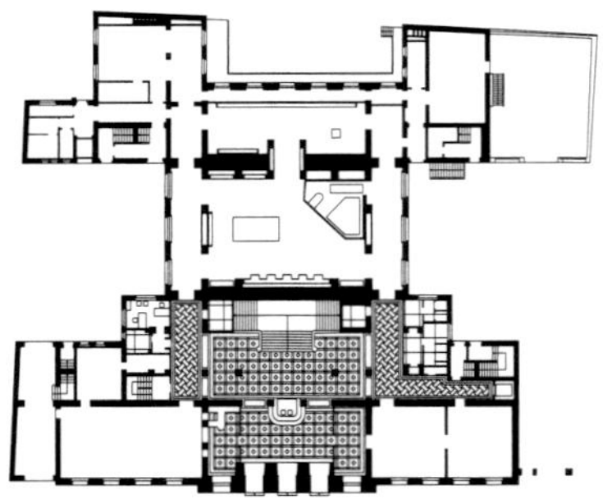

Museum für Fotografie
Helmut Newton Stiftung
Jebenstraße 2
Berlin-Charlottenburg

Fertigstellung 1909
Architekt Heino Schmieden,
Julius Boethke
Bauherr Kameradschaftliche Vereinigung der Offiziere der Landwehrinspektion

Umbau 1 1929 Theater am Zoo
Architekt N. N.
Bauherr Joachim von Ostrau
Umbau 2 1946 Wiederaufbau
Architekt Max Taut
Bauherr Britische Militärregierung
Umbau 3 1954 Kunstbibliothek
Architekt N. N.
Bauherr Stiftung Preußischer Kulturbesitz
Umbau 2003–2012
Architekt PPK
Bauherr Helmut Newton Stiftung / Stiftung Preußischer Kulturbesitz

Die Umbauten des ehemaligen Offizierkasinos der Preußischen Landwehrinspektion für die Präsentationen des Museums für Fotografie und der Helmut Newton Stiftung erfolgte stufenweise. Beginnend mit dem Umbau des Erd- und 1.Obergeschosses bis 2004 folgten der Anbau für das Negativarchiv der Newton Stiftung und der Ausbau des Kaisersaals im 2. Obergeschoss bis zum Jahr 2010. Das Medium Fotografie ist museal betrachtet eine junge, moderne Disziplin. Indem hierbei vielfältige Bezüge zu klassischen Themen der Kunst spürbar und für eine dauerhafte Bedeutung notwendig sind, haben derartige Fragestellungen sowohl die Errichtung, als auch die Um- und Ausbauarbeiten des Gebäudes wesentlich beeinflusst.

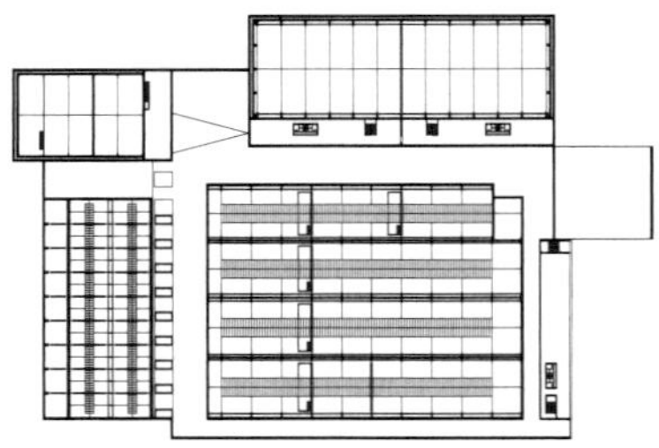

Schauhallen Berlin
Zentrum für Zeitgenössische Kunst
Reinbeckstraße 9
Berlin-Oberschöneweide

Fertigstellung 1910 Reinbeckhallen
1900 Spreehalle
1980 Betonhalle
1980 Lagerhalle und Verwaltungsbau
Architekt N. N.
Bauherr N. N.

Wettbewerb 2007 Wettbewerbsgewinn

Umbauplanung 2010 PPK
Bauherr Herrmann + Schuster GbR

Der Ortsteil Oberschöneweide entwickelte sich im Zuge der zweiten Randwanderung der Berliner Industrie ab 1890 am Oberlauf der Spree und ist heute geprägt von aufgelassenen Industriehallen, die ein großes räumliches Potenzial für eine kreative Nachnutzung bieten.
Zwischen Wilhelminenhofstraße und der Spree bilden vier Industriehallen unterschiedlicher Größe, Entstehungszeit, Bauart und vormaliger Nutzung ein Ensemble, das in einem Wettbewerb für ein Zentrum für zeitgenössische Kunst ausgeschrieben wurde. Aus diesem Wettbewerbsverfahren sind Kahlfeldt Architekten als Sieger hervorgegangen. Das Konzept verbindet die Hallen durch neue *in-between*-Bauteile, Bauteile, ergänzt durch eine alle Bauten umgebende Fassade, die das heterogene Ensemble zu einem Gebäudekomplex zusammenfasst.

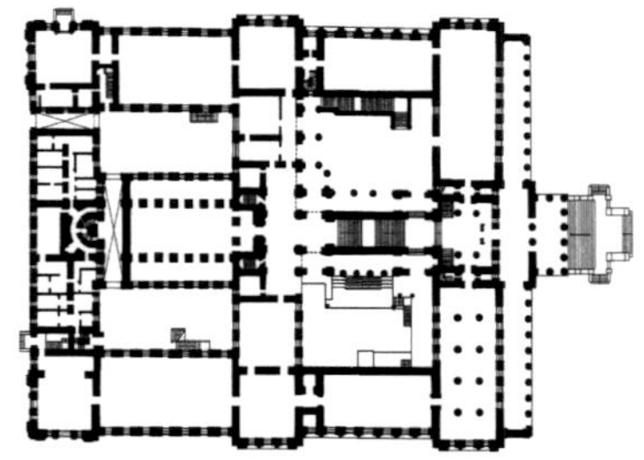

Ausstellungssäle
Staatliches Museum für Bildende Künste
Puschkin Museum
Moskau

Fertigstellung 1912
Kaiser-Alexander-III.-Museum der Schönen Künste
Architekt Roman Klein,
Wladimir Schuchow
Bauherr N. N.

Umbau 2006
Architekt PPK mit Tchoban + Partner Moskau
Bauherr Staatliches Museum für Bildende Künste A. S. Puschkin

Den Grundbestand des Museums bildeten Gipsabgüsse berühmter Skulpturen sowie altägyptische Originale und frühe italienische Gemälde. Der Schritt zum bedeutendsten Museum Moskaus ergab sich, als nach dem Zweiten Weltkrieg Bestände aus deutschen und anderen europäischen Sammlungen an das Museum gelangten. Seit 1996 wird dort auch der Schatz des Priamos, Heinrich Schliemanns Fundstücke aus dem alten Troja, ausgestellt.
Mit der Entscheidung zur Neugestaltung bot sich die Möglichkeit, die Ausstellungsarchitektur der 16 Säle zu erneuern und die Exponate besser zu inszenieren. Es wurde ein umfassendes Gestaltungskonzept entworfen, das der denkmalgeschützten historischen Ausgestaltung des Museums sowie einer zeitgemäßen Präsentation der Exponate Rechnung trägt.

Institutsgebäude FU Berlin
Hüttenweg 7
Berlin-Dahlem

Fertigstellung 1923
Architekt Edmund Meurin
Bauherr Wilhelm Landefeld

Umbauplanung 2020
Architekt PPK
Bauherr Freie Universität Berlin

Die stattliche, mit roten Backsteinen nach niederländischer Art gemauerte repräsentative Villa in Dahlem mit angegliedertem Chauffeurgebäude diente nur bis zum Ende des Zweiten Weltkrieges als Wohnhaus. Bereits in den 1950er Jahren gelangte das denkmalgeschützte Haus zur Freien Universität Berlin und diente dort als langjähriger Sitz der FU-Bauabteilung. Mit dem denkmalgerechten Umbau sollen beide Gebäude unter Erhalt der bauzeitlichen Inneneinrichtung als Sitz eines interdisziplinären Exzellenzclusters der Freien Universität Berlin hergerichtet werden.

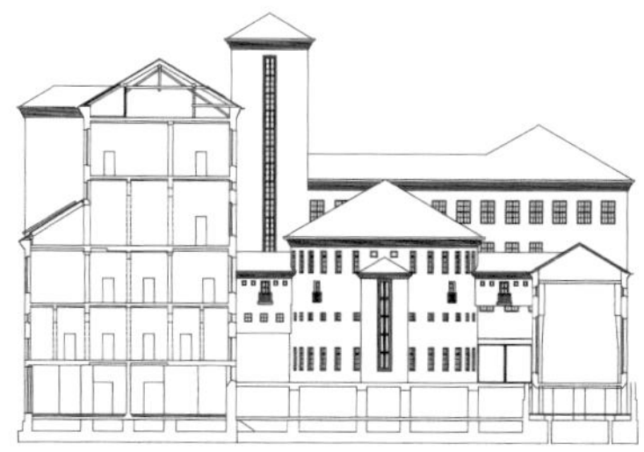

Abspannwerk Humboldt
Vitra Design Museum
Kopenhagener Straße 58–63
Berlin-Prenzlauer Berg

Fertigstellung 1928
Architekt Hans Heinrich Müller
Bauherr Bewag

Umbau I 2000
Architekt PPK
Bauherr Vitra Design Museum

Umbauplanung 2009
Architekt PPK
Bauherr Tippin Corporation

Das burgenähnliche Großabspannwerk Humboldt im Bezirk Prenzlauer Berg wurde 1928 nach einem Entwurf von Hans H. Müller fertiggestellt.
Die über 90 Meter lange Phasenschieberhalle wurde von 2000 bis 2004 mit wenigen baulichen Veränderungen für die Berliner Dependance des Vitra Design Museums umgebaut, ebenso wie das Erdgeschoss des ovalen Wartengebäudes im Hof und die historische Leitwarte im Obergeschoss.
Nach dem Auszug des Museums erfolgten großmaßstäbliche Umbauplanungen zwischen 2007 und 2009 zum Ausbau des gesamten Gebäudes für Büroflächen für Start-up-Firmen und Callcenter.

Pergamonmuseum
Beschriftungssystem
Berlin-Mitte

Fertigstellung 1930
Architekt Alfred Messel,
Ludwig Hoffmann
Bauherr Königliche Museen von Berlin

Umbau 1998
Architekt PPK mit Ott + Stein
Bauherr Staatliche Museen Preußischer Kulturbesitz

In Berlins meistbesuchtem Museum, dem Pergamonmuseum auf der Museumsinsel, wurde ab dem Jahr 1998 das bestehende Informationssystem mit Objektbeschriftungen und Informationstafeln zu den Sälen und Exponaten überarbeitet und erneuert. In Zusammenarbeit mit den Berliner Grafikern Ott + Stein wurden Natursteinstelen entwickelt, die der freien Aufstellung und dem steinernen Charakter der Großplastiken besser entsprachen als wandmontierte Bildunterschriften.

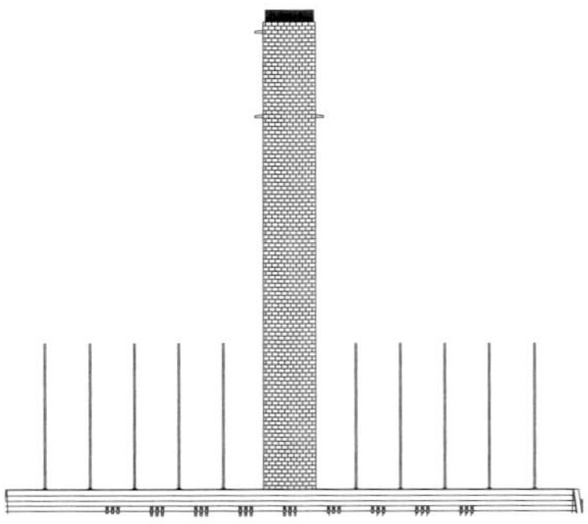

Ausstellungsräume Maifeldtribüne Süd

Jesse-Owens-Allee 2
Berlin-Westend

Fertigstellung 1936
Architekt Werner March
Bauherr Reichsinnenministerium

Umbau 2016
Architekt PPK
Bauherr Senatsverwaltung für Inneres und Sport Berlin

Das Maifeld ist eine Sportrasenfläche mit einer vom Glockenturm abgehenden Tribünenanlage. Die Anlage wurde 1936 erbaut und gehörte zum Reichssportfeld der Olympischen Spiele von 1936. Sie ist eine Stahlskelettkonstruktion, die mit Kalksteinen verkleidet wurde. Der Berliner Senat beabsichtigt das bereits im Bau befindliche Sportmuseum im Tribünengebäude Nord um einen weiteren Bauabschnitt im Südteil der Anlage mit Ausstellungsflächen und Gastronomie auf zwei Ebenen zu erweitern. Dieser Ausbau soll den Museumsstandort Maifeldtribünen auf dem Olympiagelände komplettieren und zu einer attraktiven Anlaufstelle für Sport- und Kulturinteressierte werden lassen.

Berlin-Brandenburgische Akademie der Wissenschaften

Jägerstraße 22–23
Berlin-Mitte

Fertigstellung Hausnummer 22 1901
Architekt Paul Kieschke
Bauherr Preußische Staatsbank

Fertigstellung Hausnummer 23 1939
Architekt Hubert Lütcke
Bauherr Preußische Staatsbank

Umbau 2013
Architekt PPK
Bauherr Berlin-Brandenburgische Akademie der Wissenschaften

Das Gebäudeensemble der Akademie besteht aus den Häusern Nr. 22 und Nr. 23, beide beauftragt von der Seehandlungsgesellschaft und späteren Preußischen Staatsbank.
Nach erheblichen Kriegszerstörungen und einem vereinfachten Wiederaufbau dienten sie als Sitz der Akademie der Wissenschaften der DDR. Nach der Wiedervereinigung erfolgten eine technische Sanierung, Modernisierung und eine technische Anpassung. Zusätzliche Funktionen wurden 2006 aus den Dachreserven der Häuser Jägerstraße und Markgrafenstraße, teilweise zweigeschossig, generiert.
2013 wurde ein großzügiger Veranstaltungsbereich mit Empfangsbereich, Bibliothek, Kaminzimmer und einem aus drei Raumsegmenten gebildeten Vortrags-, Veranstaltungs- und Clubraum samt Nebenräumen geschaffen.

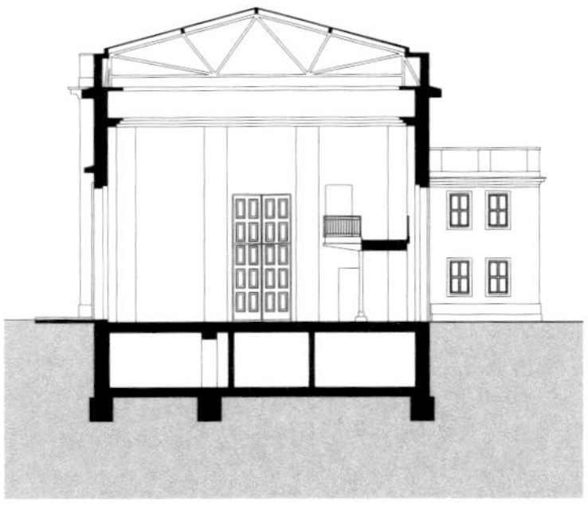

Kunsthaus Dahlem

Käuzchensteig 8
Berlin-Dahlem

Fertigstellung 1942
Architekt Hans Freese
Bauherr Generalbauinspektor f. d. Reichshauptstadt

Umbau I 1972
Architekt Rolf Nieballa
Bauherr Senatsverwaltung f. Kultur Berlin / DAAD

Umbau 2015
Architekt PPK
Bauherr Heiliger Stiftung Berlin

Das ehemalige Ateliergebäude für den als Staatskünstler bezeichneten Bildhauer Arno Breker ist klar strukturiert und gliedert sich zur Aufnahme von unterschiedlich großen Atelierräumen in einen großen Mitteltrakt mit zwei symmetrisch angeordneten, kleineren Seitenflügeln. Mit dem Rückbau der in den 70er Jahren des 20. Jahrhunderts entstandenen Einbauten und der Wiederherstellung der ehemaligen Raumfigur wurde das Gebäude als Skulpturenmuseum öffentlich zugänglich gemacht, um ständige und temporäre Skulpturenausstellungen aufzunehmen.

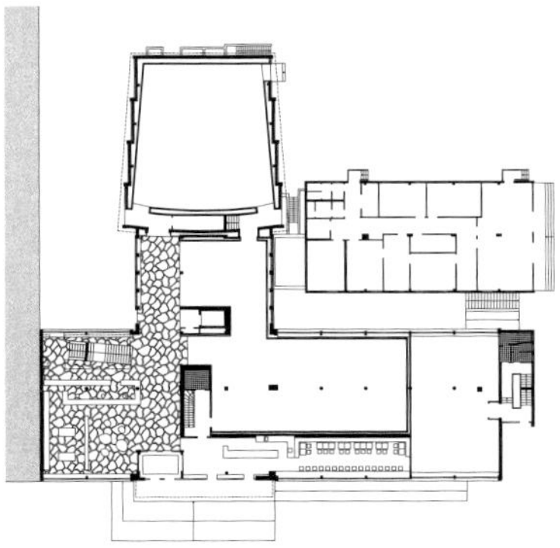

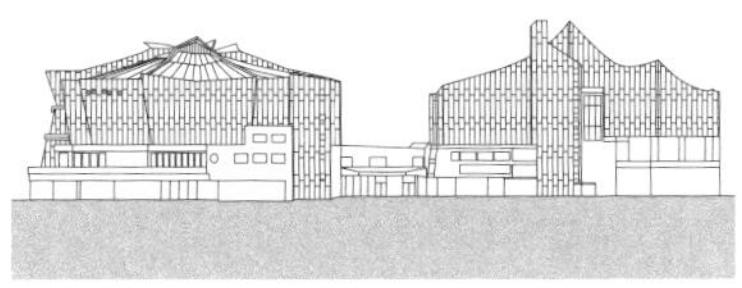

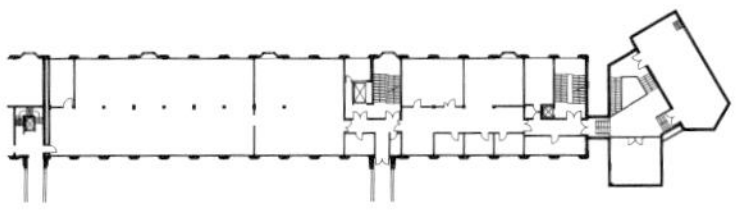

C|O Berlin
Hardenbergstraße 22
Berlin-Charlottenburg

Fertigstellung 1956
Architekt Bruno Grimmek, Skidmore Owing Merill
Bauherr United States Information Agency (USIA)

Umbau I 1995
Architekt N. N.
Bauherr USIA

Umbau 2015
Architekt PPK mit Meyer Voggenreiter und Wolfgang Zeh sowie Holger Sack
Bauherr C|O Berlin

Der Anspruch, die ursprüngliche Eleganz und Fragilität sowohl im Bau- als auch im Raumgefüge des 1956 errichteten, ehemaligen Amerika Hauses wieder herauszuschälen und mit einer neuen Museumsnutzung zu präsentieren, führte zu dem Konzept, so viel wie möglich von den verbliebenen Resten der bauzeitlichen Innenausstattung des Hauses zu belassen, damit derart Bauzeit, Entwurfsgedanke, der geschaffene kulturelle Ort, Räume und Innenausstattungen in einem zeitlichen Zusammenhang von einst und heute lesbar bleiben.

Berliner Philharmonie
Herbert-von-Karajan-Straße 1
Berlin-Tiergarten

Fertigstellung 1963
Architekt Hans Scharoun
Bauherr Land Berlin

Umbau 2012
Architekt PPK
Bauherr Land Berlin

Mit der Ankunft des neuen Chefdirigenten Sir Simon Rattle im Jahr 2002 begannen die Umbauplanungen für die Berliner Architekturinkunabel der 50er Jahre. Von kleinen Umbauten und Ergänzungen wie dem neuen Ausschanktresen um die Hauptstützen des Saals im Foyer über Instandsetzungsarbeiten der Dach- und Terrassenflächen bis zu größeren Maßnahmen wie dem Bau des neuen Osteingangs ordnen sich die neuen Elemente in einer gleichschwingenden Entwurfshaltung in das Werk Hans Scharouns ein.

Museum Europäischer Kulturen | MEK
Im Winkel 6–8
Berlin-Dahlem

Fertigstellung 1968
Architekt N. N.
Bauherr Stiftung Preußischer Kulturbesitz

Umbau 2006
Architekt PPK
Bauherr Stiftung Preußischer Kulturbesitz

Das schlichte Gebäude, Ende der 60er Jahre als Verwaltungsgebäude für das Geheime Preußische Staatsarchiv erbaut, besteht aus einem dreigeschossigen Rumpfbau mit einem zweigeschossigen Kopfbau. Das Museum Europäischer Kulturen wurde 1999 mit neuer programmatischer Ausrichtung gegründet. Es ging aus dem Museum für Volkskunde und der Abteilung Europa des Völkerkundemuseums hervor. Mit dem Umbau des ehemaligen Archivgebäudes auf drei Etagen konnten seit 2003 Werkstätten-, Depot- und Magazinräume, Bibliothek, Graphiksammlung und Büros für die Mitarbeiter des MEK am Standort Im Winkel 6–8 zusammengeführt werden. Das Erdgeschoss wurde 2004 zu Lager- und Werkstattbereichen der Möbelsammlung des MEK umgenutzt. Ausstellungen werden in der Arnimallee 25 gezeigt.

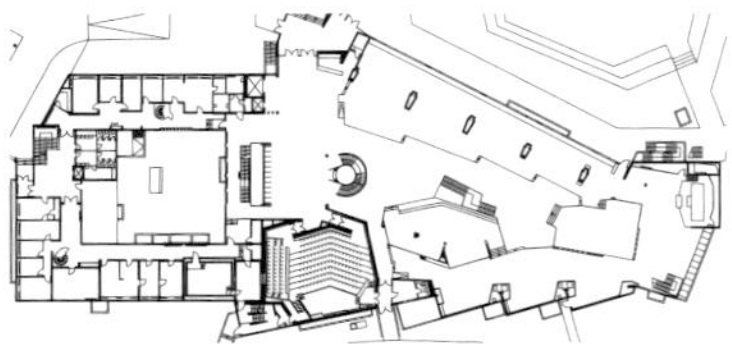

Musikinstrumentenmuseum | MIM und Staatliches Institut für Musikforschung | SIM
Tiergartenstraße 1
Berlin-Tiergarten

Fertigstellung 1984
Architekt Edgar Wisniewski
(nach Entwurf von Hans Scharoun)
Bauherr Senat für Bau- und Wohnungswesen

Umbau 2000–2018
Architekt PPK
Bauherr Senatsverwaltung für Bau- und Wohnungswesen

Das von Hans Scharoun entworfene Musikinstrumentenmuseum mit dem Staatlichen Institut für Musikforschung wurde zwischen 1979 und 1984 von Edgar Wisniewski als Teil des Kulturforums realisiert. Im Jahr 2007 wurde der Eingang nach Osten verlegt, um das Museum vom Potsdamer Platz her zu erschließen. Dazu kamen im selben Jahr der Umbau der Bibliothek sowie in den folgenden Jahren der Umbau der Kältezentrale, des Straßenlandes, des Bereiches Folklore sowie der Treppe des SIM und des MIM.

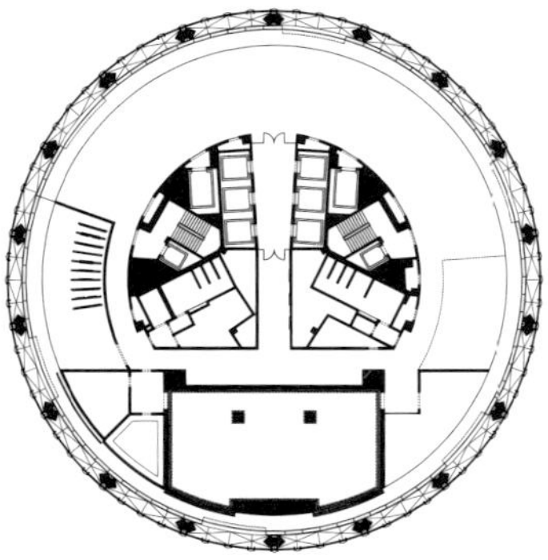

Gallery Ana Tzarev Ausbau 17. Etage
P30, St. Mary Axe
City of London

Fertigstellung 2004
Architekt Lord Norman Foster
Bauherr Swiss Re

Umbau 2006
Architekt PPK
Bauherr Accademia Foundation Jonathan Lloyd-Platt

Der *The Gherkin* genannte 180 Meter hohe Wolkenkratzer mit insgesamt 41 Etagen wurde im Jahr 2004 fertiggestellt. Sein Vorgängerbau, das Baltic Exchange Building, wurde 1992 durch einen IRA-Anschlag stark beschädigt und anschließend abgetragen. Die Büroflächen des als innovativ und energetisch nachhaltig deklarierten Gebäudes sind jeweils ringförmig um den in der Gebäudemitte befindlichen Erschließungs- und Installationskern angelegt. Der Einbau von Galerieräumen für die international agierende Künstlerin Ana Zvarev auf der 17. Etage war eine Herausforderung der besonderen Art: in einem vollflächig verglasten Hochhausturm mit kreisrundem Grundriss galt es, gerade Wandflächen und nach kuratorischen Gesichtspunkten luxreduzierte Ausstellungsräume zu schaffen.

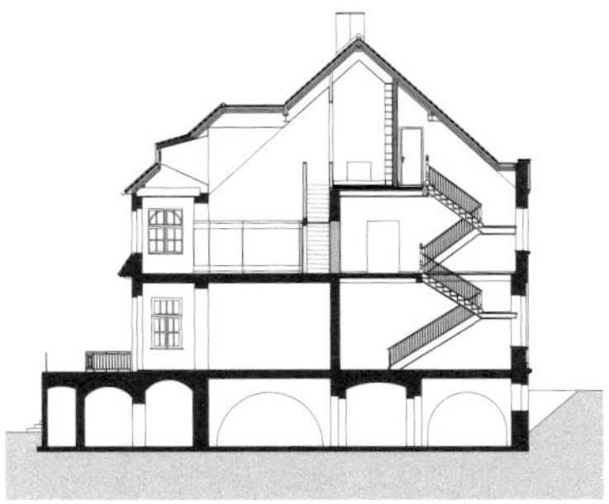

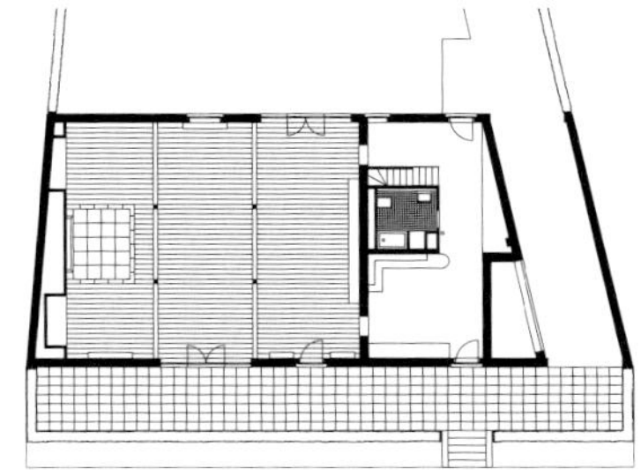

Gutshaus Knesebeck
Dorfstraße 22
Jühnsdorf

Fertigstellung 1824
Architekt N. N.
Bauherr Friedrich-Wilhelm von dem Knesebeck

Umbau 2004
Architekt PPK
Bauherr Eigentümergemeinschaft Gutshaus Jühnsdorf

Das märkische Gutshaus Knesebeck erfuhr nach seiner Fertigstellung 1824 in den Jahren 1860 und 1907 weitere wesentliche Aus- und Umbauten. Der nach einem Dachstuhlbrand 1929 neu aufgesetzte und nicht zu Wohnzwecken ausgebaute Dachstuhl war in späteren Jahren gründlich mit gesundheitsgefährdenden Holzschutzmitteln behandelt worden, sodass er 2004 insgesamt abgetragen und neu aufgerichtet wurde. Das Dachgeschoss ist räumlich und organisatorisch mit der Wohnnutzung der Etage im 1. Obergeschoss verbunden. Der Dimensionierung und Proportionierung der neuen Öffnungen in der Dachfläche galt dabei ein besonderes Augenmerk.

Wohnhaus und Atelier Dreiseithof
Vehlgast bei Havelberg

Fertigstellung 1867
Architekt N. N.
Bauherr N. N.

Umbau 2016
Architekt PPK
Bauherr Familie Kahlfeldt

Es sind die elementaren Gewalten, die die Geschichte des kleinen, unmittelbar an der Havel gelegenen ehemaligen Fischerdorfs und seiner Höfe schreiben: Feuer und Wasser.
Verheerende Feuer von 1790 und 1867 vernichteten 14 bzw. 7 Hofstellen mitsamt der Dorfkirche. Das bis heute in Frühjahr und Sommer jährlich anstehende Hochwasser von Havel und Elbe stellt stets eine Gefahr dar und ließ 1709 Schulhaus und Dorfkrug einstürzen. Das Dorf stellt mit seinem schönen Straßenraum und den gründerzeitlichen Backsteinfassaden der Wohn- und Nebengebäude den räumlichen Zusammenhalt her, den die den Naturgewalten ausgesetzten Bewohner geschaffen haben.

Wohnhaus
Märkisches Ufer 20
Berlin-Mitte

Fertigstellung vor 1874
Architekt N. N.
Bauherr Perez Leiser Abraham

Umbauplanung 2012
Architekt PPK
Bauherr Wolfgang Maennig

Am südlichen Ufer der Spree verläuft die Straße Märkisches Ufer. Als sie am Ende des 17. Jahrhunderts entstand, hieß sie zunächst Neu-Kölln am Wasser und war neben der Wallstraße eine der beiden Hauptstraßen der Vorstadt. Die heute bestehende Wohnhausbebauung zwischen Inselstraße und Neuer Roßstraße, die einen für Berliner Verhältnisse wohltuend einheitlichen Eindruck vermittelt, hat diese Geschlossenheit erst durch eine Reihe von Baumaßnahmen in jüngerer Zeit erhalten, auch durch hierher translozierte Bürgerhäuser aus dem 18. Jahrhundert. Für das unter Ensembleschutz stehende Mietshaus Nr. 20 wurden eine Dachaufstockung sowie die Fassadeninstandsetzung geplant.

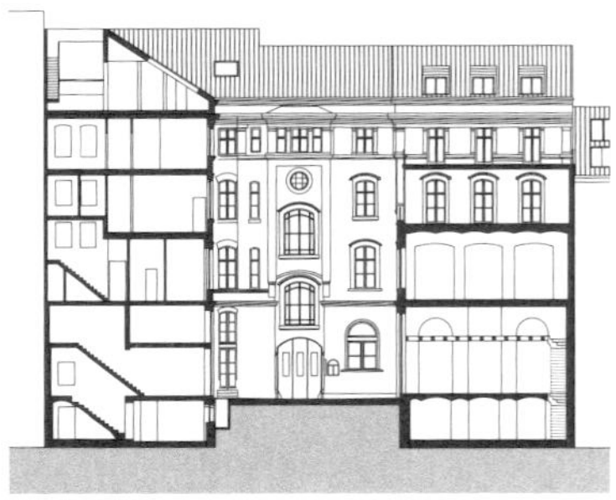

Wohn- und Geschäftshaus
Wallstraße 84–85
Berlin-Mitte

Fertigstellung 1874
Architekt N. N.
Bauherr Eisenwarenhandlung C. F. W. Lademann Söhne

Umbau I 1985
Architekt Bezirksarchitektin Vetter
Bauherr VEB Baukombinat Modernisierung Berlin

Umbauplanung 2016
Architekt PPK
Bauherr Christmann Unternehmensgruppe

Bei dem auf der Nordseite der Wallstraße gelegenen Gebäudeensemble handelt es sich um eine in die geschlossene Bauflucht der Straße eingepasste dreiflügelige Anlage, die sich zur Wallstraße mit zwei unterschiedlichen Fassaden und zur Spree hin mit einer einheitlichen Fassade zeigt. Der Unternehmer C. F. W. Lademann hatte nacheinander beide Parzellen käuflich erworben, bebaut und seine Eisenwarenhandlung, die im Erdgeschoss unverändert erhalten ist, eingerichtet.
Vom Krieg unzerstört, sollte die Gebäudeanlage im sozialistischen Zentrum der Hauptstadt der DDR abgebrochen werden. Die bis zum Jahr 2019 erfolgte denkmalgerechte Sanierung des Wohn- und Geschäftshauses hat das Gebäudeensemble mit einigen wenigen Veränderungen in seiner bauzeitliche Fassung gestärkt.

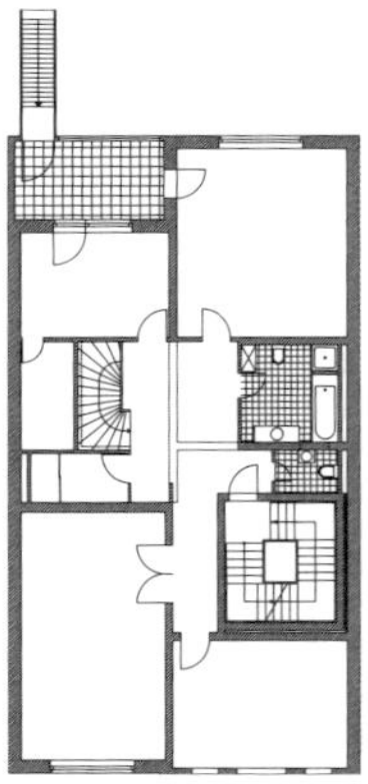

Wohnhaus
Agnesstraße 44
Hamburg-Winterhude

Fertigstellung 1880
Architekt N. N.
Bauherr N. N.

Umbau 2007
Architekt PPK mit Sven Hidde
Bauherr Frau Kipphoff von Huehne

Das städtische Reihenhaus mit vier Etagen wurde um 1880 als typisches Hamburger terrassed house mit Etagenwohnungen errichtet und fügt sich in die geschlossene Straßenrandbebauung harmonisch ein. Anlass der Planungen war der Wunsch das auf Garten- und Fleetniveau gelegene Sockelgeschoss mit dem darüber liegenden Erdgeschoss durch eine interne Erschließung räumlich zu verbinden. Dieses wurde im Zuge eines raumbildenden Innenausbaus von Sockel- und Erdgeschosses mit einer neuen, beide Etagen verbindenden Holztreppe erreicht.

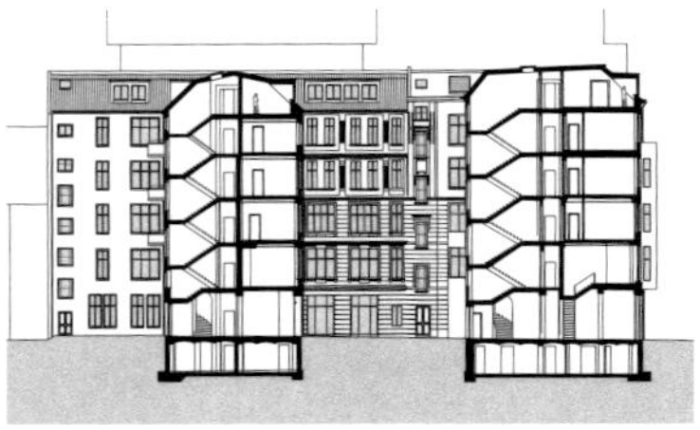

Wohnhäuser
Friedrichstraße 112a / 112b
Berlin-Mitte

Fertigstellung Haus 112a 1900
Architekt N. N.
Bauherr N. N.

Fertigstellung Haus 112b 1894
Architekt N. N.
Bauherr Paul Vogdt

Umbauplanung 2015
Architekt PPK mit Stéphane Lippitsch
Bauherr pwr development

Die beiden nebeneinander gelegenen Gebäude am nördlichen Ende der Friedrichstraße bilden solide Bausteine der berlintypischen Bebauungsstruktur ab. Als Teile einer geschlossenen Blockrandbebauung mit Vorderhaus, Seitenflügel und Quergebäuden, stehen sie stellvertretend für eine städtische Textur, die sich über alle modernen Tendenzen hinweg als stabile Qualität mit urbaner Charakteristik erwiesen hat. Über einen Verkauf in den 1990er Jahren gerieten die Altbauten zum unmittelbar angrenzenden Tacheles-Areal und wurden in diesem Zuge mitgeplant. Ebenso, wie in der Tradition der städtischen Textur stehend, soll die Haltung beim Umbau der Häuser sein: städtisch, lässig, mit allen Merkmalen ausgestattet, für die sie stehen. Hierzu zählen großzügige Hauseingangsbereiche, gut gestaltete und begrünte Innenhöfe sowie entspannte Wohnungsgrundrisse.

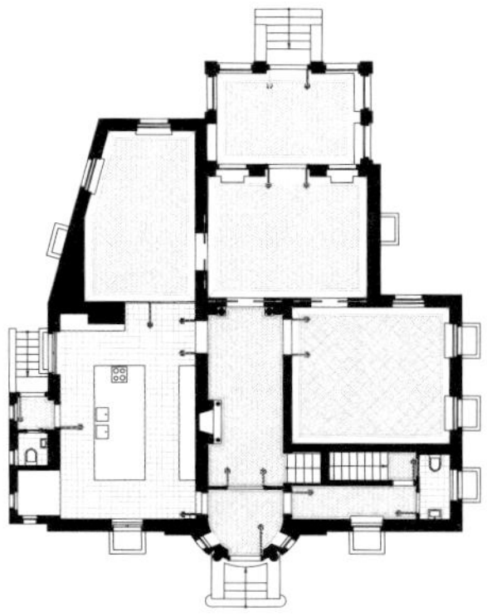

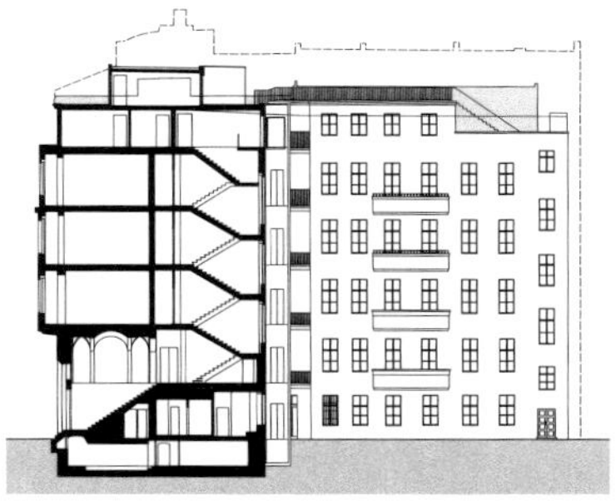

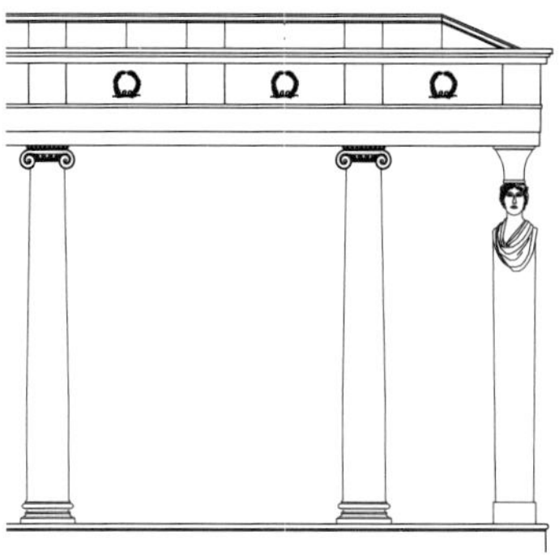

Wohnhaus
Virchowstraße 51
Potsdam-Neubabelsberg

Fertigstellung 1885
Architekt N. N.
Bauherr Prof. Dr. Hartmann

Umbau 1 1911
Architekt N. N.
Bauherr Justizrat Dr. Domeritz

Umbau 2 1922/1935
Architekt H. Achtermann
Bauherr Franz-Theodor Dröge

Umbau 2011
Architekt PPK
Bauherr Familie Blöcher

Das freistehende Wohnhaus wurde ab 1881 in mehreren Abschnitten errichtet und im Laufe seiner Nutzung mehrfach umgebaut. Dies erzeugte eine uneinheitliche innenräumliche Fassung, die mit einem grundlegenden Umbau mit Neuorganisation der Küchenbereiche im Erdgeschoss und der Sanitärräume im Obergeschoss verändert wurde. Dabei wurden auch die Keller- und Dachräume zu Wohnzwecken ausgebaut.

Wohnhaus
Winterfeldstraße 35
Berlin-Schöneberg

Fertigstellung 1887
Architekt Friedrich Hamann
Bauherr Tischlermeister F. Knorr

Umbau 1 1985
Architekt S.T.E.R.N GmbH
Bauherr N. N.

Umbauplanung 2018
Architekt PPK
Bauherr euroboden

Das denkmalgeschützte Haus, mit reicher renaissancesistischer Stuckfassade dekoriert, die Obergeschosse vorwiegend rot geklinkert und mit aufwändigem, kleinteiligen Stuck besetzt, spiegelt exemplarisch die zeittypische formale Ausprägung der Mietskaserne in einem gutbürgerlichen Wohnquartier wider. Im ebenso zeittypischen krassen Gegensatz dazu steht die extrem enge Hinterhofbebauung, deren lichte Breite gemäß Bauordnung 6 Meter nicht überschreitet.
Im Zuge der Umbauplanungen 2018 wurden neben der Instandsetzung der Gartenfassaden Maßnahmen zur Verbesserung der Wohnqualität durch den Anbau von Balkonen, den Einbau eines Lifts sowie der Ausbau des Dachgeschosses geplant.

Landhaus
Branitzer Platz 5
Berlin-Westend

Fertigstellung 1889
Architekt Friedrich Utterwedde
Bauherr Joseph Becker

Umbau 1 1928
Architekt Heinrich Tessenow, Zaar und Vaal
Bauherr Benno Bernstein

Umbau 2008
Architekt PPK
Bauherr Familie Schwarz

Gemäß dem englischem Vorbild einer Trennung der Stände in verschiedene Wohngebiete entstand ab 1866 die Villenkolonie für das wohlhabende Bürgertum, nach dem vornehmen Londoner Stadtteil Westend benannt, mit dem Branitzer Platz als ihrem Zentrum. Das Wohnhaus ist ein kaiserzeitlicher Villenbau, dem der von Heinrich Tessenow angefügte, großflächig verglaste Wintergarten eine mediterrane Leichtigkeit verleiht. Es war der Wunsch der Bauherrin, einer den römischen Idealen verschriebenen Archäologin, das Gebäude mit einer weiteren architektonischen Erzählung zu versehen: der Geschichte einer einst freistehenden Loggietta, die, in den Hügeln der römischen Campagna am Rande eines Weinbergs stehend, nach und nach in den sich ausdehnenden Stadtkörper integriert und baulich erweitert wird und als modernstes Element den Tessenow'schen Wintergarten erhält.

Wohnhaus
Baseler Straße 49
Berlin-Lichterfelde West

Fertigstellung 1894
Architekt Robert Poseck
Bauherr N. N.

Umbau 2000
Architekt PPK
Bauherr Familie Thies

Der Unternehmer von Carstenn hatte in England die am Rand der Städte liegenden Villenviertel kennengelernt und beschlossen, diese auch in Deutschland anzulegen. Im Südwesten Berlins fiel die Wahl von Carstenns auf die hoch verschuldeten Rittergüter Lichterfelde und Wilmersdorf, die er 1865 erwarb. Bis um 1900 entstand ein Stadtteil, der aus vielfältigen Baustilen den Repräsentationsansprüchen des gründerzeitlichen Bürgertums entsprach. Wegen einer über Jahre unterlassenen Pflege war der Rohbau dieser Turmvilla schwer beeinträchtigt. Die denkmalgerechte Instandsetzung sowie die Herrichtung schöner Wohnräume waren die Planungsziele.

Villa Büttner
Hubertusbadener Straße 25 /
Furtwängler Straße 25
Berlin-Grunewald

Fertigstellung 1896
Architekt Arnold Hartmann
Bauherr Familie Carl Büttner

Umbau I 1934
Architekt Martin Punitzer
Bauherr N. N.

Umbau 2021
Architekt PPK mit Stéphane Lippitsch
Bauherr Udo Müller

Als Teil der Villenkolonie Grunewald nimmt die denkmalgeschützte Villa Büttner eine besondere stadträumliche und architektonische Bedeutung ein. Ihr Architekt, ein virtuoser Gestalter von palazzoartigen Villen, denen er in unterschiedlichen Stilen der Baugeschichte bauliche Form und Ausdruck gab, formte diese Villa im klassizistischen Stil. 1934 übernahm der Architekt der Neuen Sachlichkeit, Martin Punitzer, die Planungsaufgabe zum Umbau des Einfamilienhauses in ein Mehrfamilienhaus.
Die Umbauplanungen 2020 haben die Villa wieder in ihre bauzeitliche Fassung als Einfamilienhaus überführt. Die vom Architekten Martin Punitzer überformten Gartenfassaden werden in einer klassizistischen Gestaltung ergänzt.

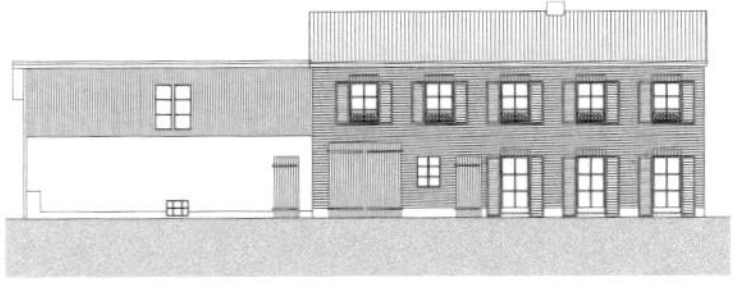

Wohnsitz auf dem Lande
Kramnitzer Weg 2
Klosterheide / Lindow

Fertigstellung 1896
Architekt N. N.
Bauherr N. N.

Umbau I 1934
Architekt Richard Schmidt
Bauherrin Adelheid Sachs, geb. Rieß

Umbau 1998/2004
Architekt PPK
Bauherr Familie Bittner

Wohnhaus und Nebengebäude liegen malerisch auf einer Anhöhe und überblicken von hier aus den Gudelacksee. Als Teil einer ehemalig groß angelegten Obstplantage wurden Wohn- und Nebenhaus um 1896 errichtet und haben sich in ihrer ursprünglichen Ausprägung unwesentlich verändert.
Das Wohnhaus wurde 1998 unter Erhalt der bauzeitlichen Bausubstanz umgebaut. Das Nebengebäude, Umbau 2004, hatte ursprünglich eine vielseitige Nutzung: Es diente sowohl als Stall für die Tiere des Hofes als auch als Scheune für Heu- und Obstlagerung sowie saisonal als Unterkunft für die Plantagenarbeiter. Der Umbau und die Umnutzung des Nebengebäudes wurden konsequent innerhalb der bestehenden Außenfassaden geplant, die strukturelle Grundrissgeometrie blieb weitgehend erhalten.

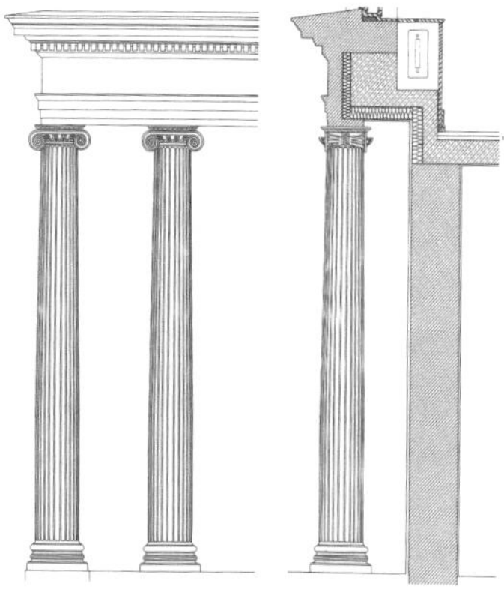

Wohnhaus

Max-Eyth-Straße 29
Berlin-Dahlem

Fertigstellung 1900
Architekt N. N.
Bauherr N. N.

Umbau 1995
Architekt PPK
Bauherr Heiner und Celine Bastian

Der Umbau des Hauses untersucht den notwendigen Einsatz architektonischer Elemente zur Schaffung einer zeitlosen, dauerhaft modernen Baukunst. Das einfache Volumen einer dekorlosen Putzfassade bildet den Rahmen für den mittig gesetzten Portikus aus vier Säulen. Die Thematisierung von Maß, Ordnung und Tektonik ergänzt das darübergesetzte Bogenfenster zu einer Komposition, deren Inhalt einzig ein architektonisches Ideal darstellt. Diese Haltung bestimmt auch die innere Organisation und deren Gestaltung.

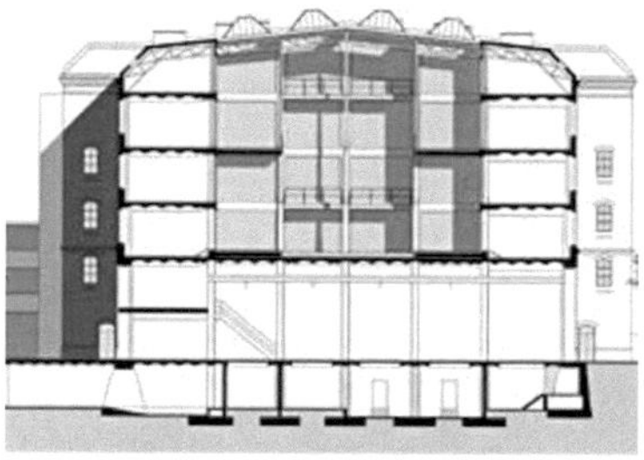

Elektrische Umformwerke

Prenzlauer Allee 33
Berlin-Prenzlauer Berg

Fertigstellung Haus 1 1906
Architekt Otto Springmann
Bauherr Bewag

Fertigstellung Haus 2 1928
Architekt Hans Heinrich Müller
Bauherr Bewag

Umbauplanung 2002
Architekt PPK
Bauherr Bewag

Die beiden tief im Blockinneren gelegenen Technikgebäude, als Umformwerke für die Bewag 1906 und 1928 errichtet und 1983 außer Betrieb genommen, sind von herausragender Qualität. Die ehemalige technische Funktion der Umformwerke lässt sich an den Fassaden gut ablesen.
Die durch ihre räumlichen Qualitäten und die aufwändige bautechnische Ausstattung beeindruckenden Maschinenhallen im Erdgeschoss beider Gebäude sind als Kathedralen der Technik ebenso denkmalgeschützt wie die Häuser selbst. In der Umbauplanung zu Wohnhäusern standen als durchgängige architektonische Themen der Erhalt der Großzügigkeit der Grundrisse, die Schaffung differenzierter, individueller Außenräume sowie die Beibehaltung der Atmosphäre als Erinnerung an die Geschichte des Ortes und seiner Nutzung im Zentrum.

Wohnhaus

Feldbrunnenstraße 50
Hamburg-Rothenbaum

Fertigstellung 1906
Architekt Martin Hall, Leopold Lamprecht (Lund & Kallmorgen)
Bauherr N. N.

Umbauplanung 2010
Architekt PPK
Bauherr Familie Minack

Die 600 Meter lange Straße wurde 1889 von der Hansestadt angelegt und parzellenweise mit der Festschreibung als Villenkolonie verkauft. Großbürgerliche Familien errichteten sich ihrem Status und Vermögen entsprechend mehrgeschossige Villen. Das Haus mit der Hausnummer 50 soll für die Familie des Bürgermeisters J. G. Mönkeberg errichtet worden sein. Nach jahrzehntelanger gewerblicher Nutzung wurde das Haus wieder einer Wohnnutzung zugeführt, wobei unter Erhalt des großen Eingangs und der repräsentativen Wohnhalle im Erdgeschoß mehrere Etagenwohnungen geplant wurden.

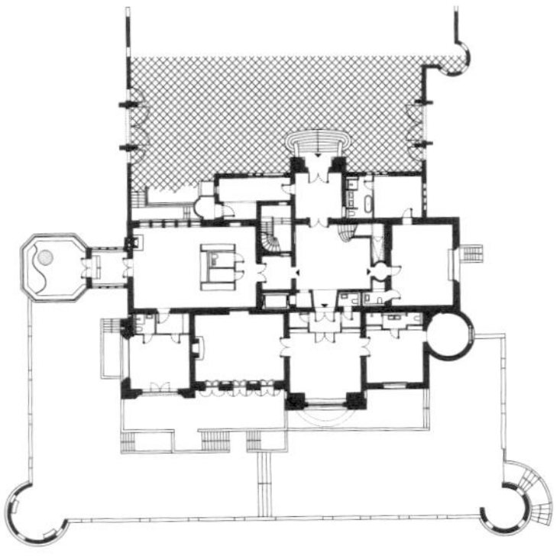

Villa Rothenberg
Karl-Marx-Straße 42
Falkensee-Finkenkrug

Fertigstellung 1906
Architekt Baufirma Paul
Bauherr Mordechai Rothenberg

Umbauplanung 2019
Architekt PPK
Bauherr Schacher Immobilien

Die hier verlaufende Bahnstrecke und der 1850 errichtete Bahnhof brachten die Berliner Ausflügler nach Finkenkrug. Mit Erteilung der Genehmigung 1893 „zur Anlegung einer Kolonie von 30 Villen in der Nähe der Haltestelle Finkenkrug" konnten ab 1898 die zweigeschossigen, teilweise großen Wohnhäuser realisiert werden. Die Vielfältigkeit und die reiche bauplastische Ausformulierung der teils im wilhelminisch-repräsentativen wie auch im Landhausstil errichteten Villen ging zur Zeit der DDR verloren. Nun werden die Gebäude nach und nach, wie an der Villa Rothenberg nachzuvollziehen, in ihre bauzeitlichen Fassungen gebracht und denkmalgerecht wiederhergestellt.

Wohnhaus
Am Sandwerder 21–23
Berlin-Wannsee

Fertigstellung 1907
Architekt Friedrich Kristeller
Bauherr Adolf Schwabacher

Umbau 1 1928
Architekt Breslauer & Salinger
Bauherr Arthur Müller

Umbau 2 1930
Architekt Joachim Liesheim
Bauherr Franz Schicht

Umbau 1950
Architekt N. N.
Bauherr Innere Mission Krankenhaus

Umbauplanung 2008
Architekt PPK
Bauherr Familie Friedrich

Als Teil der Villenkolonie Wannsee ist das Anwesen, bestehend aus Wohn-, Gäste- und Gärtnerhaus, auf der Wasserseite der Straße Am Sandwerder von dem Bankier und Direktor der Berliner Börse, A. Schwabacher, erbaut worden. In ihrer asymmetrisch malerischen Komposition entsprechen die Gebäude den baulichen Vorbildern englischer Landsitze des 19. Jahrhunderts.
Die wechselvolle Eigentümergeschichte sowie der tief in die historische Bausubstanz eingreifende Hotelumbau im Jahre 2010 machten einen kompletten Rückbau der baulichen Veränderungen notwendig. Mit der Planung zu einem Einfamilienhaus wurden alle Innenräume auf der Grundlage des ursprünglichen Landhauscharakters aufgewertet, alle originalen Einbauten blieben erhalten.

Neue Hakeburg
Zehlendorfer Damm 185
Kleinmachnow

Fertigstellung 1908
Architekt Bodo Ebhardt
Bauherr Dietloff von Hake

Umbau 1 1938
Architekt Bauabteilung Reichspost
Bauherr Deutsche Reichspost

Umbau 2021
Architekt PPK
Bauherr Neue Hakeburg GmbH

Die Neue Hakeburg wurde 1908 nach Plänen von Bodo Ebhardt im neuromanischen Burgenstil, nebst Tor- und Remisengebäude, auf dem Seeberg in Klein-Machnow als Familiensitz für die Familie von Hake erbaut. Im Jahr 1936 erwarb die Deutsche Reichspost das Anwesen und baute es 1938 im Stil der Neuen Sachlichkeit zum Wohnsitz des Reichspostministers W. Ohnesorg um. Es diente der DDR als Parteihochschule und der SED als Gästehaus. Für alle drei Gebäude – Burg, Torhaus und Remise – wird nun eine Wohnnutzung vorgesehen. Die größte planerische Herausforderung stellt die Burg dar, wo die Einteilung der großen Repräsentationsräume und der Ausbau von Garten- und Dachgeschoss in Etagenwohnungen harmonisch und denkmalgerecht im Einklang mit dem zu erhaltenden Bestand zu planen war.

Wasserturm Westend
Wohnungsausbau
Akazienweg 35a
Berlin-Westend

Fertigstellung 1910
Architekt Heinrich Seeling
Bauherr Charlottenburger Wasser AG

Umbau 2013
Architekt PPK
Bauherr Werner Arnold

Das markante Ensemble der Charlottenburger Wassertürme besteht aus zwei denkmalgeschützten Türmen. Mit Entfall der ursprünglichen Nutzung haben die Gebäude, bedingt durch ihre hohe architektonische Qualität, nichts an Wert verloren. Der Ausbau der Wohnung im 10. Obergeschoss des höheren Turms orientiert sich in seiner räumlichen Fassung an dessen kreisrunder Geometrie und bietet zu allen Seiten einen spektakulären Blick auf Berlin.

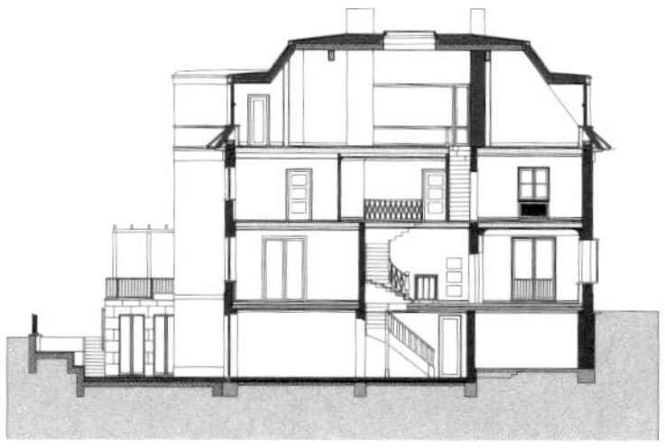

Wohnhaus
Schwendener Straße 18
Berlin-Dahlem

Fertigstellung 1912
Architekt Heinrich & Grubner
Bauherr J. Wachsmann

Umbau 2016
Architekt PPK mit Philipp Rentschler
Bauherr Familie Manago

Das freistehende zweigeschossige Wohnhaus wurde nach dem Zweiten Weltkrieg als Institutsgebäude der Freien Universität genutzt. Der Umbau zu einem Wohngebäude umfasste die komplette Renovierung und Neugestaltung aller Räume, den Ausbau des Kellers, den Einbau einer Aufzugsanlage und die Renovierung des Daches. Der nicht mehr tragfähige Dachstuhl wurde erneuert und durch eine stützenfreie Konstruktion ersetzt.

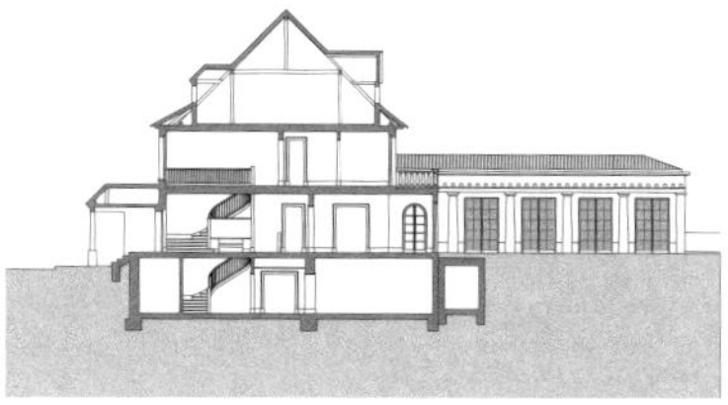

Wohnhaus
Nikolaiweg 5
Darmstadt-Mathildenhöhe

Fertigstellung 1912
Architekt Regierungsrat R. Schreiner
Bauherr Regierungsrat R. Schreiner

Umbauplanung 2016
Architekt PPK
Bauherr Familie Sander

Im Auftrag des Großherzogs Ernst Ludwig wurde 1897 der herzogliche Hofgarten in Darmstadt mit einer städtebaulichen Konzeption nach Plänen von Karl Hofmann überplant. Nach seinen Plänen entstanden auch im Nikolaiweg Villen nach den Entwürfen bekannter Architekten, die einen expliziten Gestaltungswillen formulieren. Das Wohnhaus am Nikolaiweg 5, im Laufe der Zeit mehrfach entstellend überformt, war mit architektonischem Anspruch in seinem Äußeren und Inneren neu zu gestalten, angemessen zur Lage und Nachbarschaft der Mathildenhöhe.

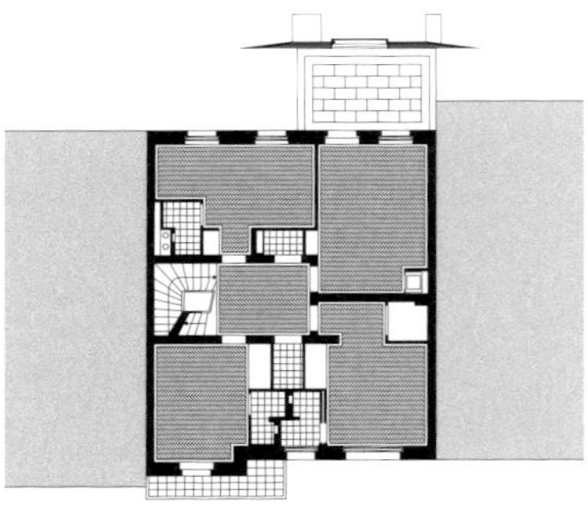

Wohnhaus
Im Gehege 3
Berlin-Dahlem

Fertigstellung 1913
Architekt Heinrich Schweitzer
Bauherr Robert Baumann

Umbau 1 1969
Architekt N. N.
Bauherr N. N.

Umbau 2016
Architekt PPK
Bauherr Familie Möll

Die rechteckige Platzanlage wird von individuellen städtischen Reihenhäusern zu einer harmonischen Baugruppe zusammengefasst. Ein großer Variationsreichtum in den Architekturdetails kennzeichnet diese. Im Rahmen eines denkmalgerechten Umbaus wurde die in den 60er Jahren erfolgte Aufteilung in drei Wohnungen zurückgebaut und wieder die ursprüngliche Nutzung für eine Familie hergestellt.

Landhaus Goldberg
Koenigsallee 17–17b
Berlin-Grunewald

Fertigstellung 1922
Architekt G. R. Risse und L. Bett
Bauherr Familie Arnold Goldberg

Umbau 1 1928
Architekt N. N.
Bauherr Johannes Philipp Vielmetter

Umbau 2 1952
Architekt N. N.
Bauherr Firma Knorr Bremse (Vielmetter)

Umbau 2018
Architekt PPK
Bauherr Familie Schmitz

Das Wohngebäude wurde 1922 in schöner städtebaulicher Lage auf einem sehr großen Grundstück mit seinen Nebengebäuden kompositorisch so ausgerichtet, dass die baulichen Anlagen und die sie umgebenden Gärten ein differenziertes Ensemble eingehen. Nach kleineren Kriegszerstörungen, mehreren Umbauten und langem Leerstand wurde die Villa 2018 wieder ihrer ursprünglichen Nutzung gemäß als Einfamilienhaus denkmalgerecht umgebaut. Im Planungsbereich von PPK lag die Fassadeninstandsetzung sowie der Dachgeschossausbau.

Landhaus Pinn
Nikischstraße 2
Berlin-Grunewald

Fertigstellung 1923
Architekt Max Pinn
Bauherr Matthäus Heinrich

Umbau 1 1974
Architekt N. N.
Bauherr N. N.

Umbau 2010
Architekt PPK
Bauherr Ralf Schmitz

Der Umbau des kleinen Landhauses Pinn umfasste den kompletten Rückbau eines rückwärtigen Gebäudeanbaus mit Schwimmbad aus den 70er Jahren sowie die Wiederherstellung der feinen Gestaltung mit schönen Architekturelementen im Äußeren und Inneren. Im Besonderen die Renovierung der internen Treppe sowie die Freilegung des expressionistischen Wand- und Deckenstuck haben dazu beigetragen, dass das Denkmal wieder als Kind seiner Zeit erlebbar ist.

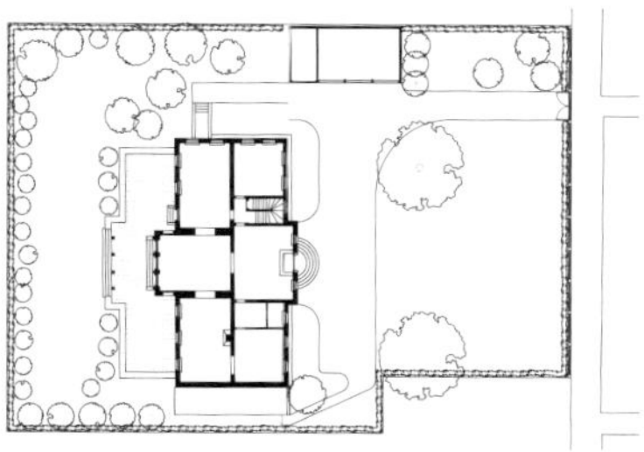

Landhaus Thaden
Bernadottestraße 7
Berlin-Grunewald

Fertigstellung 1923
Architekt Günther Paulus
Bauherr Familie Alke Thaden

Umbau 1 1937
Architekt N. N.
Bauherr Martin Bormann

Umbau 2 1961
Architekt N. N.
Bauherr Familie Axel C. Springer

Umbau 2016
Architekt PPK
Bauherr Familie Mautz

Das vom Berliner Architekten Günther Paulus auf einem großen parkähnlichen Grundstück geplante opulente Wohnhaus, das wegen seines repräsentativen Gestaltungsgestus mit aufwändiger Einfriedung in die Denkmalliste des Landes Berlin eingetragen ist, wurde bereits mehrfach in seinem Inneren wie Äußeren nach den Wünschen seiner oft wechselnden Eigentümer umgestaltet. Der Umbau von 2016 des zwischenzeitlich in Geschosswohnungen aufgeteilten Hauses transformierte dieses wieder in ein Einfamilienhaus. Die gestalterische Überformung des Hauses orientiert sich am ehemals ländlichen Charakter des Wohnhauses. Die wenigen erhaltenen bauzeitlichen Ausstattungen blieben hierbei erhalten.

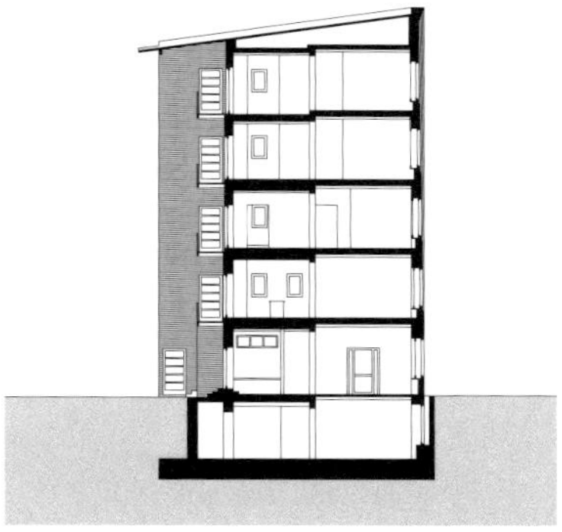

Wohn- und Atelierhaus Zeppelin
Brüsseler Straße 32
Berlin-Wedding

Fertigstellung 1924
Architekt Hans Heinrich Müller
Bauherr Bewag

Umbau 2000
Architekt PPK
Bauherr Eigentümergemeinschaft Brüsseler Straße

Nach der Entscheidung der Bewag, Teile ihrer nicht mehr betriebsintern genutzten Bauten zu veräußern, erwarben fünf zu einer Eigentümergemeinschaft zusammengeführte Privatpersonen das fünfgeschossige Backsteingebäude. Von den Architekten wurden lediglich die baurechtlich und denkmalpflegerisch notwenigen Belange für die sichere Benutzbarkeit des Wohn- und Ateliershauses geplant, zur Genehmigung gebracht und umgesetzt. Die individuellen Innenausbauten erfolgten in Eigenregie durch die Bewohner selbst.

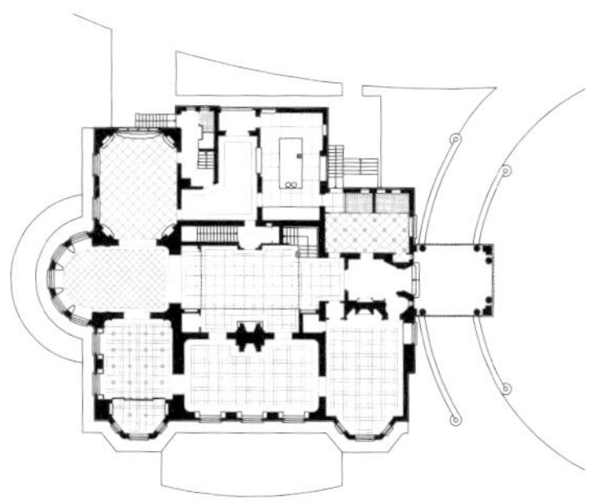

Villa Kampffmeyer
Berliner Straße 74
Potsdam

Fertigstellung 1925
Architekt Weidner und Mohr
Bauherr Kurt Kampffmeyer

Umbau 1 1968
Architekt N. N.
Bauherr Staatssicherheit der DDR

Umbau 2 2000
Architekt H. Ferdinand und K. Gerth
Bauherr Grothe Gruppe Berlin

Umbau 2015
Architekt PPK mit Tebbe Farbarchiv
Bauherr Familie Kibed

In exponierter Havellage, eingebettet zwischen den bedeutenden Parks von Glienicke und Babelsberg und mit direktem Blick auf die Glienicker Brücke, das Jagdschloss Glienicke und das Schloss Babelsberg, verfügt die repräsentative Villa zweifelsfrei über die reizvollste Lage in der Potsdamer Kulturlandschaft.
Erbaut von Preußens bedeutendstem Mühlenbesitzer, Kurt Kampffmeyer, geriet sie mit der Teilung Deutschlands an die vorderste Front des Kalten Krieges, mit entsprechender Umnutzung durch den Einbau von Zellentrakt und Waffenkammer. Nach 1989 erfolgte eine partielle Bebauung des Parks mit Neubauten sowie der Umbau der Villa in eine Büronutzung. Für die neuen Eigentümer wurden die schönen Räume der Villa 2015 wieder für eine reine Wohnnutzung umgestaltet.

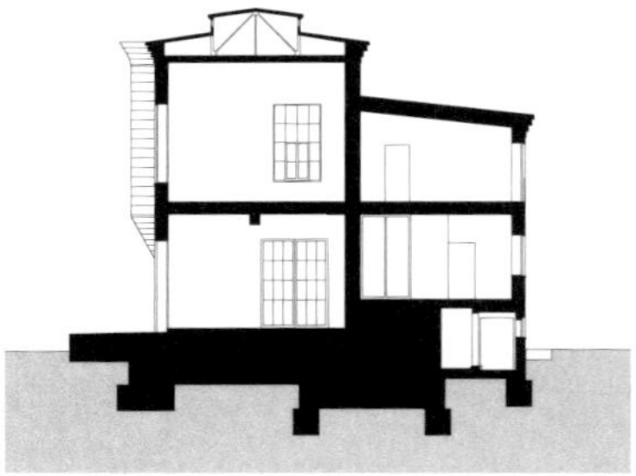

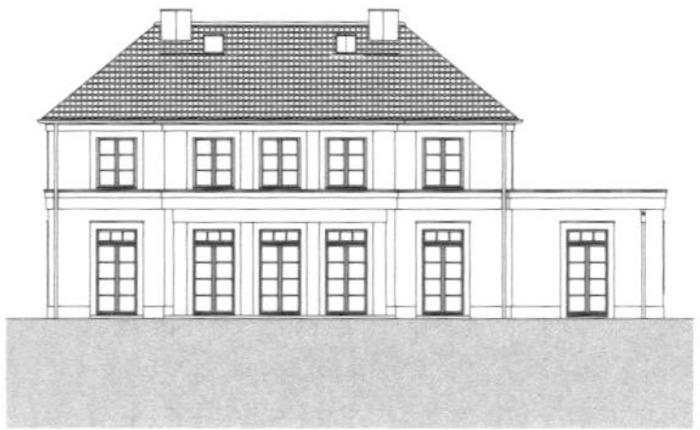

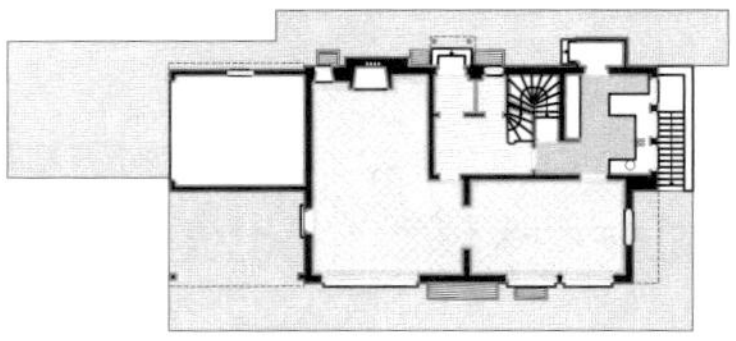

Gleichrichterwerk
Machnower Straße 83
Berlin-Zehlendorf

Fertigstellung 1928
Architekt Hans Heinrich Müller
Bauherr Bewag

Umbau 2008
Architekt PPK
Bauherr Stefan Kahlfeldt

Der im Jahr 1920 erfolgte Zusammenschluss von acht Stadt- und 59 Landgemeinden mit 27 Gutbezirken zu den 20 neuen Berliner Bezirken erzwang ein umfassendes organisatorisches und bauliches Konzept für die Stromerzeugung und -verteilung der Großstadtregion. Im Gleichrichterwerk Kleinmachnow wurde Wechselstrom zu Gleichstrom umgeformt und in das Stromnetz der Straßenbahn eingespeist. Seiner rein technischen Funktion zum Trotz hat Hans H. Müller als Chefarchitekt der Bewag auch dieser kleinen Bauaufgabe solch eine hohe architektonische Qualität gegeben, dass das Werk in seiner Transformation zu einem Zweifamilienhaus nichts von seinem baulichen Ausdruck und seiner architektonischen Kraft verloren hat, weder in seinem Inneren noch in seinem Äußeren.

Wohnhaus
Am Wellenkotten 1
Bielefeld-Gadderbaum

Fertigstellung 1937
Architekt Heinrich Lütkemeyer
Bauherr Erich Neumann-Holste

Umbau 2004
Architekt PPK mit Caroline Ebbing und Kai Becker
Bauherr Familie Siekmann

Das unter Denkmalschutz in schöner Gartenlage stehende Wohngebäude diente lange Zeit als Kindergarten und sollte, seiner ursprünglichen Bestimmung gemäß, wieder als Einfamilienhaus genutzt werden. Unverändert blieben beim Umbau die Straßenfassade, sowie die beiden Seitenfassaden, die Eingangssituation und die innere Erschließung. Die Gartenfassade wurde zum Garten hin mit Terrassentüren geöffnet. Die innere Grundrissorganisation konnte den Anforderungen für eine Familie mit vielen Kindern angepasst, Raumgrößen und -zuschnitte konnten verändert werden.

Wohnhaus
Max-Eyth-Straße 32
Berlin-Dahlem

Fertigstellung 1938
Architekt Fritz A. Breuhaus de Groot
Bauherr Lilli und A. H. Schilling

Umbau 2017
Architekt PPK
Bauherr Familie Schlicht-Wachtlin

Wie alle Breuhaus'schen Wohnhäuser dieser Zeit, ist auch dieses gekennzeichnet durch einen geradlinigen Baukörper mit flach geneigtem Walmdach, einen unspektakulär an der Nordseite zurückliegenden Eingang, einen Außenkamin, einen überdachten Freisitz an der Gartenseite sowie durch zierliche Fenster mit Klappläden. Auch die Wohnhalle mit Kamin gehört dazu, die den funktionalen Grundriss als größter Raum bestimmt und sich an der Südseite zum Garten hin öffnet.
Neben der Herrichtung des Hauses gemäß seiner bauzeitlichen Raum- und Materialidee stellte der Ausbau des Dachgeschosses mit der Anlage von Dachöffnungen eine besondere Herausforderung dar.

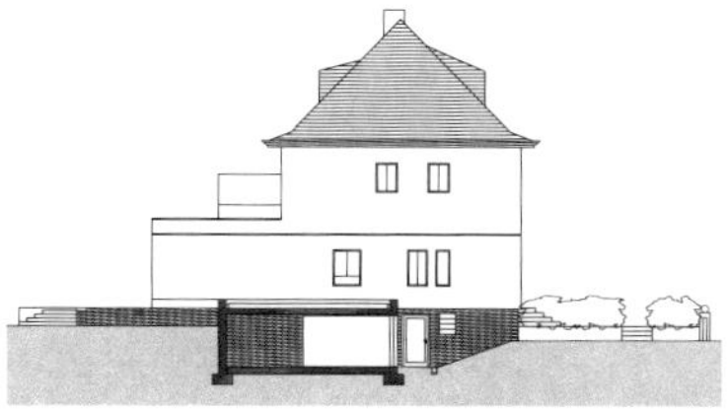

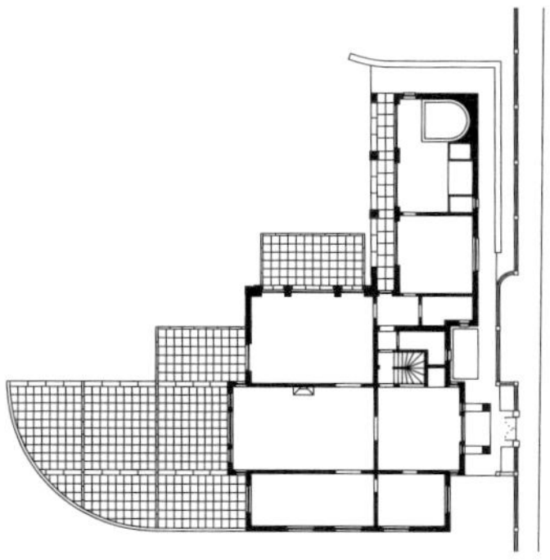

Doppelhaus
Peter-Lenné-Straße 20 und 20a
Berlin-Dahlem

Fertigstellung 1939
Architekt Ernst Groeger
Bauherr Hans Tiegel

Umbauplanung 2016
Architekt PPK
Bauherr Familie Gaehtgens,
Familie Boss

Das in den traditionellen kubischen Bauformen der 30er Jahren mit hohem Walmdach errichtete elegante Doppelhaus konnte für beide Eigentümer gleichzeitig räumlich mit jeweils einem gartenseitigen Seitenflügel und straßenseitigen Garagengebäuden erweitert werden, ohne dass bei Umbau und Erweiterung der bauzeitlich charakteristische architektonische Ausdruck verändert wurde. Die Wohnetagen das Hauses Nummer 20 wurden bereits seit dem Jahr 1998 in mehreren Schritten modernisiert.

Wohn- und Geschäftshaus
Knesebeckstraße 55
Berlin-Wilmersdorf

Fertigstellung 1968
Architekt N. N.
Bauherr N. N.

Umbauplanung 2013
Architekt PPK
Bauherr Massih Hausverwaltung

Für das in den späten 1960er Jahren errichtete große Wohn- und Geschäftshaus an der Knesebeckstraße Ecke Lietzenburger Straße wurden neue Straßenansichten entwickelt. Ausgehend von dem Fassadenbild einer funktionalistischen Zellenarchitektur jener Jahre galt es, eine flächige, horizontal gegliederte, großstädtische Fassade als raumhaltige Schicht für die dahinterliegenden Wohnungen zu entwerfen, der es auch gelingt, die stadträumliche Ecksituation in Wert zu setzen.

Wohnhaus
Elsternweg 5
Bonn-Mehlem

Fertigstellung 1989
Architekt Gatermann Schossig
Bauherr Familie Kappe

Umbau 2013
Architekt PPK
Bauherr Familie Kappe

Das dreigeschossige Einfamilienhaus konnte 20 Jahre nach seiner Fertigstellung durch den Erwerb eines nachbarlichen Grundstücks baulich erweitert und räumlich neu organisiert werden. Altbau und Neubau wurden dabei formal wie räumlich zu einer neuen Einheit verbunden.

Schloss Bürresheim
Mayen, Eifel

Fertigstellung 1475/1650
Architekt N. N.
Bauherr Familie von Breidbach

Wettbewerb 2005
Architekt PPK
Auslober Burgen, Schlösser, Altertümer Rheinland-Pfalz

Das Entwurfskonzept der Wettbewerbsarbeit setzt die vorhandene, über Jahrhunderte praktizierte Bautradition des selbstbewussten Weiterbauens unter Verzicht kontrastreicher Ergänzungen fort, um das ausgewogene Ensemble mit veränderten Ansprüchen und Sichtweisen fortzuschreiben. Die Interventionen bleiben sichtbar und dennoch wirken die zeitgenössischen Zufügungen wie selbstverständlich und sind nicht störend. Der Eindruck einer harmonischen Gesamtanlage bleibt so gewahrt.

Erweiterung Herzogin Anna Amalia Bibliothek
Platz der Demokratie 1
Weimar

Fertigstellung Grünes Schloss 1569
Architekt Nikolaus Gromann
Bauherr Herzogtum Sachsen-Weimar

Umbau 1766/1810
Architekt August Friedrich Straßburger, Heinrich Gentz
Bauherr Herzogtum Sachsen-Weimar

Wettbewerb 2002
Architekt PPK
Auslober Stiftung Weimarer Klassik

Die Bibliothek baulich für die Unterbringung ihres wertvollen historischen Buchbestandes zu erweitern, indem die benachbarten denkmalgeschützten Gebäude Gelbes Schloss und Rotes Schloss hinzukommen, und sie für die Öffentlichkeit besser nutzbar zu machen, verlangt einen sensiblen Umgang und verantwortliche Eingriffe in die historische Substanz.

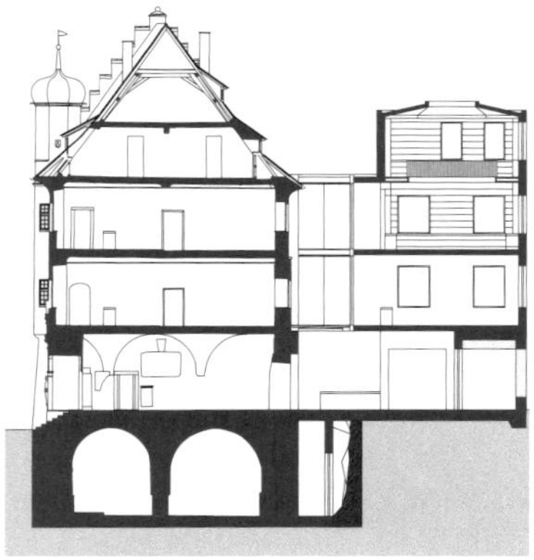

Umbau und Erweiterung Österreichisches Schlösschen
Marktplatz 8
Radolfzell

Fertigstellung 1715
Architekt N. N.
Bauherr Leopold von Österreich

Wettbewerb 2009
Architekt PPK
Auslober Stadt Radolfzell

Das Österreichische Schlösschen, 1619 begonnen und um 1715 fertiggestellt, diente seit 1983 provisorisch als Stadtbibliothek. Für den grundlegenden Umbau war auch eine Erweiterung für die Bibliotheksnutzung vorgesehen. Der Entwurf von PPK ergänzt das bestehende Gebäude mit der Erweiterung zu einem neuen Ganzen, ohne die Eigenständigkeit sowohl des Vorhandenen als auch des Neuen zu verschleiern. Der Neubau verzichtet auf kontrastierende Originalität und orientiert sich an der strukturellen Ordnung des Bestands und dem städtischen Gefüge. Die Erweiterung verwebt und vernetzt die ergänzenden Funktionen mit den existierenden Raumgruppen und schafft eine zweckmäßige Organisation der Bibliothek.

Umbau Zeughaus Berlin
Deutsches Historisches Museum
Unter den Linden 2
Berlin-Mitte

Fertigstellung 1729
Architekt J. A. Nehring, M. Grünberg, A. Schlüter, J. de Bodt
Bauherr Kurfürst Friedrich III.

Wettbewerb 1998
Architekt PPK
Auslober Deutsches Historisches Museum

Mit der beabsichtigten Instandsetzung und Herrichtung des Zeughauses für die ständigen Ausstellungsräume des Deutschen Historischen Museums galt es, den historischen Bestand zu respektieren, die großmaßstäbliche Ordnung der Gesamtkomposition herauszuarbeiten und das Gebäudeinnere wieder sichtbar zu machen. Zugleich waren die notwendigen technischen Einbauten für die hochfrequentierte und hochkarätige Museumsnutzung so zu führen, dass sie diesem Entwurfsansatz nicht zuwiderlaufen.

Schoeler-Schlösschen
Wilhelmsaue 126
Berlin-Wilmersdorf

Fertigstellung 1765
Architekt N. N.
Bauherr Cornelius Adrian Hesse

Umbau 1935
Architekt Walter Bettenstaedt
Bauherr Bezirksamt Wilmersdorf

Wettbewerb 2006
Architekt PPK
Auslober Stiftung Denkmalschutz Berlin

Das Schoeler-Schlösschen ist eines der ältesten erhaltenen Gebäude in Berlin. Der Wunsch, einen Wettbewerb durchzuführen, um das Gebäude auf seine barocke, bauzeitliche Fassung zurückzubauen, war heftig umstritten, da hier 1935 für die „Wilmersdorfer Heimatschau" und die Hitlerjugend wesentliche Umbauten erfolgt waren, die das LDA als erhaltenswert erachtete. Als Nutzungen waren kulturelle Veranstaltungen sowie eine Bibliothek für die Witzesammlung des Altbundespräsidenten J. Rau vorgesehen.

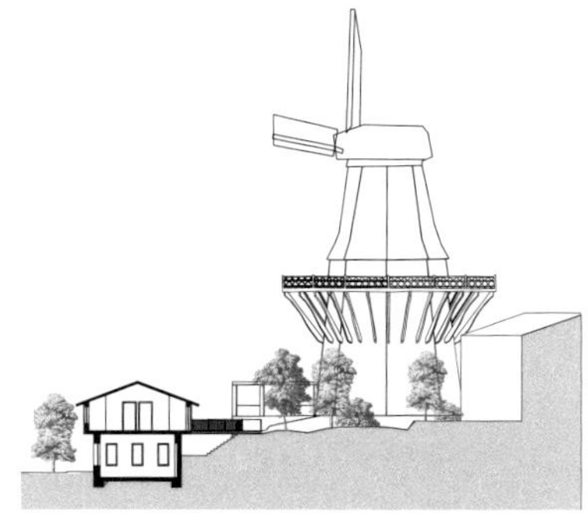

Neubau Schweizerhaus Besucherzentrum
Maulbeerallee
Potsdam

Wettbewerb 2011
Architekt PPK
Auslober Stiftung Preußische Schlösser und Gärten

Das 1945 zerstörte und 1952 abgetragene Schweizerhaus unterhalb der Historischen Mühle hatte seine letzte Form durch einen Umbau 1840 erhalten, der auf Ludwig Persius zurückgeht. In der Auslobung hieß es: „Die Bebauung dieses Grundstücks ist als Reparatur des Ensembles nach den denkmalpflegerischen Vorgaben in der Grundfläche und Kubatur des ehemaligen Schweizerhauses durchzuführen. Das Stilmittel der alpinen Schweizer Architektur, welche die verlorene Architektur geprägt hat, soll neu interpretiert werden."

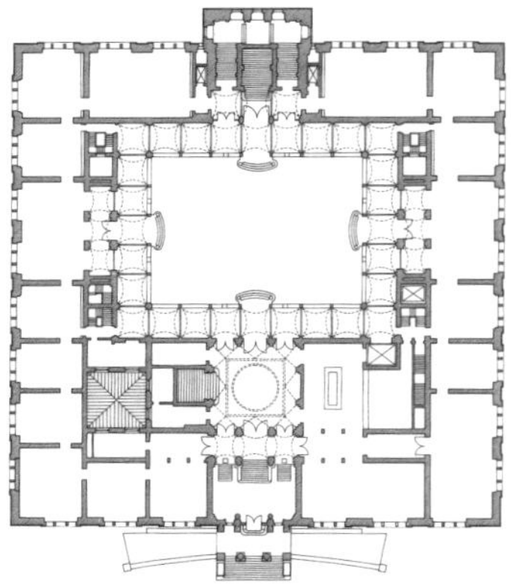

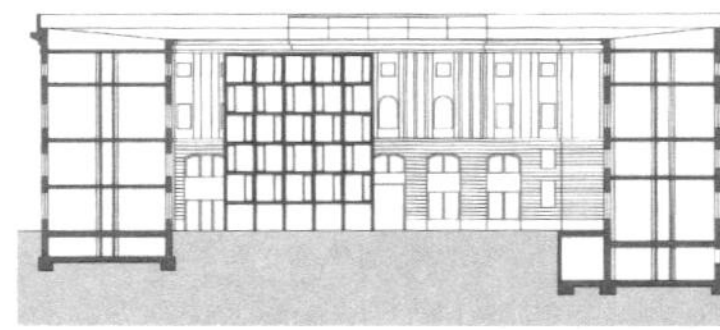

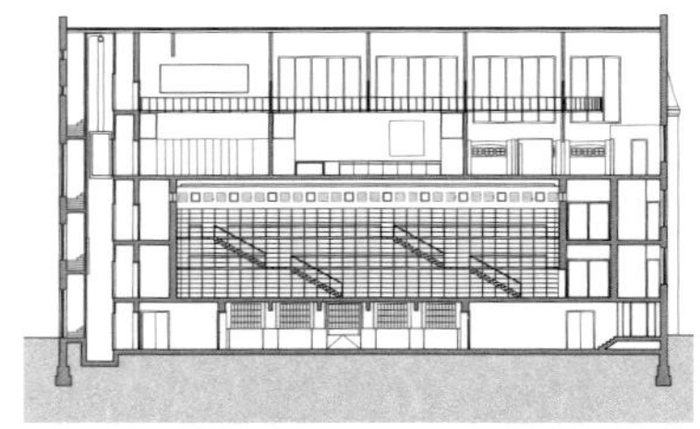

Martin-Gropius-Bau Berlin
Niederkirchnerstraße 7
Berlin-Kreuzberg

Fertigstellung 1881
Architekt Martin Gropius, Heino Schmieden
Bauherr Magistrat von Berlin

Wettbewerb 1997
Architekt PPK
Auslober Senatsverwaltung für Stadtentwicklung Berlin

„Das Ausstellungsgebäude selbst ist als ein architektonisches Vorbild gedacht, das durch die Anwendung verschiedenartiger Herstellungsverfahren viele handwerkliche Zweige erfassen und in einer großartigen Raumkomposition miteinander vereinen soll.“
Mit dem Wettbewerbsbeitrag sollte die von Manfred Klinkott vorbeschriebene architektonische und räumliche Qualität des palastähnlichen viergeschossigen Bauwerks wiedergewonnen und in eine funktionierende Nutzung als eines der größten Ausstellungshäuser der Stadt überführt werden.

Neuer Marstall Berlin
Musikhochschule Hans Eisler
Schlossplatz 7
Berlin-Mitte

Fertigstellung 1901
Architekt Ernst von Ihne
Bauherr Kaiser Wilhelm II.

Wettbewerb 1998
Architekt PPK
Auslober Senatsverwaltung für Stadtentwicklung Berlin

Mit diesem Wettbewerb zur Umnutzung des opulenten ehemaligen Marstalls des Berliner Schlosses stellte sich keine einfache Aufgabe: Ein Konzept für den Umbau des gesamten Marstalls war gefordert, wenn auch vorerst die Landesbibliothek noch den größten Teil der Drei-Höfe-Anlage einnahm. Unmittelbar zur Realisierung vorgesehen war nur der Umbau des nördlichen Drittels des Marstallkomplexes bis zum ersten Quergebäude.

Kunstsammlung Stoschek
Schanzenstraße 54
Düsseldorf

Fertigstellung 1907
Architekt N. N.
Bauherr N. N.

Wettbewerb 2007
Architekt PPK
Auslober Julia Stoschek Collection

In einem viergeschossigen Fabrikgebäude, in der zweiten Bebauungsreihe der Düsseldorfer Schanzenstraße gelegen, nach außen mit einer schönen, für Fabrikgebäude typischen vertikalen Fassadengliederung versehen, wurden ein Sammlermuseum für Medienkunst über zwei Etagen, sowie ein privater Wohnbereich mit nicht öffentlichem Ausstellungsraum geplant. Die dreischiffige basilikale Grundrissfigur bildet hierzu das strukturell-räumliche Konzept.

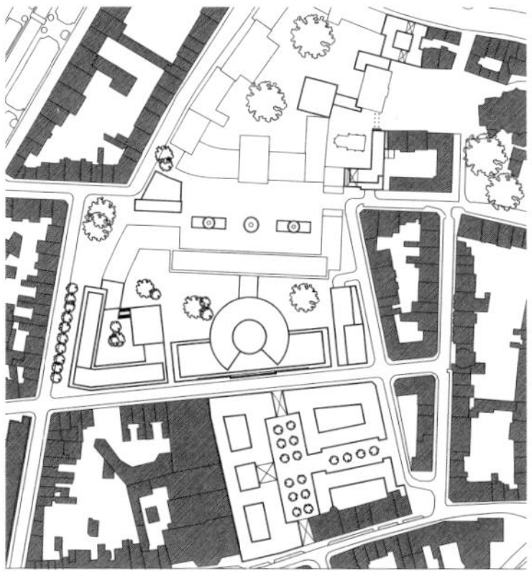

Umbau Verlagsgebäude De Gruyter
Lützowstraße 33/Genthiner Straße 13
Berlin-Tiergarten

Haus Lützowstraße 33–36
Fertigstellung 1911
Architekt Herrmann Dernburg
Bauherr Rütgerswerke

Haus Genthiner Straße 13
Fertigstellung 1911
Architekt Otto Walter
Bauherr Walter de Gruyter

Wettbewerb 2001
Architekt PPK
Auslober Beos AG Berlin

Ziel des Entwurfs war es, eine Verbindung von jahrzehntelanger Tradition und Kultur des Verlagshauses und einer modernen Architektur zu schaffen, deren Resultat beides im Erscheinungsbild widerspiegelt. Das Spannungsfeld umfasst die Bewahrung des qualitätsvollen Bestands sowie den produktiven Umgang mit der Geschichte des Verlagshauses und seiner Immobilie mit den Bedürfnissen und Anforderungen an ein hochtechnisiertes Unternehmen.

Hotel und Boardinghouse
Rheinstraße 62
Darmstadt

Wettbewerb 2017
Architekt PPK
Auslober Familie Sander

Das historische, 1914 erbaute, 13-achsige repräsentative Bauwerk der ehemaligen Bezirksregierung verfügt über eine außerordentliche städtebauliche Dominanz und Wirkung in der breiten, boulevardähnlich angelegten Rheinstraße in Darmstadt. Die geplante neue Nutzung als Hotel kann mit einem rückwärtig angeordneten Neubau, der alle Hotelzimmer aufnehmen wird, realisiert werden. Der Altbau bleibt den repräsentativen und geselligen Nutzungen, die kleinen Wohnungen in den Obergeschossen bleiben dem Boardinghouse vorbehalten.

Gerling Quartier Köln
Köln-Altstadt Nord

Fertigstellung seit 1920
Architekt B. Paul, K. Groote, Hentrich und Heuer
Bauherr Hans Gerling

Wettbewerb 2008
Architekt PPK
Auslober Frankonia Eurobau

Das 1919 in Köln gegründete und über Jahrzehnte mit angemessenen Repräsentationsbauten errichtete innerstädtisch gelegene, aber abgeschlossene Versicherungsquartier sollte in ein offenes, gemischt genutztes Stadtviertel umgewandelt und nachverdichtet werden.

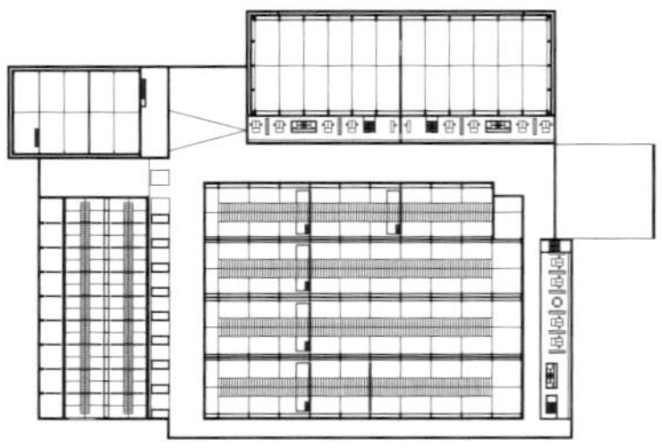

Schauhallen Berlin
Zentrum für Zeitgenössische Kunst
Reinbeckstraße 17
Berlin-Köpenick

Fertigstellung 1924
Architekt N. N.
Bauherr AEG

Wettbewerb 2008 (1. Preis)
Architekt PPK
Auslober Herrmann und Schuster

Das Vorhandene, vier Hallen unterschiedlicher Baujahre und Konstruktionsweisen, bleibt unangetastet und somit in Wirkung und Erscheinung authentisch. Durch das Gestaltungsprinzip „Haus in Haus“ ist die Eigenständigkeit der vier zu vereinenden autonomen Industriehallen zu einem Zentrum für zeitgenössische Kunst gewahr. Die Hallen werden mittels einer additiv gesetzten Struktur aus Stahl und Blechen ganzheitlich verbunden. Sie werden zu autonomen Räumen in einer alles verbindenden und organisierenden architektonischen Form.

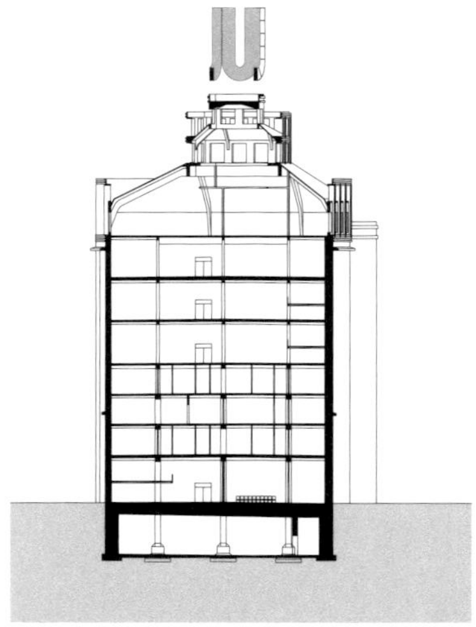

Dortmunder U-Turm
Leonie-Rygers-Terrasse
Dortmund

Fertigstellung 1927
Architekt Emil Moog
Bauherr Dortmunder Union Brauerei

Wettbewerb 2008
Architekt PPK
Auslober Stadt Dortmund

Das Entwurfskonzept organisiert die innere Struktur des ehemaligen Gär- und Lagerhauses zu einer Abfolge funktionsfähiger Museumsräume, deren Ausbau sowohl den Anforderungen des internationalen Ausstellungsbetriebs genügt als auch die ursprüngliche Architektur, die auf die Braufunktionen abgestimmt war, architektonisch erfahrbar belässt. Das starke äußere Erscheinungsbild des Solitärgebäudes bleibt gewahrt und das ruinös Fragmentarische der Fassaden wird zugunsten einer einheitlichen Gesamtkomposition ergänzt.

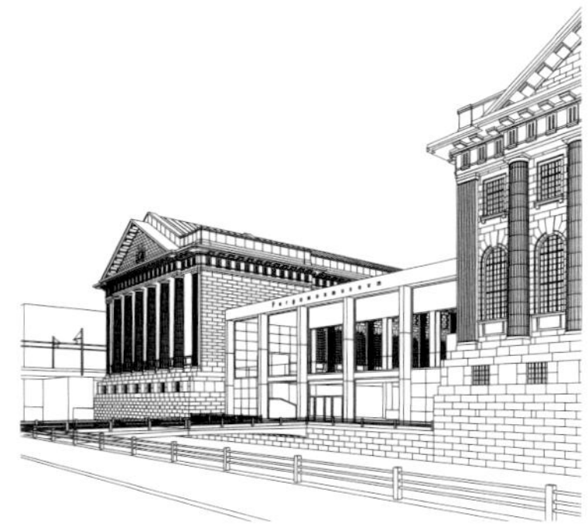

Umbau Pergamonmuseum
Bodestraße 1–3
Berlin-Mitte

Fertigstellung 1930
Architekt Alfred Messel, Ludwig Hoffmann
Bauherr Staatliche Museen

Wettbewerb 2000
Architekt PPK
Auslober Staatliche Museen zu Berlin

Der Schwerpunkt der Wettbewerbsaufgabe, für die acht Büros ausgewählt wurden, lag darin, Vorschläge zu entwickeln für die Nutzung des Ehrenhofes, für die Gestaltung eines Verbindungsbaus zwischen den Kopfbauten von Nord- und Südflügel sowie für die Anbindung an die geplante „archäologische Promenade“, die alle Häuser auf der Museumsinsel verbinden sollte. Das Konzept zum Umbau des Pergamonmuseums stellt eine Fortsetzung und Interpretation des Planungsgedankens Messels dar. Die vorhandene Struktur und Haltung werden gewahrt und aus diesen Vorgaben entwickeln sich die Ergänzungen. Das Neue wird nicht bewusst inszeniert, sondern als Weiterbauen mit den Mitteln unserer Zeit verstanden. Es bildet sich daraus eine schlüssige, den geänderten Anforderungen entsprechende Gesamtkomposition.

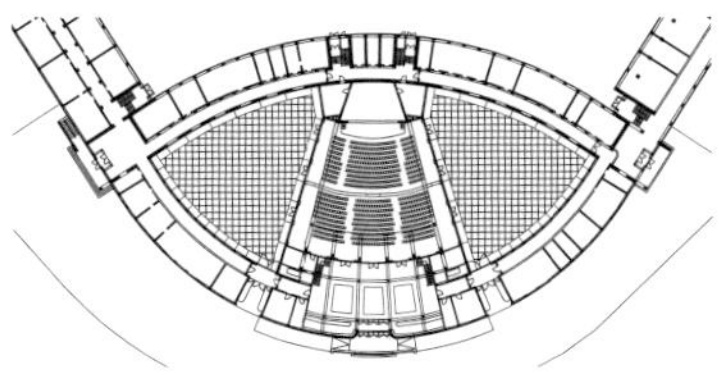

Max Taut Aula

Fischerstraße 36
Berlin-Lichtenberg

Fertigstellung 1932
Architekt Max Taut
Bauherr Magistrat der Stadt Berlin

Wettbewerb 2002
Architekt PPK
Auslober Senatsverwaltung für Stadtentwicklung Berlin

„Achtung vor der Tradition bedingt nicht Nachahmen des Gewesenen, sondern verlangt eine Weiterentwicklung (...)" (Max Taut: *Berlin im Aufbau,* 1946). Die historische Entwicklung der Baukunst hat gelehrt, dass die Erfahrungen der Vergangenheit zwar von Nutzen sind, jedoch wurde stets bewusst etwas Neues geschaffen, um so den Bauten ein ehrliches, zeitgemäßes Gesicht zu geben. Der Aufbau der Aula bewahrt das Vorhandene, stärkt das strukturelle und räumliche Gefüge des Saales und durch das interpretierende Ergänzen werden heutige technische Anforderungenen erfüllt.

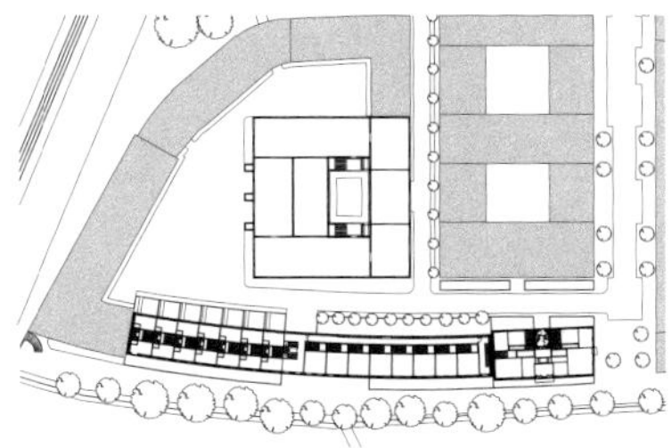

Reichsmünze Berlin

Molkenmarkt 1–3
Berlin-Mitte

Fertigstellung 1942
Architekt Fritz Keibel, Arthur Reck
Bauherr Preußisches Finanzministerium

Wettbewerb 2009
Architekt PPK
Auslober Frankonia Eurobau

Ziel des unter acht Teilnehmern durchgeführten Wettbewerbsverfahres war es, den Umbau einiger Gebäudeteile des 1935 entstandenen, großen, aus mehreren Bauten zusammengesetzten Gebäudekomplexes der Reichsmünze Berlin zu Gewerbeflächen im Erdgeschoss und Wohnnutzungen in den Obergeschossen umzuplanen.

Archiv Akademie der Künste

Robert-Koch-Platz 10
Berlin-Mitte

Fertigstellung 1988
Architekt N. N.
Bauherr Akademie der Künste Berlin

Wettbewerb 2003
Architekt PPK
Auslober Akademie der Künste Berlin

Mit Fertigstellung und Übergabe des Neubaus konzentriert sich die Akademie der Künste auf ihre drei Standorte: Pariser Platz, Hanseatenweg und das in Plattenbauweise erstellte Archivgebäude am Robert-Koch-Platz. Entsprechend den Repräsentationsbedürfnissen der Akademie soll letztgenannter Standort entwickelt und durch eine durchaus visionäre Gesamtkonzeption deutlich aufgewertet werden. In einem Gutachterverfahren wurde untersucht, wie die öffentliche Aufmerksamkeit besser erreicht, die nutzbare Bürofläche deutlich erhöht, die Archivfläche optimiert und die Lage des öffentlichkeitswirksamsten Lesesaal- und Bibliotheksbereichs im Gebäude besser organisiert werden kann.

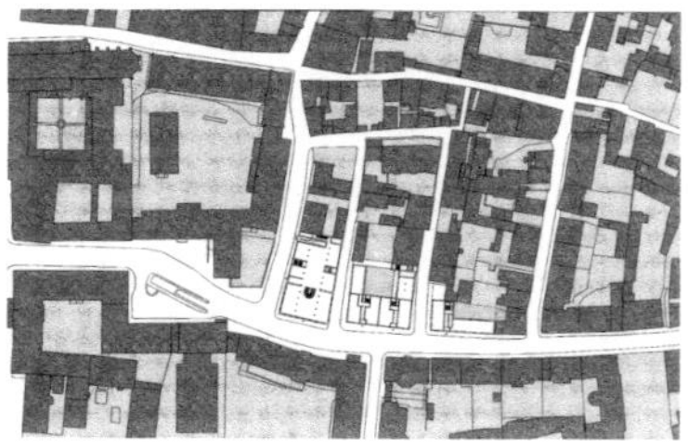

Verwaltungsgebäude mit Bürgerzentrum
Regensburg

Wettbewerb 2002 (1. Preis)
Architekt PPK
Auslober Stadt Regensburg

Der Entwurf der Erweiterung der Stadtverwaltung setzt sich mit der Geschichte, also dem Bestand und dessen Weiterentwicklung, auseinander. In Anlehnung an die Tradition der Bürgerhäuser besteht das Konzept des Entwurfs darin, keine Institution, sondern ein Haus zu schaffen. Der so entstehende Dialog zwischen Alt und Neu schafft somit eine architektonische Qualität und Kontinuität für den Ort und die Stadt.

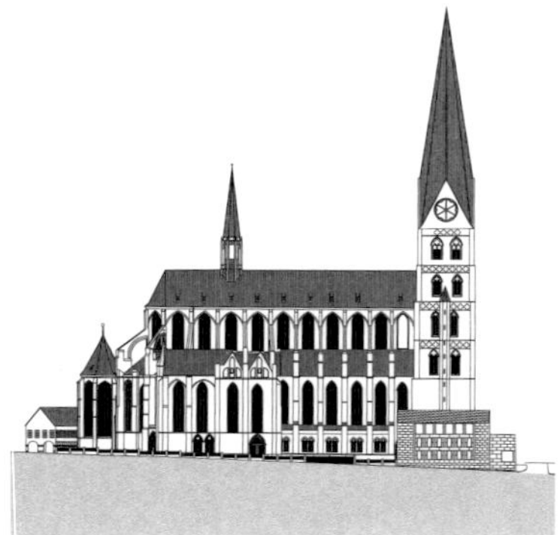

Umfeld Marienkirche
Marienhof 1
Lübeck

Wettbewerb 2007
Architekt PPK
Auslober Hansestadt Lübeck

Mit einer höhendifferenzierten baulichen Fassung zu den angrenzenden städtischen Räumen wird die „Mutterkirche norddeutscher Backsteingotik" wieder in die Lübecker Textur von Straßen und Blöcken eingewoben und das Kirchenschiff erwächst aus diesem Kontext zu einem besonderen Stadtraum. Die Fassungen der Kirche mit der Rekonstruktion der zerstörten „Maria am Stegel" schafft präzis gesetzte Zugangssituationen und eliminiert das heutige konturlose Zusammenfließen des Straßenraumes und des Kirchenumfelds.

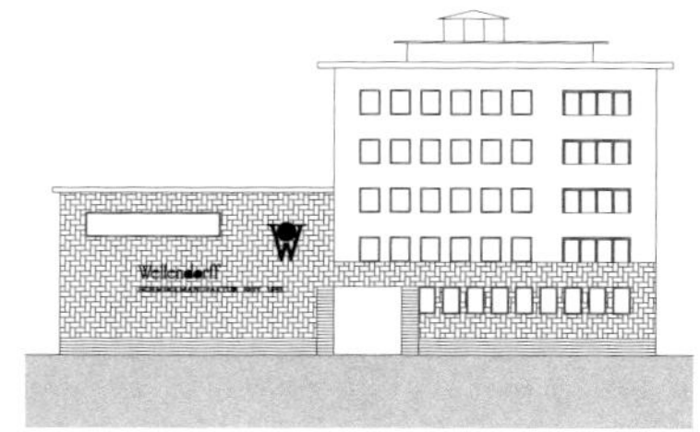

Fa. Wellendorff
Alexander-Wellendorff-Straße 4
Pforzheim

Wettbewerb 2009
Architekt PPK
Auslober Fa. Wellendorff

Der Entwurf für die Umgestaltung des Firmenareals zu einem ablesbar einheitlichen Unternehmenssitz gliedert sich in einzelne Teilmaßnahmen, die miteinander verwoben sind: Zusammenfassung der sehr stark differierenden Fassaden mit einer übergeordneten Gestaltung, um so ein einheitliches Erscheinungsbild zu erreichen, sowie die Neugestaltung des Hauptzugangs. Der Hof erhält eine Überdachung aus einer leichten Metall-Glaseindeckung und wird so für die auszustellende „Schmuckwelt" nutzbar. Das Unternehmen stellt sich als moderne Firma mit handwerklichem Anspruch vor und findet in der Architektursprache eine adäquate Darstellung.

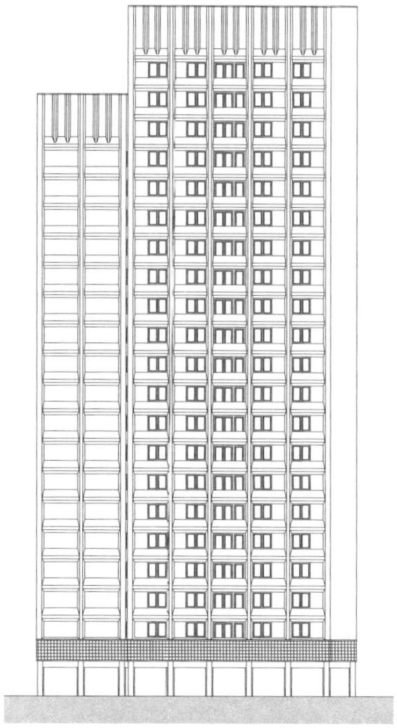

Fassadengestaltung Hochhaus
Rhinstraße 2
Berlin-Lichtenberg

Wettbewerb 2014
Architekt PPK
Auslober HOWOGE

Das mit 21 Geschossen 66 Meter hohe, in Großtafelbauweise errichtete Wohnhochhaus Rhinstraße 2–4 steht in stattlicher Gebäudehöhe exponiert auf einer topographischen Anhöhe an der Ecke zur Straße Alt-Friedrichsfelde und dominiert damit die Straßenkreuzung maßgeblich. Die neue Fassadengestaltung berücksichtigt diesen Aspekt und arbeitet die objekthafte und autonome Körperlichkeit des Wohnhochhauses als Thema gestalterisch heraus.

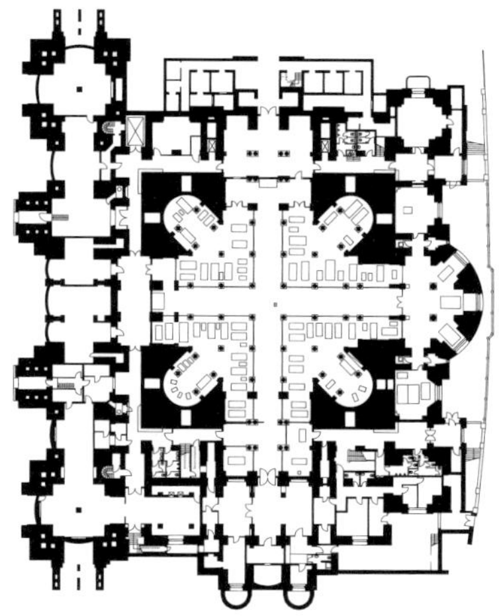

Berliner Dom
Neugestaltung Gruft
Am Lustgarten 1
Berlin-Mitte

Wettbewerb 2015
Architekt PPK
Auslober Oberpfarr- und Domkirche zu Berlin

Die durchaus unbefriedigende Erschließungssituation zur Hohenzollerngruft im Berliner Dom und die uninspirierte Präsentation der bedeutenden Sarkopharge und Särge der Grablege der Hohenzollern führte zu diesem Wettbewerb mit drei geladenen Büros. Mit der Herstellung eines angemessenen großzügigen Treppenzugangs ins Gruftgeschoss, einem in das geschichtliche Thema einführenden Ausstellungsbereich und einem atmosphärisch gestalteten Camposanto ist der Wettbewerbsbeitrag grob umrissen.

WDR Köln
Apellhofplatz
Köln

Wettbewerb 2015
Architekt PPK mit Wolfgang Zeh
Auslober Westdeutscher Rundfunk Köln

40 Jahre nach seiner Fertigstellung sollte das Kölner Filmhaus des WDR am Appellhofplatz grundsaniert und zu einem modernen Medienhaus umgebaut werden. Die Schaffung von großen, flexibel zu nutzenden Bereichen und deren räumliche Verbindung über alle zehn Etagen hinweg sind die zentralen Leitlinien des Entwurfs. Neben der energetischen Ertüchtigung des Bestandsgebäudes sieht das Umbaukonzept vor, herkömmliche Hierarchien und feste Nutzungen von Räumen abzubauen und stattdessen Arbeits- mit Treff-, Erschließungs- und Kommunikationsräumen so zu verbinden, dass ein offenes Haus entsteht.

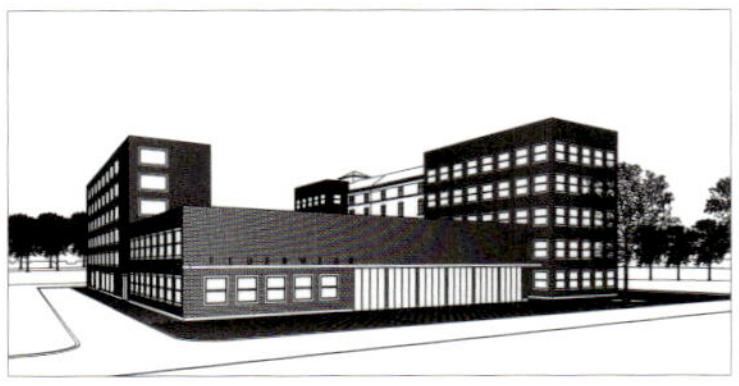

**Polizeiabschnitt 35
und Feuerwache**
Alt Moabit 143–145
Berlin-Tiergarten

Wettbewerb 1999
Architekt PPK
Auslober Senatsverwaltung für Stadtentwicklung Berlin

Im Rahmen der Entwicklungsmaßnahme „Hauptstadt Berlin“ wurde der eingeladene Realisierungswettbewerb „Polizeiabschnitt 35 und Feuerwache für das Parlaments- und Regierungsviertel in Berlin“ ausgelobt, um sicherheitsgefährdeten Personen im Regierungsviertel Schutz bieten zu können. Die Aufgabe des Wettbewerbs war es, einen Neubau für den Polizeiabschnitt und die Feuerwache zu entwerfen. Ein zwar nur mehr rudimentär erhaltenes Verwaltungsgebäude des Hauptzollamtes, das jedoch durch seine typischen Sandstein- und Ziegelstrukturen starken architektonischen Ausdruck hat, sollte dabei einbezogen werden.

Schuhgeschäft tango rosa
Kurfürstendamm 184
Berlin-Wilmersdorf

Fertigstellung 1982
Architekt Paul Kahlfeldt
Bauherr K. P. v. Lüdecke

Dem Zeitgeist West-Berlins der 80er Jahre wurde mit abstrakten weißen Oberflächen auf Decken, Wänden und Fußböden in spärlich möblierten Räumen Ausdruck gegeben. So auch bei diesem Schuhgeschäft am oberen Kurfürstendamm nahe dem Olivaer Platz.

Jil Sander
Kurfürstendamm 48
Berlin-Charlottenburg

Fertigstellung 1985
Architekt M. und E. Boesch | Entwurf
Petra Kahlfeldt | Realisierung
Bauherr Gudrun Friese

Nach dem Zweiten Weltkrieg bis zur Wiedervereinigung Deutschlands hatte Berlin seinen Nährboden als zentralistische Hauptstadt für eine kraftvolle Modeszene verloren. Es gab wenige bedeutende Designer mit eigenen Geschäften in der Stadt. In einer Franchise-Zusammenarbeit wurde für Jil Sander eine Berliner Filiale am Kurfürstendamm auf der Grundlage des neu entwickelten und weltweit realisierten Shop-Layouts der Züricher Architekten Martin und Elisabeth Boesch umgesetzt.

Skoda attendance
Kurfürstendamm 56–58
Berlin-Charlottenburg

Fertigstellung 1996
Architekt Marc Newson | Entwurf
Paul Kahlfeldt | Realisierung
Bauherr Claudia Skoda

Die Berliner Modeschöpferin Claudia Skoda eröffnete 1981 in NYC ihren ersten Laden, direkt gegenüber jenem von Vivienne Westwood, deren Punk-Stil sie schon in Berlin bewundert hatte. Nach dem Fall der Mauer kehrte Skoda in ihre Heimatstadt zurück und eröffnete ihren ersten deutschen Laden am Kurfürstendamm. Der Entwurf stammt von dem Designer Marc Newson.

Hermès
Kurfürstendamm 57
Berlin-Charlottenburg

Fertigstellung 2000
Architekten Rena Dumas | Entwurf
PPK | Realisierung
Bauherr Hèrmes Deutschland

Kalkstein, Kirschholz, Mosaike, Leder und Licht waren die Materialien und Farben der Innenarchitektin Rena Dumas, Ehefrau von Hermès-Eigentümer Jean-Louis Dumas, die sie weltweit für alle Hermès-Boutiquen von 1970 bis 2006 vorgegeben hatte. Für die Realisierung der Boutique am Kurfürstendamm wurde die Erdgeschossfassade großstädtisch erneuert und ein bestehender Innenhof zur Ladenfläche dazugenommen und überdacht, sodass eine lichtdurchflutete elegante Raum- und Verkaufsatmosphäre entstand.

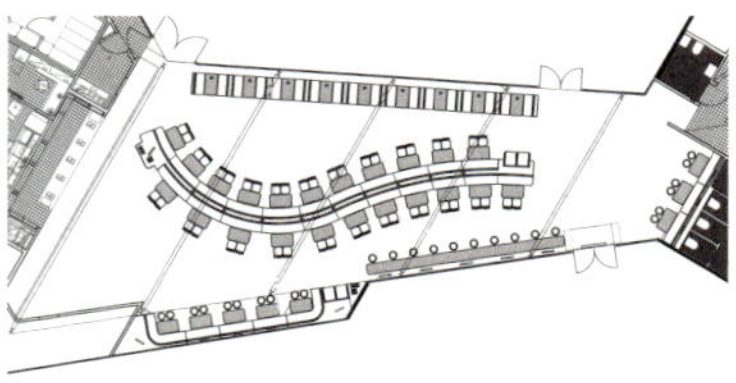

Hermès
Friedrichstraße 171
Berlin-Mitte

Fertigstellung 2001
Architekt Rena Dumas | Entwurf
PPK | Realisierung
Bauherr Hermès Deutschland

Ein Jahr nach Fertigstellung der Boutique an der besten Geschäftsstraße im Westen der Stadt, am Kurfürstendamm, wurde das Geschäft an der besten Geschäftsstraße in Mitte, der Friedrichstraße, eröffnet. Unter Verwendung der Materialauswahl und Elemente aller Hermès-Läden entstand, bedingt durch die Zweigeschossigkeit, ein eigenständiger eleganter Verkaufsraum. Anders als am Kurfürstendamm, wo die Nachbarschaft gediegener Wohnquartiere für ausreichend Kundschaft sorgt, schloss das Geschäft in der Friedrichstraße bereits nach nur wenigen Jahren.

Juwelier Piaget
Kurfürstendamm 56
Berlin-Charlottenburg

Fertigstellung 2002
Architekt PPK
Bauherr Richemont SA Genf

Für die zweigeschossige Sockelzone der Häuser am Kurfürstendamm mit den Nummern 56, 57 und 58 wurde zu den Olympischen Spielen 1936 eine neue, moderne Fassadengestaltung mit größeren Erdgeschossöffnungen und einer Travertinverkleidung entworfen und umgesetzt. Dieser Gestaltung und der Berliner Typologie entsprechend wurden die im Fassadenbereich des Eckladens zwischenzeitlich entstandenen Veränderungen zurückgebaut und es wurde wieder ein Berliner Eckeingang geschaffen.

Burger King im Berlin Pavillon
Straße des 17. Juni 100
Berlin-Tiergarten

Fertigstellung 1956
Architekt Fehling Gogel
Bauherr Interbau Berlin

Umbau 2005
Architekt PPK
Bauherr Familie Sagro

Der sogenannte Berlin Pavillon wurde im Zuge der Bauausstellung Interbau 1956 als temporärer Ausstellungsraum für Pläne, Zeichnungen und Modelle am Rande des neu zu errichtenden Hansaviertels gebaut. In einer freien Grundrisskomposition umhüllt von geschlossenen und verglasten Fassadenflächen fügt er sich organisch in die Freifläche des Tiergartens ein. Der Umbau zu einer Filliale der Fastfoodkette Burger King war nicht unumstritten, obschon die Berliner Denkmalpflege ihn als beispielgebend bewertete.

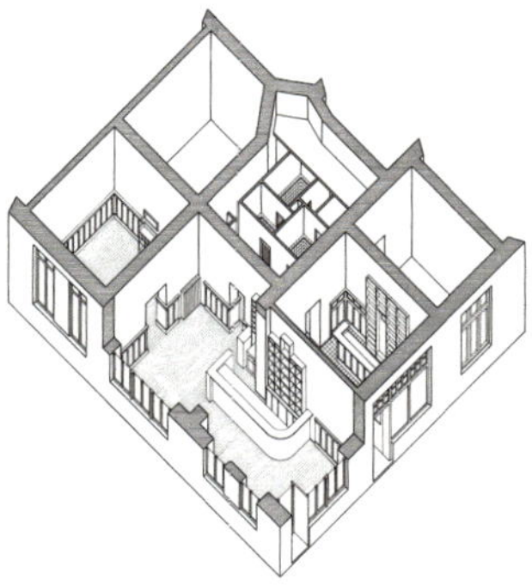

Ristorante Mario
Leibnizstraße 43
Berlin-Charlottenburg

Fertigstellung 1983
Architekt Vittorio Lampugnani, Paul Kahlfeldt
Bauherr R. Mazzucato, G. Ferrara

Umbau 2000
Architekt PPK
Bauherr R. Mazzucato, G. Ferrara

Die typischen Merkmale dieses „Italieners“ der 70er Jahre in West-Berlin: abgehängte Holzdecken, rauer Pizza-Putz an den Wänden – aber eine sagenhaft gute Küche! Vittorio M. Lampugnani liebte das Essen, aber nicht das Interieur. Auf der Grundlage seines Entwurfs realisierte Paul Kahlfeldt das nach Umbau noble Restaurant, das in klassischer Kargheit des norditalienischen Designs mit weißen Wänden, dunklem Eichenparkett und Natursteintresen den Trend der 80er Jahre einläutete. Als die Zeit der kühlen, weiß und asketisch gestalteten Essräume in Berlin vorbeigegangen war, wurde das Ristorante unter Beibehaltung seiner ursprünglichen Ausstattungselemente mit dunkelroten Oberwänden und weißer Decke in eine warme, behagliche Raumatmosphäre überführt.

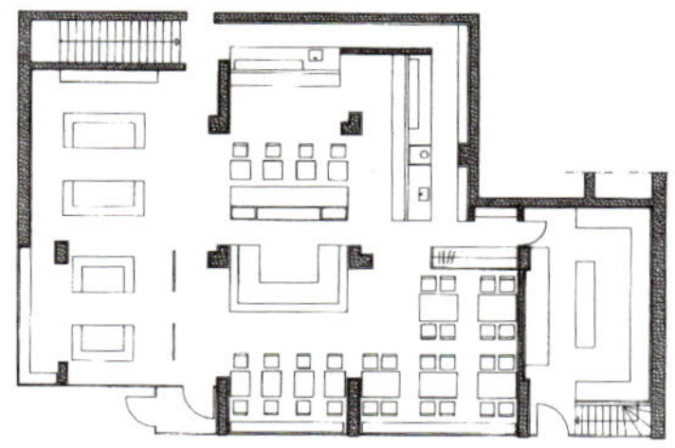

Restaurant Fukagawa
Pfalzburger Straße 20
Berlin-Wilmersdorf

Fertigstellung 1996
Architekt PPK
Bauherr Miki Nozawa

In dem großflächigen, auf zwei Ebenen angelegten Restaurant in Wilmersdorf wurde die Vielfalt der japanischen Zubereitungsarten mit Teppanyaki-Tischen, Tempura-Bars und Yakitori-Tresen in unterschiedlichen räumlichen Bereichen angeboten. Die Gestaltung orientierte sich an traditionellen japanischen Vorbildern mit dunklem Naturstein und Hölzern von Obstbäumen.

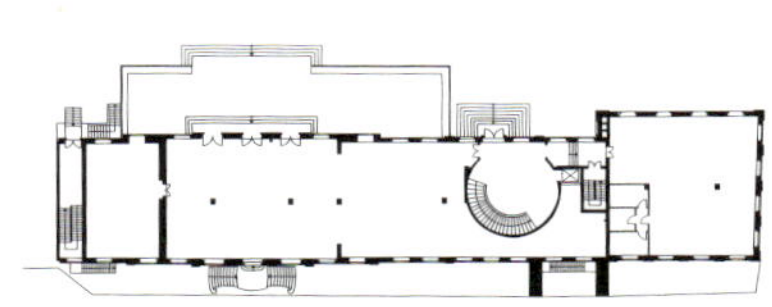

Gastronomie im Prinzessinnenpalais
Unter den Linden 5
Berlin-Mitte

Umbauplanung 2008
Architekt PPK
Bauherr Treuhand Liegenschaften Berlin

Das 1733 erbaute ehemalige Prinzessinnenpalais gehört zu den wenigen Bauten im Straßenzug Unter den Linden, dessen Fassaden nach dem Krieg mehr oder weniger originalgetreu wiederhergestellt wurden. Der Innenausbau berücksichtigte indes keinerlei historische Vorgaben. In Vorbereitung des Auszugs des alteingesessenen Operncafés wurde eine mit der Denkmalpflege abgestimmte Planungsstudie erarbeitet, die auf allen drei Ebenen des Hauses eine markthallenähnliche Verkaufsfläche für feine Delikatessen und Lebensmittel mit Restaurants und Bistros vorsah. Die Außenterrasse zum Bebelplatz blieb dabei erhalten.

ANHANG

Petra Kahlfeldt
Professorin Dipl.-Ing. Architektin

Architekturstudium Technische Universität Berlin und Università degli Studi de Firenze
Mitarbeit in Berliner Architekturbüros
seit 1987 selbstständig tätig in Büropartnerschaft mit Paul Kahlfeldt
1990 bis 1995 wissenschaftliche Mitarbeiterin am Fachbereich Architektur Technische Universität Berlin
1997 bis 1998 Rom-Preis der Bundesrepublik Deutschland Deutsche Akademie Villa Massimo
2000 bis 2014 Mitglied des Landesdenkmalrats der Stadt Berlin
seit 1996 Mitglied nationaler Wettbewerbs- und Gutachterverfahren
seit 2004 Professorin im Lehr- und Forschungsgebiet Historische Baukonstruktionen Denkmalpflege und Entwurf an der HfbK Hamburg, HafenCity Universität Hamburg, Università di Bologna, Beuth Hochschule Berlin
Mitglied im Kuratorium des AIV zu Berlin im Beirat der Berliner Verkehrsbetriebe, diverser Gestaltungsbeiräte deutscher Städte wie Landshut, Würzburg, Ostfildern Scharnhauser Park, Lübeck, Potsdam, diverser Kommissionen wie Bau des Humboldt Forums im Berliner Schloß, Wiederaufbau der Altstadt Dom Römer in Frankfurt am Main, Wiederaufbau der historischen Mitte in Potsdam

Paul Kahlfeldt
Professor Dr.-Ing. Architekt

Lehre als Bau- und Möbeltischler
Architekturstudium Technische Universität Berlin
Mitarbeit in verschiedenen Berliner Architekturbüros
seit 1987 selbstständig tätig in Bürogemeinschaft mit Petra Kahlfeldt
1988 bis 1992 Leiter des Berliner Büros Josef Paul Kleihues, Koordinator für die Wiederherstellung des Festspielhauses Hellerau Dresden
seit 1999 Professor für Entwerfen, Baukonstruktion und Gebäudetechnologie an der Technischen Universität Kaiserslautern und Professor für Grundlagen und Theorie der Baukonstruktion an der Technischen Universität Dortmund
2004 Promotion an der Technischen Universität Delft
Mitglied im Gestaltungsbeirat der Stadt Regensburg
bis 2016 Vorstand Internationale Bauakademie Berlin
Vorstand Deutscher Werkbund Berlin
Vorsitzender Deutscher Werkbund e.V.

Gesamtverzeichnis Mitarbeiter*innen 1985–2020

Juan Abellan, Filipa Adler, Sergey Ageev, Sebastiana Allegrina, Meryem Altun, Paula Apitz, Salvatore Armenia, Nikola Atanasov, Marina Bacak, Clarissa Baldini, Kristina Bartelheim, Sandra Bassinet, Kurt Bauer, Olga Bauer, Wolfgang Baumeister, Christian Baus, Anica Bäuchler, Kai Becker, Kuno Becker, Stefan Becker, Marc Bergmann, Steven Born, Anne Bögemann, Janine Bördeling, Julia Charlotte Brall, Giulio Branca, Veronika Brugger, Friedrich Bruncken, Jochen Bub, Daniel Buchheit, Lara Bunjes, Josefine Buzwan, Kim Byeongcheol, Alexandre Calame, Aldo Matteo Castelli, Jonas Chevalley, Ana Criado del Arco, Oliver Damberger, Eva-Maria Darge, Frank de Kok, Maurizio de Rosa, Lisa Desager, Giulia Di Marco, Nadina Dienel, Andreas Dierkes, Anthea Dirks, Amélie Ditting, Odile Doepper, Katarzyna Dolecinska, Tobias Doßmann, Daniel Drewlani, Birgit Droste-Waidhas, Marrett Dubbels, Pascal Dworak, Peter Eingartner, Hisham El-Hitami, Simon Ell, Jörg Emes, Helge Engbert, Viola Engelke, Jörg Ernes, Becin Eskin, Necip Eskin, Teresa Fakas, Andrea Faraguna, Margarita Fernandez, Caroline Fiechter, Marco Fleury, Torsten Förster, Mathias Frank, Nadine Franzke, Michael Fuchs, Rita Gabriel, Alexander Genser, Ingrid Gentry-Schmidt, Christian-Daniel Geyer, Björn Giebler, Denise Gisselmann, Marta Glowacka, Dulcineia Gomes dos Anjos, Katja Gottbehüt, Bernd Gotthardt, Michael Goy, Irene Graf, Christophe Grivel, Ralf Großbongardt, Luca Guerini, Gabriela Guhr, Fernande Güthenke, Christoph Haag, Ulrich Hannen, Christine Harries, Kathrin Hashimoto, Dieter Hassinger, Scott Hayward, Herma Heckemüller, Annika Heller, Lukas Frederik Hellgoth, Frauke Hellweg, Günter Hemmerling, Anja Henning, Dirk Hensen, Angelika Herm, Anja Herold, Regina Herrmann, Robin Herrmann, Christoph Hey, Julia Hilgenberg, Daniela Hinz, Stella Hoepner, Min Gi Hong, Christian Honstein, Charlotte Hopf, Raul Hölzel, Erik Huber, Jean-Marc Jehan, Nicola Katharina Jeppel, Sasskia Maxine Jerabek, Christian Jörder, Maximilian Kahlfeldt, Felix Andreas Kaiser, U Chol Kang, Thomas Kälber, Anna Keller, Ulrich Kellersmann, Arne Kempin, Arne Keßler, Alexander Khorrami, Karl Kiem, Sung-Yong Kim, Sylvia Kligge, Andreas Klünder, Dana Knauer, Katharina Kocol, Zhasmina Kovacheva, Urte Köhler, Eva Kraemer, Rupert Krallinger, Henriette Kranich, Richard Krecké, Michael Kunat, Manuela Kus, Ulrike Landowski, Sebastian Leder, Berit Lehmann, Beate Lendt, Friederike Leonhardt, Benedetta Lippera, Antonia Lippmann, Annegret Löffler, Tanja Ludewig, Vincent Maigler, Jonas Malzahn, Luisa Manago, Anna Masilge, Michael Mathes, Anke März, Matteo Menotto, Michael Mertens, Lüder Meyer, Arne Meyhöfer, Eryk Michalski, Yves Minnsart, Nadia Miriello, Robert Mitschke, Silvia Molinari, Florian Monka, Matteo Montagano, Conor Moran, Johannes Morell, Remigiusz Mudlaff, Dorothea Müller, Joachim Müller, Tschekav Münch, Katharina Nettekoven, Juliane Neuber, Magini Nicoletta, Lars Nielsen, Paul Nistroj, Noel Plieger, Grégoire Nups, Andreas Oehme,

Jan Martin Oestlund, Syrena Oppe, Jocelyn Oth, Bahadir Parali, Svenja Partheimüller, Klaus Pawlitzki, Dorotha Pazera, Dirk Peters, Sibyooe Pelzer Charlotte Pfrommer, Franziska Pickardt, Lukas Pielsticker, René Plessow, Carina Popp, Jörn Pötting, Anna Probst, Thomas Rabe, Maike Rahn, Marcel Redel, Leila Reese, Karin Regli, Denise Reiper, Jürgen Reisch, Philipp Rentschler, Michele Rinaldi, Christine Rosemann, Felicitas Rosenberger, Judith Rönnefahrt, Julia Rösch, Ruba Al Refai, Maria Rumberger, Bettina Rusch, Marcel Rüther, Rahaf Sano, Florian Sattler, Martin Sauerzapfe, Mike Sawlanski, Konstantin Sayatz, Walter Schabmüller, Monika Schatte, Joachim Schäfer, Peter Scheltz, Normen Schinke, Ben Schmidt, Benjamin Schmidt, Christel Schmidt, Katja Schmidt, Tobias Schmitt, Kathrin Schmitz, Stefan Schneider, Martin Schnitzler, Christoph Schnoor, Angela Schoen, Arno Schone, Nicole Schonhoff, Samuel Schöne, Anne Schreiter, Eva Schreitter von Schwarz, Daniela Schulze, Alin Schwarzkopf, Esther Schwöbel, Nanine Sehlke, Florian Seidel, Philipp Seil, Rüdiger Semang, Pia Sendfeld, Dag Seraphim, Christopher Sharpe, Honore Achille Simo, Liang Song, Elke Sparmann, Sebastian Spengler, Jacopo Spinelli, Danuta Stachon, Frank Strobel, Susanne Strohe, Daniela Sudradjat, Wojciech Szczepanik, Julita Szlezak, Eva Trebin, Vaja Tsiklaouri, Vincent Ulmer, Michael Ulrich, Eric van der Werf, Evgeni Varaxine, Daniela Vorwerk, Jens Wadle, Monika Wagner, Wolfgang Wagner, Cornelia Walter, Florian Walter, Katharina Wandt, Gernot Weckherlin, Tamara Wehrheim, Astrid Weissenfeld, Jacqueline Weiß, Andreas Wendt, Hannah Westphal, Sophie Westphal, Jülide Lara Wiederkehr, Christiane Will, Ute Willinger, Karin Willke, Benjamin Wirth, Dirk Wischnewski, Anke Wollmann, Brigitte Wörteler, Birgit Wunderlich, Johanna Zbien, Micaela Zellhofer, Pavel Zemskov, Mareike Zeyn

Projektbeteiligte Architekt*innen

Kai Becker Düsseldorf
Carolin Ebbing Bochum
Sven Hidde Hamburg
Stéphane Lippitsch Berlin
Modersohn Freiesleben Berlin
OPB Obermeyer Planen und Beraten Berlin
Philipp Rentschler Berlin
Holger Sack Berlin
Frank Strobel Berlin
Tchoban + Partner Moskau
Meyer Voggenreiter Köln
Wolfgang Zeh Köln

Projektbeteiligte Innenarchitekt*innen

Henning Börns Hamburg
Christa Fischer Berlin
Sibel Huhn Berlin
Oliver Jungel Düsseldorf
Danilo Silvestrin München

Projektbeteiligte Künstler*innen

Friederike Tebbe Farbarchiv und Interiors Berlin
Inges Idee Berlin
Frank Oehring Berlin
Ott + Stein Berlin
Burchard Vossmann Berlin

Fotografen

David von Becker: Seite 170 o, 170 u, 171 o, 171 u
Holger Herschel: Seite 175 o li, 175 mi
Bruno Klomfar: Seite 77 o, 77 u, 78 o, 78 u re, 79 u li
Stefan Josef Müller: alle Projektfotos,
wenn nichts anderes vermerkt

Abbildungsnachweis

Alliierten Museum
AH I 19, Bild 2445: Seite 165 mi; AH IV 20, Bild 676: Seite 165 o; AH IV 41, Bild 271: Seite 162 mi; AH IV 53b, Bild 372: Seite 165 u; AH IV 74, Bild 391: Seite 162 u; AH IV 75b, Bild 355: Seite 164 o; AH IV 87, Bild 1986: Seite 164 mi

Architekturmuseum
der Technischen Universität Berlin
Seite 16 o, 17 o, 17 u

Bauaktenarchiv Bezirksamt Charlottenburg-Wilmersdorf von Berlin
Seite 9 o, 9 mi, 9 u, 22 o, 23 o, 44 mi, 45 mi

Bauaktenarchiv Bezirksamt Mitte von Berlin
Seite 148 u, 149 u, 173 u

Bauaktenarchiv Bezirksamt Steglitz-Zehlendorf von Berlin
Seite 50 u, 51 o, 51 u, 122 o, 122 mi, 122 u, 123 o, 123 mi, 123 u, 156 o, 156 u, 157 o, 157 u

Berlinische Galerie Archiv
Seite 32 o

Bewag Archiv
Seite 80 li, 80 re, 84 o, 85 u, 93 o, 101 o, 101 u, 103 o, 103 mi, 103 u, 104 mi, 105 o, 105 u, 105 re, 114 o, 115 o

Breker, Arno „Paris, Hitler et moi“, Presse de la Cité, Paris 1970, Seite 6 o

Deutsche Bauzeitung, Nr. 102, 58. Jg., 1924
Seite 70 o, 71 o, 71 mi, 92 o

H3 Architekten Archiv (Hendel, Haseloff, Hotzel) Berlin
Seite 156 o

Internationale Bauausstellung Berlin, Katalog Interbau, Berlin 1957
Seite 149 mi

Kahlfeldt Architekten Berlin
alle Planabbildungen und Planumzeichnungen,
wenn nichts anderes vermerkt

Landesarchiv Berlin
Seite 148 o, 149 o

Polizeihistorische Sammlung Berlin
Seite 164 u

Rheinisches Bildarchiv Köln
Seite 142 mi, 143 mi

Schäche, Wolfgang „Paul Zucker: Der vergessene Architekt“, Jovis Verlag, Berlin 2005
Seite 56 re, 57 li

Skidmore, Owings and Merill Archive, Chicago
Seite 162 o

„Zentralblatt der Bauverwaltung“
Nr. 9, 30. Jg., 1910
Seite 28 o, 28 mi, 28 u, 29 o, 31 u, 31 o, 32 u, 33 o, 33 mi, 33 u, 58, 59, 60

Zitat

Simon Strauß „Römische Tage“,
Tropen Verlag, Stuttgart 2019

Impressum

Alle Projektzeichnungen und alle Texte soweit nichts anderes vermerkt	Petra und Paul Kahlfeldt
Transformationen und Transsubstantiationen	Jochen Hörisch
Projekttexte	Gerwin Zohlen
Fundustexte	Bernard Stein
Wissenschaftliche Bearbeitung	Franziska Pickardt
Bildredaktion	Anna Masilge, Olga Bauer
Planbearbeitung	Juan Abellan, Ruba Al Refai
Lektorat	Bettina Hüllen
Entwurf und Gestaltung	Ott + Stein, Prof. Nicolaus Ott Berlin
Lithografie	Bild I Druck Berlin
Herstellung	jovis Verlag, Susanne Rösler Berlin
Druck und Bindung	GCC Grafisches Centrum Cuno Calbe

Gedruckt auf 135 g/qm Gardapat Kiara

Bibliografische Information
der Deutschen Nationalbibliothek:
Die Deutsche Nationalbibliothek verzeichnet diese Publikation in der Deutschen Nationalbibliografie; detaillierte bibliografische Daten sind im Internet über http://dnb.d-nb.de abrufbar.

jovis Verlag GmbH
Lützowstraße 33
10785 Berlin

www.jovis.de

jovis-Bücher sind weltweit im ausgewählten Buchhandel erhältlich. Informationen zu unserem internationalen Vertrieb erhalten Sie von Ihrem Buchhändler oder unter www.jovis.de.

ISBN 978-3-86859-554-3